高等学校财经类专业实践系列教材

财务管理实训教程

◎ 主　编　韦绪任　于　洋　于中海
◎ 副主编　张安邻　黄　琴　刘会云
◎ 参　编　杨雨婷　陈莹莹　叶小园
　　　　　罗榆程

西安电子科技大学出版社

内 容 简 介

本书以财务管理基本理论为依据，以实训为依托，搭建理实融合教学框架，强化实践与应用。本书在总结诸多专家学者宝贵经验的同时，充分发挥教师团队丰富的一线教学经验，采用项目形式编写。全书共设十二个项目，包含财务管理总论、财务分析、资金时间价值与风险报酬、筹资管理、资本成本与资本结构、项目投资决策、证券投资决策、营运资金管理、收益分配管理、全面预算、财务控制、公司价值与公司并购等内容。

财务管理是大数据与会计、大数据与财务管理、审计学、工商管理等专业的核心课程。本书可作为应用型本科、高职高专财务管理相关专业的实训教材。

图书在版编目 (CIP) 数据

财务管理实训教程 / 韦绪任，于洋，于中海主编. —西安： 西安电子科技大学出版社，2023.7
ISBN 978-7-5606-6938-0

Ⅰ. ①财⋯　Ⅱ. ①韦⋯ ②于⋯ ③于⋯　Ⅲ. ①财务管理—教材　Ⅳ. ①F275

中国国家版本馆 CIP 数据核字 (2023) 第 119734 号

策　　划　刘玉芳　刘统军
责任编辑　赵婧丽
出版发行　西安电子科技大学出版社(西安市太白南路 2 号)
电　　话　(029)88202421　88201467　　　邮　　编　710071
网　　址　www.xduph.com　　　　　　　　电子邮箱　xdupfxb001@163.com
经　　销　新华书店
印刷单位　陕西天意印务有限责任公司
版　　次　2023 年 7 月第 1 版　　2023 年 7 月第 1 次印刷
开　　本　787 毫米 × 1092 毫米　1/16　印　张　15.25
字　　数　357 千字
印　　数　1～3000 册
定　　价　44.00 元
ISBN 978-7-5606-6938-0 / F
XDUP 7240001–1
如有印装问题可调换

前　言

　　财务管理是一门以研究企业组织财务活动、处理财务关系为基础，以资金时间价值为前提，以有效提高财务决策水平、增强财务决策科学化为目标的综合性应用型学科。随着经济环境的变化与发展、各种先进技术和手段在财务管理领域的应用，财务管理在研究方法、解决问题的方式、财务决策手段等方面都发生了很大的变化，形成了更加科学、更加合理的财务管理体系。

　　在国内外，有很多专家学者已经出版了许多财务管理教材和相关书籍，其各具特色和亮点。本书在总结专家学者们宝贵经验的基础上，结合应用型本科院校和高职高专学生的具体情况和教学需求，依据教师团队丰富的一线教学经验而编著。本书具有以下四个方面的特点：

　　● 注重引导。本书在每一个项目开始时都给出了学习目标，明确了本项目要求掌握的内容；在每一个项目结束时都设置了习题与案例，通过多层次、多样式的练习让学生更好地把握财务管理实训的基础知识。

　　● 强调可理解。本书在撰写过程中，对财务管理实训相关基本理论的阐述尽量做到详尽和通俗易懂；在财务管理基本方法的介绍上，由浅入深、由易到难。同时，本书还引入了思维导图，帮助学生把握知识点并展开有效训练。

　　● 内容新颖、结构合理。各项目的内容分为基本原理和应用实训，基本原理是实训内容的基础，要求学生理解掌握，应用实训是本书的重点和难点，要求学生熟练应用。

● 强调实际应用。本书精心安排了实训内容，其中许多案例都是在实际工作中经常出现的，学生通过实训可以举一反三、学以致用。

本书由韦绪任副教授担任第一主编，于洋担任第二主编，于中海担任第三主编；张安邻、黄琴、刘会云担任副主编；杨雨婷、陈莹莹、叶小园、罗榆程担任参编。本书编写分工如下：项目一由韦绪任编写，项目六、项目七、项目九由于洋编写，项目八由于中海编写，项目十、项目十一、项目十二由张安邻、黄琴、刘会云联合编写，项目三由杨雨婷编写，项目二由陈莹莹编写，项目四由叶小园编写，项目五由罗榆程编写。全书由韦绪任定稿。在编写本书的过程中，我们阅读和参考了大量的相关文献，在此向提供宝贵资料和经验的专家学者表示感谢。

本书习题与案例配有参考答案，读者可通过出版社官网(http://www.xduph.com)下载。

由于编者水平有限，书中难免存在不妥和疏漏之处，恳请专家学者和广大读者批评指正。

编　者

2023 年 3 月

C目 录
Contents

项目一　财务管理总论

 学习目标

1. 理解财务管理、财务管理体制和财务管理环境的基本内容;

2. 通过财务管理目标选择实训、财务管理体制选择实训、财务管理环境适应性实训等内容的学习,掌握财务管理目标理论、财务管理体制集权与分权在实际工作中的应用。

思维导图

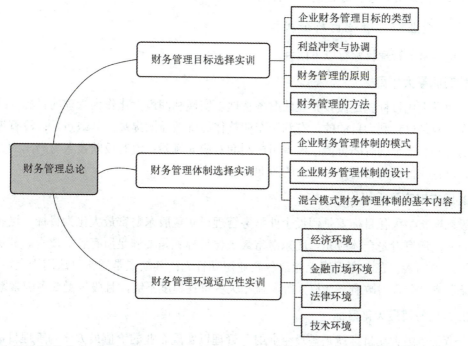

财务管理是指在企业总体目标的指导下,组织企业财务活动、处理财务关系的一项综合性的经济管理工作。财务管理是经济管理的重要领域,是对经济活动中资金的管理。企业财务管理的最终目标是通过财务管控,实现企业"以钱生钱",从而达到企业利益最大化。实务中,企业财务管控水平和管理效率,直接影响企业经营效益。从财务管理的概念可知,财务管理的对象是企业的资金及其活动,与企业各方面具有广泛联系,能迅速反映企业生产经营状况。财务管理是一项动态管理活动。

企业的财务活动是以企业为主体所进行的管理活动,包括筹资、投资、资金营运和收益分配等活动。企业在组织财务活动过程中与企业内部、外部有关方面发生的经济利益关系，就是企业的财务关系。

任务一　财务管理目标选择实训

一、实训目的

以公司财务管理目标为基础，通过具体实训项目训练，帮助同学们全面理解财务管理的目标理论及其适用范围、优点与缺点，启发同学们结合企业的规模、行业发展周期选择合适的财务管理目标。

二、实训基础知识

不同企业在经营活动过程中所选择的财务管理目标是不一致的，同一个企业在不同发展阶段选择的财务管理目标也是不一样的。

（一）企业财务管理目标的类型

常见的财务管理目标有以下四种。

1. 利润最大化目标

利润最大化目标就是假设企业的财务管理以实现利润最大化作为管理的目标。这种观点认为企业是以营利为目的的，有利于企业整体经济效益的提高。其缺点是：没有考虑利润实现时间和资金的时间价值；没有考虑利润对应的风险；没有反映投入与产出的关系；可能导致企业把提高利润作为企业的短期目标。

2. 股东财富最大化

股东财富最大化目标就是假设企业财务管理以实现股东财富最大化为目标。这种观点认为企业的所有者是全体股东，股东财富最大化目标就是要满足所有者的要求。其优点是考虑了风险因素，在一定程度上能避免企业短期行为；其缺点是通常只适用于上市公司，只强调股东利益，对政府、债权人等利益相关者重视程度不够，且股价受众多因素影响。

3. 企业价值最大化目标

企业价值最大化目标就是假设企业财务管理以实现企业的价值最大化为管理目标。这种观点认为企业所能创造的预计未来现金流量的现值等于企业所有者权益和债权人权益的市场价值。其优点是考虑了资金的时间价值，也考虑了风险与报酬的关系，在一定程度上避免了企业的短期行为，用价值代替价格，避免过多受外界市场因素的干扰。其缺点是过于理论化，不易操作，对于非上市公司而言，很难做到客观和准确。

4. 相关者利益最大化目标

相关者利益最大化目标就是假设企业的财务管理以实现相关者利益最大化为目标。其具体内容包括以下八个方面。

(1) 强调风险与报酬的均衡，将风险控制在企业可以承受的范围内。

(2) 强调股东的首要地位，并强调企业与股东之间的协调关系。

(3) 强调对代理人 (即企业经营者) 的监督与控制，建立有效的激励机制以便企业战略目标的顺利实施。

(4) 关心本企业普通职工的利益，创造优美和谐的工作环境和提供合理恰当的福利待遇，培养职工长期努力为企业工作。

(5) 不断加强与债权人的关系，培养可靠的资金供应者。

(6) 关心客户的长期利益，以便保持销售收入的长期稳定增长。

(7) 加强与供应商的协作，共同面对市场竞争，并注重企业形象的宣传，遵守承诺、讲究信誉。

(8) 保持与政府部门的良好关系。

（二）利益冲突与协调

1. 所有者与经营者利益冲突与协调

所有者与经营者的主要利益冲突，就是经营者希望在创造财富的同时，能够获取更多的报酬、更多的享受；而所有者则希望以较小的代价 (支付较小的报酬) 实现更多的收益。为了协调这一利益冲突，一般可采取解除聘任、市场接收和激励手段。

2. 所有者与债权人利益冲突与协调

所有者与债权人的利益冲突，可以通过限制性借款、收回借款或停止借款来解决。

（三）财务管理的原则

财务管理原则，是指企业进行财务管理所应遵循的指导性的理念或标准，是对财务活动共同的、理性的认识，它是联系理论与实务的纽带，是为实践所证明了的并且为多数财务人员所接受的财务管理准则。

1. 系统原则

企业是一个包含了若干分支机构的整体，构成了一个完整的经济信息系统，企业财务管理是企业管理系统的一个重要组成部分，属于企业管理的子系统，而企业财务管理本身又包含了筹资管理、投资管理、营运资金管理和利润分配管理等子系统。在财务管理中坚持系统原则是财务管理工作的出发点，主要包括整体优化系统、结构优化系统、环境适应能力优化等。

2. 平衡原则

财务管理中贯彻的是收付实现制，而非权责发生制，客观上要求在财务管理过程中现金流入与现金流出在数量上、时间上达到动态平衡，即现金流转平衡。企业的现金流入和流出的发生，是因营业收入与营业支出产生的，同时又受企业筹资与投资活动的影响。获取收入以发生支出为前提，投资以筹资为前提，负债本息的偿还及股利分配要求企业经营获利或获得新的资金来源。

3. 成本、收益与风险均衡原则

在财务管理过程中，若要获取收益，则需付出成本，同时也面临风险，因此成本、收益、风险之间总是相互联系、相互制约的。财务人员必须牢固树立成本、收益、风险三位一体的意识，以此指导各项具体财务管理活动。

4. 代理原则

现代企业的委托代理关系一般包括顾客与公司、债权人与股东、股东与经理以及经理与雇员等多种关系。企业和这些关系人之间的关系，大部分属于委托代理关系。这种既相互依赖又相互制约的利益关系，需要通过"合约"来协调。在组成合约集的众多关系中，都会出现代理难题和代理成本。

5. 货币时间价值原则

财务管理最基本的观念是货币具有时间价值，但并不是所有的货币都具有时间价值，货币只有被当作资本投入生产流通环节才能变得有价值。在经济学中，货币时间价值是通过机会成本表示的。运用货币时间价值观念将项目未来的成本和收益都以现值表示，如果收益现值大于成本现值则应接受项目，反之则应拒绝。

6. 动态管理原则

竞争市场上不可能长期存在极高的利润，在这种情况下，发现收益高于平均收益率的项目十分关键。虽然竞争增加了发现的难度，但是可以采取两个方面的措施减少市场竞争：一是使企业的产品具有独特性，二是降低企业产品的成本。

（四）财务管理的方法

财务管理方法是实现企业财务管理目标的重要手段，不管选择哪一种财务管理目标，都需要采用一定的方法去实现。企业为了更好地组织财务活动，处理好各种财务关系，就需要运用一系列科学的财务管理方法，主要包括财务预测与预算、财务决策与控制、财务分析与考核。这些相互配合、相互联系的方法构成了一个完整的财务管理方法体系。

1. 财务预测

财务预测是指根据财务活动的历史资料，考虑现实的条件和今后的要求，对企业未来时期的财务收支活动进行全面的分析，并做出各种不同的预计和推断的过程。它是财务管理的基础。

2. 财务预算

财务预算是指以财务决策的结果为依据，对企业生产经营活动的各个方面进行规划的过程。它是组织和控制企业财务活动的依据。

3. 财务决策

财务决策是指在财务预测的基础上，对不同方案的财务数据进行分析比较，全面权衡利弊，从中选择最优方案的过程。它是财务管理的核心。

4. 财务控制

财务控制是指以财务预算和财务制度为依据，对财务活动脱离规定目标的偏差实施干预和校正的过程。财务控制用以确保财务预算的完成。

5. 财务分析

财务分析是指以会计信息和财务预算为依据，对一定期间的财务活动过程及其结果进行分析和评价的过程。

6. 财务考核

财务考核是指将报告期实际完成数与规定的考核指标进行对比，确定有关责任单位和个人完成任务的过程。财务考核与奖惩紧密联系，它是贯彻责任制原则的要求，也是构建激励与约束机制的关键环节。

三、经典实训资料

实训资料　财务管理目标的定位

M公司是一家刚成立不久的民营企业，公司规模较小，处于初创期。其财务经理是刚毕业的大学生小张。小张认为，公司要做大做强，就要履行社会责任，因此，公司应当一步到位，选择企业价值最大化作为M公司的财务管理目标。

要求：小张应如何定位企业的财务管理目标？

根据题意分析如下：

企业在从事各种财务活动的同时，必然与各利益相关者发生财务关系。财务管理目标应该能够体现以下内容：通过市场与利益相关者合作实现利益均衡，保持与各利益相关者长期互利互惠的多边共赢的关系，获取各利益相关者对企业的长期支持，以提高企业财务活动的效率和效益。

财务管理目标不应是单一的，而应是一个综合的多元化的目标体系，在多元化的目标中，要确定主导目标和辅助目标。财务管理目标的内容应该由若干层次的内容构成，能够量化为一系列明确、具体、定量的财务指标，且能够准确计量；应该和企业生产目标、质量目标、营销目标等保持一致，服务于企业总体目标的实现。不同阶段，企业的经营目标不同，相应的财务管理目标也应有所不同。

任务二　财务管理体制选择实训

一、实训目的

以公司财务管理体制为基础，通过具体实训项目训练，帮助同学们全面理解财务管理体制的内容，集权模式、分权模式、混合模式的特点，启发同学们模拟企业在不同规模、管理团队执行力条件下选择合适的财务管理模式。

二、实训基础知识

在不同的发展阶段和不同的环境下，企业会选择不同的财务管理模式。不同的经营管理团队、不同的财务管理理念，会形成不一样的财务管理风格。在外部环境及内部管理的共同要求下，企业会形成一套适合自身发展的财务管理体制。

财务管理体制，就是企业财务管理的具体表现形式，也是对权、责、利关系进行划分的一种制度。企业应当根据相关法律法规的规定和自身财务管理需要，建立健全财务管理制度，有序开展财务管理工作，如实反映财务状况，控制财务风险。

（一）企业财务管理体制的模式

实务中，企业财务管理体制主要包括三种模式：集权模式的财务管理体制、分权模式的财务管理体制和混合模式的财务管理体制。

1. 集权模式的财务管理体制

集权模式的财务管理体制，是指企业对其管辖的子公司、分支机构等的一切财务活动及财务关系的决策都进行高度集中，其管辖的子公司、分支机构等都没有财务决策权限。在集权模式下，企业总部的财务部门具有高度的财务决策权限，不但可以指导其管辖的子公司、分支机构等决策，必要的时候还可以参与其管辖的子公司、分支机构等决策的执行。在集权模式的财务管理体制中，总部财务管理部门采用高度的集权手段，控制其管辖的子公司、分支机构等。

2. 分权模式的财务管理体制

分权模式的财务管理体制，是指企业将财务决策权与管理权完全下放到其管辖的子公司、分支机构等，其管辖的子公司、分支机构等只需将一些财务决策结果向企业总部财务部门备案即可。在分权模式下，企业总部财务部门一般不会对其管辖的子公司、分支机构等进行干预，只关注财务决策与管理的结果。

3. 混合模式的财务管理体制

混合模式的财务管理体制，是指企业执行集权下的分权，即企业对其管辖的子公司、分支机构等在所有重大问题的决策与处理上实行高度集权，企业管辖的子公司、分支机构等则对日常经营活动具有较大的自主决策和管理权限。混合模式的财务管理体制既有集权又有分权，在重大问题上实行集权，在日常管理中实行分权，是现代企业普遍使用的财务管理体制。

（二）企业财务管理体制的设计

一般，企业财务管理体制的选择或更新应当考虑以下四个方面的因素。

1. 与现代企业管理制度相适应

现代企业管理制度也称产权管理制度，是指以企业的产权作为依托，对各种经济主体在产权关系中的权利、责任进行合理有效的组织、调节控制的制度。现代企业管理制度具有产权清晰、责任明确、政企分开和管理科学四个方面的特点。

2. 决策权、执行权与监督权三权分立

现代企业是以产权关系作为依据的企业组织形式，应当执行科学管理，即企业的决策权、执行权、监督权三权分立，相互制约、相互促进。一般，企业的决策权由股东会或董事会来行使，执行权由经理人团队行使，监督权由监事会行使。实行三权分立，才能更好地管理企业，促进企业规范、良性发展。

3. 财务综合管理和分层管理思想

现代企业管理是一种综合性、战略性的管理，企业财务管理不能简单地认为是企业总部财务部门的财务管理，也不能简单地认为是企业管辖的子公司、分支机构等财务部门的财务管理，它实质上是一种综合性、战略性的管理。另外，财务管理也是一种分层的管理，不同层级的财务管理内容及手段是不一样的。

4. 与企业组织体制相对应

企业组织体制大体上有 U 型组织、H 型组织和 M 型组织三种形式。其中，U 型组织仅存在于产品简单、规模较小的企业，实行财务管理层级的集中控制；H 型组织实质上是企业集团的组织形式，子公司具有法人资格，分公司则是相对独立的利润核算中心；M 型组织由三个相互关联的层次组成，分别是由董事会和经理班子组成的最高决策层，由职能和支持、服务部门组成的战略研究和执行层，由围绕企业主导或核心业务组成的开发推广和信息反馈层。M 型组织是目前国际上大集团管理体制的主流形式。

（三）混合模式财务管理体制的基本内容

集权模式与分权模式相结合的财务管理体制是现代企业普遍使用的，其关键是企业总部必须做到制度统一规范、资金集中管理、信息集成传输和人员委派制度。如果企业总部实现不了制度统一规范、资金集中管理、信息集成传输和人员委派制度，那么混合模式的财务管理体制就达不到预期的效果。在混合模式财务管理体制中，应当集权管理的项目包括制定制度权、筹资权、投资权、用资权、担保权、固定资产购置权、财务机构设置权、收益分配权；分权管理的项目包括自主经营权、人员招聘及管理权、业务定价权、费用开支审批权。

三、经典实训资料

实训资料　公司集权与分权

N 公司旗下有八个子公司，该公司曾经尝试过高度集权的财务体制，也尝试过高度分权的财务体制，然而管理效果都不好。该公司的财务总监正在筹划集权与分权结合的混合模式。那么在混合模式财务管理体制下，哪些项目需要集权管理，哪些项目需要分权管理呢？

根据题意分析如下：

实务中，结合大量企业的实践结果，通常公司集权管理的项目包括：制定制度权、

筹资权、投资权、用资权、担保权、固定资产购置权、财务机构设置权和收益分配权。公司分权管理的项目包括：自主经营权、人员招聘及管理权、业务定价权和费用开支审批权。

任务三　财务管理环境适应性实训

一、实训目的

以公司财务管理环境为基础，通过具体实训项目训练，帮助同学们系统理解财务管理环境的内容及其对公司财务决策的影响，引导同学们对企业财务管理环境的状况及其存在的问题做出科学、合理的分析与判断，并提出解决问题的思路和方法。

二、实训基础知识

企业在一定的社会经济环境中生存和发展，受到所在环境的综合影响，同时，企业属于经济社会的个体，是构成经济社会的重要组成部分。企业财务活动是经济社会活动中不可缺少的部分，没有企业财务活动，经济社会就不会完整，更不会持续发展。企业在经济社会中生存和发展，必然会受到各种环境的影响和约束，在这些环境的共同作用下开展生产经营活动，谋求发展；在这些环境的共同作用下，企业的财务活动，必然要遵循一定的原则和规律，否则就会导致企业财务管理失败，引发财务困境、经营困境，甚至破产。企业受到的环境影响主要包括经济环境、金融市场环境、法律环境、技术环境等的影响。

（一）经济环境

经济环境，是指企业生存和发展所面临的外部经济因素，主要包括宏观经济政策、经济周期、通货膨胀、经济体制和市场发育程度等。经济环境是企业组织财务活动、处理财务关系中面临的重要环境，会直接或间接地影响企业的财务活动及财务效果。

1. 宏观经济政策

宏观经济政策，是指国家在一定时期为了达到调控宏观经济效果而制定的一系列经济方面的政策，主要包括产业政策、财政政策、金融政策、税收政策、市场约束政策等。

宏观经济政策是国家在一定时期内进行宏观经济调控的重要手段，是调节宏观经济良性运行的法宝。

2. 经济周期

在市场经济条件下，经济的发展会呈现出有规律的变化，这是不以人的意志为转移的，不管国家采用什么样的调控手段，都不可能完全避免出现过强或过弱的市场波动，例如经济危机。经济周期是一种由繁荣、衰退、萧条、复苏再到繁荣的周期性的变化过程。

3. 通货膨胀

通货膨胀，是指一国或地区的货币流通量供大于求，导致市场上物品或劳务的价格持续上涨的现象。自从有了市场经济，通货膨胀就不断地出现在公众的视野，始终伴随着现代经济的发展。通货膨胀是一种经济现象，在合理的范围内，其对企业的影响不大。如果通货膨胀超过一定的幅度，就会对企业产生很大的负面影响，甚至会引发很多企业破产。

4. 经济体制

经济体制，是指一国或地区所执行的关于经济运行与管理方面的方针政策，经济体制包括计划经济体制和市场经济体制。目前，我国执行的是市场经济体制。

5. 市场发育程度

不同地区、不同行业的市场发育程度是不同的，在发育程度不同的市场上所面临的竞争、市场门槛、产品和服务质量等都是不一样的。企业应当根据市场发育程度，制定科学、合理、有效的财务管理方案，优化资源。企业所处的市场发育程度通常包括四种：完全垄断市场、完全竞争市场、不完全竞争市场和寡头垄断市场。

（二）金融市场环境

金融市场，是指实现货币借贷与资本融通，办理各种票据和有价证券交易活动的市场，包括广义金融市场和狭义金融市场。其中，狭义的金融市场进行的是以票据和有价证券为交易对象的金融活动。金融市场的构成要素主要包括参与者、金融工具、组织形式和管理方式、内在调节机制。

1. 金融市场的种类

金融市场是由许多功能不同的具体市场构成的。对金融市场可以按不同的标准进行分类。

(1) 按期限分类。金融市场按期限分为短期金融市场和长期金融市场。短期金融市场又称货币市场，是专门融通 1 年以内资金的市场，主要解决金融市场主体的短期性、临时性资金需求。短期金融市场主要有拆借市场、票据市场、大额定期存单市场和短期债券市场等。长期金融市场又称资本市场，是专门融通 1 年以上中长期资金的市场，交易期限短则数年，长则数十年，主要解决政府、企业等对中长期资金的需求。长期金融市场主要包括债券市场和股票市场。

(2) 按功能分类。金融市场按功能分为发行市场和流通市场。

(3) 按融资对象分类。金融市场按融资对象分为资本市场、外汇市场和黄金市场。

(4) 按地域范围分类。金融市场按地域范围分为地方性金融市场、全国性金融市场和国际性金融市场。

2. 金融市场对财务管理的影响

金融市场是商品经济发展和信用形式多样化发展到一定程度的必然产物，它对财务管理具有重要的影响：为企业筹资、投资提供场所；促进企业资本灵活多样化；引导资本流向和流量，提高资本效率；为企业树立财务形象；为财务管理提供有用的信息。

（三）法律环境

法律环境，是指法律意识形态及与之相适应的法律规范、法律制度、法律组织机构、法律设施所形成的有机整体。市场经济制度是以法律规范和市场规则为特征的经济制度。法律为企业经营活动规定了活动空间，也为企业在相应空间内自主经营管理提供了法律上的保护。

1. 企业组织法规

企业是市场经济的主体，不同组织形式的企业所适用的法律是不同的。企业可以划分为个人独资企业、合伙企业和公司制企业。

(1) 个人独资企业。个人独资企业是指由业主个人出资经营，归个人所有和控制，由个人承担经营风险和享有全部经营收益的企业。业主是一个自然人。个人独资企业的特点是：创立便捷，政府对其监管较少；业主以个人财产对企业债务承担无限责任，不需要缴纳企业所得税；企业的存续年限受制于业主的寿命，难以从外部获得大量资本用于经营。

(2) 合伙企业。合伙企业是指由两个或两个以上的合伙人共同出资成立、共同经营、共负盈亏的企业组织。合伙人是两个或两个以上的自然人，有时也有法人或其他组织。合伙企业包括普通合伙企业和有限合伙企业。其特点是：普通合伙企业由普通合伙人组成，合伙人对合伙企业的债务承担无限连带责任；有限合伙企业由普通合伙人和有限合伙人组成，普通合伙人对合伙企业债务承担无限连带责任，有限合伙人以其认缴的出资额为限对合伙企业债务承担责任。

(3) 公司制企业。公司是指由两个或两个以上的股东出资设立的，以营利为目的的企业法人组织。我国的公司制企业主要包括有限责任公司和股份有限公司。其特点是：无限存续；股权可以转让；所有者以其出资额为限对公司债务承担有限责任；双重课税；组建成本高；如果存在两权分离，经营者成为代理人，可能会为了自身利益而伤害委托人利益。

2. 税收法规

税法是税收法律制度的总称，是调整税收征纳关系的法律规范。税收既有调节社会总供给与总需求、经济结构、维护国家主权和利益等宏观经济作用，又有保护企业经济实体地位、促进公平竞争、改善经营管理和提高经济效益等微观经济作用。

3. 财务法规

企业财务法规制度是规范企业财务活动、调整企业财务关系的行为准则。

（四）技术环境

技术环境，是指财务管理得以实现的技术手段和技术条件，它决定着财务管理的效率和效果。随着"互联网＋财务"模式、人工智能的不断深入发展，财务管理应用的计算平台不断更新，财务管理的手段和效果得到前所未有的提高，可以将财务管理人员从繁琐的数据中解放出来，将精力投入到内部管理以及企业财务战略上。

三、经典实训资料

实训资料一 企业如何根据国家的宏观经济政策做决策？

根据题意分析如下：

宏观经济政策代表一定时期国家的经济调控方向和力度。企业按照国家的经济政策发展，会得到政策的扶持和补贴，促进企业发展；企业逆着国家的经济政策开拓业务，必然受到政策的调节或制裁，不利于企业发展。因此，企业应当组织财务人员积极研究国家的各项经济政策、经济政策的走向对行业的影响，并及时制定应对措施，响应国家的经济政策，争取获得政策扶持。例如，当大多数投资者还没有将注意力转移到国家经济政策上时，如果某个企业及时地领会某项经济政策，把握住投资机会，就会得到国家的政策扶持或享受优惠条件。国家的宏观经济政策是一种风向标，代表国家在一定时期内的工作重点，对企业的影响往往是长期的。

实训资料二 如何在不同的经济周期中做决策？

根据题意分析如下：

经济的周期性波动对企业财务管理有着非常重要的影响。在不同的发展时期，企业的生产规模、销售业绩、获利能力、资本需求以及投资规模等都会有明显的差异。例如，在经济萧条阶段，由于整个市场经济不景气，企业很可能处于紧缩状态之中，产量和销量大幅度下降，投资锐减；在经济繁荣阶段，市场需求量增大，销售业绩大幅度上升，企业为扩大生产，就要增加投资，增添机器设备、存货和劳动力，这就要求财务人员迅速地筹集所需资金。总之，面对经济的周期性波动，财务人员必须有预见性地估计经济变化情况，适当调整财务策略。在复苏期和繁荣期，应该增加厂房设备、建立存货、开发新产品、增加劳动力、实行长期租赁，为"负债经营"提供条件；在衰退期和萧条期，应该停止扩张、出售多余设备、停产不利产品、停止长期采购、削减存货、裁减多余的员工，同时，为了维护基本的财务信誉，应该采用比较稳健的负债经营策略，避免高负债带来的财务风险。经济周期中的财务管理策略如表 1-1 所示。

表 1-1 经济周期中的财务管理策略

经济周期	财务管理策略
经济复苏	① 增加厂房设备 ② 实行长期租赁 ③ 建立存货 ④ 开发新产品 ⑤ 增加劳动力
经济繁荣	① 扩充厂房设备 ② 继续建立存货 ③ 提高产品价格 ④ 开展营销规划 ⑤ 增加劳动力
经济衰退	① 停止扩张 ② 出售多余设备 ③ 停产不利产品 ④ 停止长期采购 ⑤ 削减存货 ⑥ 停止扩招雇员
经济萧条	① 建立投资标准 ② 保持市场份额 ③ 压缩管理费用 ④ 放弃次要利益 ⑤ 削减存货 ⑥ 裁减雇员

实训资料三 企业如何应对通货膨胀？

根据题意分析如下：

企业应当重视通货膨胀，做好相关的准备工作，将通货膨胀引发的损失降到最低的程度。一般，在通货膨胀初期，货币面临着贬值的风险，这时企业进行投资可以避免贬值风险，实现资本保值；与供应商应签订长期购货合同，以减少物价上涨造成的损失；从债权人处获取长期负债，保持资金成本的稳定。在通货膨胀持续期，企业可以采用比较严格的信用条件，减少企业的应收款项；调整财务政策，防止和减少企业资本流失等。

 # 习题与案例

一、单项选择题

1. 下列项目中，不属于相关者利益最大化财务管理目标特点的是（   ）。

A. 有利于企业长期稳定发展

B. 体现了合作共赢的价值理念，有利于实现企业经济效益和社会效益的统一

C. 体现了现实性和前瞻性的统一

D. 没有兼顾各利益主体的利益

2. 下列项目中，与利润最大化相比，属于股东财富最大化优点的是（   ）。

A. 考虑了其他相关者的利益　　　　　B. 适合所有企业

C. 考虑了风险因素　　　　　　　　　D. 体现了合作共赢的价值理念

3. 下列项目中，不属于企业股东和经营者利益冲突解决方式的是（   ）。

A. 经营者决策失误企业被兼并

B. 经营者经营不善导致银行提前收回贷款

C. 经营者绩效未达标被解聘

D. 经营者绩效达标获得股权激励

4. 下列项目中，不属于企业财务活动的是（   ）。

A. 筹资　　　　　　　　　　　　　　B. 投资

C. 利润分配　　　　　　　　　　　　D. 资金分配

5. 下列项目中，属于企业与债权人的财务关系在性质上表现的一项是（   ）。

A. 经营权与所有权关系　　　　　　　B. 所有权与经营权关系

C. 债权与债务关系　　　　　　　　　D. 债务与债权关系

6. 下列项目中，（   ）是指一国或地区的货币流通量供大于求，导致市场上物品或劳务的价格持续上涨的现象。

A. 通货膨胀　　　　　　　　　　　　B. 通货紧缩

C. 通货上升　　　　　　　　　　　　D. 通货下降

7. 下列项目是企业在不同的经济周期中采用的财务管理战略，其中错误的是（   ）。

A. 在经济复苏期，应实行长期租赁

B. 在经济繁荣期，应提高产品价格

C. 在经济衰退期，应增加长期采购

D. 在经济萧条期，应保持市场份额

8. 目前我国采用的经济体制是 (　　)。

A. 计划经济体制　　　　　　　　B. 市场经济体制

C. 宏观经济体制　　　　　　　　D. A 和 C

9. 下列项目中，属于普通合伙企业缺点的是 (　　)。

A. 组建公司的成本高　　　　　　B. 双重课税

C. 存在代理问题　　　　　　　　D. 无限连带责任

10. 下列关于企业及其组织形式的说法中，正确的是 (　　)。

A. 企业是社会生产和服务的主要承担者

B. 个人独资企业可以无限存续下去

C. 合伙企业存在双重课税的缺点

D. 公司制企业在最初所有者死亡后会自动消亡

11. 下列项目中，不能实现协调中小股东质询管理层情况的是 (　　)。

A. 停止借款　　　　　　　　　　B. 解聘经营者

C. 加强对经营者的监督　　　　　D. 将经营者的报酬与其绩效挂钩

12. 下列不属于企业对员工承担的社会责任的是 (　　)。

A. 按时足额发放劳动报酬，并根据社会发展逐步提高工资水平

B. 提供安全健康的工作环境，加强劳动保护，实现安全生产，积极预防职业病

C. 完善工会、职工董事和职工监事制度，培育良好的企业文化

D. 诚实守信，不滥用公司人力

13. 下列关于财务管理环节的说法中，不正确的是 (　　)。

A. 可以通过定性和定量两种预测方法进行财务预测

B. 财务预算是财务管理的核心

C. 财务控制可以分为前馈控制、过程控制、反馈控制

D. 财务考核与奖惩紧密联系是构建激励与约束机制的关键环节

14. 企业对各所属单位在所有重大问题的决策和处理上实行高度集权，各所属单位对日常经营活动具有较大的自主权，该企业采用的财务管理体制是 (　　)。

A. 集权型　　　　　　　　　　　B. 分权型

C. 集权与分权相结合型　　　　　D. 集权与分权相制约型

15. 企业财务管理体制是明确企业各财务层级财务权限、责任和利益的制度，其核心问题是 (　　)。

A. 如何配置财务管理权限　　　　B. 如何实施财务控制

C. 如何进行财务分析　　　　　　D. 如何进行财务决策

16. A 企业对所属单位的所有财务管理决策都进行集中统一，其所属单位没有财务决策权，总部财务部门直接参与决策和执行决策，则 A 企业采取的财务管理体制是 (　　)。

A. 集权型财务管理体制　　　　　B. 分权型财务管理体制

C. 集权与分权相结合型财务管理体制

D. 匹配型财务管理体制

17. 下列关于企业财务管理体制集权与分权选择的说法中，错误的是（　　）。

A. 企业在初创阶段，经营风险高，财务管理宜偏重集权模式

B. 企业规模小，财务管理工作量小，偏重于集权模式

C. 包括财务管理人员在内的管理层如果素质高、能力强，则可以采用分权型财务管理体制

D. 实施纵向一体化战略的企业，有必要采用相对集中的财务管理体制

18. 下列项目中，不属于基本金融工具的是（　　）。

A. 票据　　　　　　　　　　B. 债券

C. 股票　　　　　　　　　　D. 互换合同

19. 在公司中，各所属单位负责人有权任免下属管理人员，有权决定员工的聘用与辞退，公司总部原则上不应干预，体现了（　　）。

A. 分散人员管理权　　　　　B. 分散业务定价权

C. 分散经营自主权　　　　　D. 分散费用开支审批权

20. 公司采取集权与分权相结合型财务管理体制时，总结我国公司的实践，通常实施分散的权利是（　　）。

A. 制定制度权　　　　　　　B. 业务定价权

C. 财务机构设置权　　　　　D. 固定资产购置权

二、多项选择题

1. 下列项目中，属于公司常见财务管理目标的有（　　）。

A. 利润最大化　　　　　　　B. 股东财富最大化

C. 企业价值最大化　　　　　D. 相关者利益最大化

2. 下列项目中，属于考虑了风险因素的公司财务管理目标的有（　　）。

A. 利润最大化　　　　　　　B. 股东财富最大化

C. 企业价值最大化　　　　　D. 每股收益最大化

3. 下列项目中，属于解决公司中所有者与经营者利益冲突手段的有（　　）。

A. 解除聘任　　　　　　　　B. 市场接收

C. 激励手段　　　　　　　　D. 降级

4. 下列项目中，属于解决公司中所有者与债权人利益冲突手段的有（　　）。

A. 限制性借款　　　　　　　B. 收回借款

C. 市场接收　　　　　　　　D. 停止借款

5. 下列项目中，属于公司财务管理原则的有（　　）。

A. 成本、收益与风险均衡原则　B. 代理原则

C. 货币时间价值原则　　　　　D. 动态管理原则

6. 下列项目中，属于公司财务管理方法的有（　　）。

A. 产品研发与核算　　　　　　　B. 财务决策与控制

C. 财务分析与考核　　　　　　　D. 财务预测与预算

7. 下列项目中，属于公司财务管理体制模式的有（　　）。

A. 集权模式　　　　　　　　　　B. 决策模式

C. 混合模式　　　　　　　　　　D. 分权模式

8. 下列项目中，属于公司所处市场发育程度的有（　　）。

A. 完全垄断市场　　　　　　　　B. 完全竞争市场

C. 不完全竞争市场　　　　　　　D. 寡头垄断市场

9. 金融市场按期限划分为（　　）。

A. 短期金融市场　　　　　　　　B. 长期金融市场

C. 货币市场　　　　　　　　　　D. 资本市场

10. 下列项目中，属于公司制企业优点的是（　　）。

A. 双重课税　　　　　　　　　　B. 组建公司成本高

C. 容易转让所有权　　　　　　　D. 可以无限存续

11. 下列项目中，属于经济环境内容的有（　　）。

A. 通货膨胀　　　　　　　　　　B. 宏观经济政策

C. 经济周期　　　　　　　　　　D. 经济体制

12. 下列项目中，属于公司利润最大化目标优点的是（　　）。

A. 利润可以直接反映公司创造的剩余产品的多少

B. 考虑了资金时间价值

C. 有利于公司资源的合理配置，有利于公司整体经济效益的提高

D. 反映了公司创造的利润与投入的资本之间的关系

13. 下列目标中，属于考虑了公司所获利润与投入资本数额关系的有（　　）。

A. 利润最大化　　　　　　　　　B. 每股收益最大化

C. 股东财富最大化　　　　　　　D. 企业价值最大化

14. 下列项目中，属于公司的债权人与所有者利益冲突表现的有（　　）。

A. 所有者可能要求经营者改变举债资金的原定用途，增大了偿债风险，降低了债权人的负债价值

B. 债权人希望在创造财富的同时，能获得更多的报酬、更多的享受

C. 所有者希望以较小的代价实现更多的财富

D. 举借新债，增大了偿债风险，致使原有债权的价值降低

15. 下列项目中，属于公司的所有者与经营者主要利益冲突表现的有（　　）。

A. 经营者希望在创造财富的同时，能够获取更多的报酬

B. 经营者希望在创造财富的同时，能够获取更多的享受

C. 经营者希望在创造财富的同时，避免各种风险

D. 所有者希望以较小的代价（支付较少的报酬）实现更多的财富

16. 下列项目中，属于公司财务分析方法的有（　　）。

A. 经验判断法 B. 比较分析法

C. 比率分析法 D. 因素分析法

17. 下列项目中，属于公司集权型财务管理体制优点的有（　　）。

A. 有利于在整个企业内部优化配置资源

B. 有利于适应市场的弹性

C. 有利于决策的统一化

D. 有利于实行内部调拨价格

18. 下列项目中，属于集权与分权相结合型财务管理体制主要特点的有（　　）。

A. 在制度上，应制定统一的内部管理制度

B. 在管理上，利用企业的各项优势，对部分权限集中管理

C. 在经营上，充分调动各所属单位的生产经营积极性

D. 吸收了集权型和分权型财务管理体制各自的优点，具有较大的优越性

19. 下列项目中，属于通货膨胀对公司财务活动影响的有（　　）。

A. 引起资金占用的大量增加，从而增加公司的资金需求

B. 引起公司利润虚增，造成公司资金由于利润分配而流失

C. 引起利率上升，加大公司筹资成本

D. 引起资金供应紧张，增加公司的筹资困难

20. 下列项目中，属于衍生金融工具的有（　　）。

A. 股票 B. 互换合同

C. 债券 D. 远期合同

三、判断题

1. 采用集权与分权相结合型财务管理体制时，通常是公司总部应做到制度统一、资金集中、信息集成和人员委派，因此在制定制度权、收益分配权等方面应实行集中管理。（　　）

2. 在企业价值最大化中，企业价值可以理解为企业所有者权益和债权人权益的账面价值，或者是企业所能创造的预计未来现金流量的现值。（　　）

3. 作为财务管理目标理论，股东财富最大化和企业价值最大化通常都只适用于上市公司。（　　）

4. 分权型财务管理体制有利于因地制宜地搞好各项业务，有利于分散经营风险。（　　）

5. 财务预算是财务管理的核心，预算的准确与否直接关系到企业的兴衰成败。（　　）

6. 利润最大化、企业价值最大化以及相关者利益最大化等各种财务管理目标，都以股东财富最大化为基础。（　　）

7. 在通货膨胀持续期，货币面临着贬值的风险，这时企业进行投资可以避免风险，实现资本保值。（　　）

8. 货币市场是指以期限在一年以上的金融工具为媒介，进行长期资金融通的市场，包括同业拆借市场、票据市场、大额定期存单市场和短期债券市场。（　　）

9. 在协调所有者与经营者利益冲突的方法中，"接收"是一种通过所有者约束经营者的方法。　　　　　　　　　　　　　　　　　　　　　　　　　　（　　）

10. 企业的社会责任主要包括对所有者的责任、对员工的责任、对债权人的责任、对消费者的责任、对社会公众的责任、对环境和资源的责任等。　　　　（　　）

11. 股东财富最大化目标考虑了众多相关利益主体的不同利益。　　　　（　　）

12. 企业的财务活动是以企业为主体所进行的管理活动，包括筹资、投资、资金营运和收益分配等活动。　　　　　　　　　　　　　　　　　　　　　　　（　　）

13. 企业在组织财务活动过程中与企业内部、外部各有关方面发生的经济利益关系，就是企业的财务关系。　　　　　　　　　　　　　　　　　　　　　　　（　　）

14. 在企业价值最大化目标下，企业所能实现的价值等于企业所有者权益和债权人权益的市场价值。　　　　　　　　　　　　　　　　　　　　　　　　　　（　　）

15. 在财务管理过程中，要获取收益，总得付出成本，有时有风险，有时没有风险，因此成本、收益与风险可以不均衡。　　　　　　　　　　　　　　　　　（　　）

16. 财务预测是财务管理的核心。　　　　　　　　　　　　　　　　　（　　）

17. 企业集权管理的项目包括制定制度权、筹资权、投资权、用资权、担保权、固定资产购置权、财务机构设置权、自主经营权和收益分配权。　　　　　　　（　　）

18. 分权管理的项目包括制定制度权、筹资权、投资权、用资权、担保权、固定资产购置权、财务机构设置权、自主经营权和收益分配权。　　　　　　　　（　　）

19. 金融市场按期限分为货币市场和资本市场。　　　　　　　　　　　（　　）

20. 金融市场是商品经济和信用形式多样化发展到一定程度的必然产物，是指实现货币借贷与资本融通、办理各种票据和有价证券交易活动的市场。　　　　　（　　）

四、综合训练

任务一　完成企业名称预先核准

要求：采取小组合作的方式，由学生扮演公司设立业务的经办人员，完成相关企业名称预先核准的工作任务。操作指引如表1-2所示。

表1-2　操作指引

经办人	法定代表人	出资人
1. 填写指定代表或者共同委托代理人授权委托书	5. 审核相关申请资料	6. 签署授权委托书、承诺书等相关文件资料
2. 填写承诺书		
3. 填写企业名称预先核准申请书		
4. 准备相关申请资料		
7. 向申请机关提交相关申请资料		

操作步骤：

1. 2022年1月4日，法定代表人指定代表或委托代理人或经办人，填写"指定代

或者共同委托代理人授权委托书"，见附件 1-1。其中，

① 指定代表或委托代理人或经办人：学生 1(身份证号码：××××××；电话：××××××)。

② 指定法定代表人 / 申请人：学生 2(身份证号码：××××××)。

③ 业务受理机关：×× 省 ×× 市 ×× 区市场监督管理局。

④ 委托事项：办理公司名称预先核准、设立等事项。

⑤ 经办人员的授权权限：核对登记材料中的复印件并签署核对意见；修改企业自备文件的错误；修改有关表格的填写错误；领取营业执照和有关文书。

⑥ 指定或者委托的有效期限：自 2022 年 1 月 4 日至 2022 年 3 月 31 日。

⑦ 公司名称：×× + 法定代表人名字 + ×× 有限责任公司。

(注：公司名称命名规则：行政区划名称 + 字号 + 行业 / 经营特点 + 组织形式)

2. 全体股东签署"承诺书"，见附件 1-2。其中，

① 业务受理机关：×× 省 ×× 市 ×× 区市场监督管理局。

② 全体股东：学生 3、学生 4、学生 5……(签名 + 摁手印)。

③ 公司名称：×× + 法定代表人名字 + ×× 有限责任公司。

④ 日期：2022 年 1 月 4 日。

3. 填写"企业名称预先核准申请书"，见附件 1-3。其中，

① 指定代表或委托代理人或经办人：附件 1-1 中的学生 (身份证号码：××××××；电话：××××××)。

② 申请公司名称：×× + 法定代表人名字 + ×× 有限责任公司 (备选公司字号：×× + 股东 1 名字 + ×× 有限责任公司，×× + 股东 2 名字 + ×× 有限责任公司，×× + 股东 3 名字 + ×× 有限责任公司)。

③ 企业住所地：×× 省 ×× 市 ×× 区 ×× 路 120 号，电话：××××××。

④ 注册资本：1000 万元。

⑤ 经营范围：酒类生产、包装、销售。(依法须经批准的项目，经相关部门批准后方可开展经营活动。)

⑥ 投资人基本信息：学生 3、学生 4、学生 5 及其身份证号码。

⑦ 指定法定代表人：学生 2 及其身份证号码。

⑧ 经办人员的授权权限：核对登记材料中的复印件并签署核对意见；修改有关表格的填写错误；领取"企业名称预先核准通知书"。

4. 准备企业名称预先核准申请的相关文件。

① 填写完成的指定代表或者共同委托代理人授权委托书。

② 填写完成的全体股东签署的"承诺书"。

③ 填写完成的"企业名称预先核准申请书"。

④ 全体股东、法定代表人、指定代表或者共同委托代理人的身份证复印件。

⑤ 国家规定要求提交的其他文件。

附件 1-1

指定代表或者共同委托代理人授权委托书

申请人：_____

指定代表或者委托代理人：_____

委托事项及权限：

    1. 办理 (企业名称) 的

    □名称预先核准□设立□变更□注销□备案□撤销变更登记

    □股权出质 (□设立□变更□注销□撤销) □其他手续。

    2. 同意□不同意□核对登记材料中的复印件并签署核对意见；

    3. 同意□不同意□修改企业自备文件的错误；

    4. 同意□不同意□修改有关表格的填写错误；

    5. 同意□不同意□领取营业执照和有关文书。

指定或者委托的有效期限：自   年   月   日至   年   月   日

指定代表或委托代理人或者 经办人信息	签字： 固定电话： 移动电话：
(指定代表或委托代理人、具体经办人身份证明复印件粘贴处)	

(申请人签字或盖章)

                    年   月   日

填写说明

    1. 本委托书适用于公司及其分公司、非公司企业法人及其分支机构、营业单位在工商行政管理部门办理登记、备案，公司办理股权出质登记等业务。

2. 名称预先核准，新申请名称申请人为全体投资人或隶属企业，已设立企业变更名称申请人为本企业，由企业法定代表人签署。

3. 设立登记，有限责任公司申请人为全体股东，国有独资公司申请人为国务院或地方人民政府国有资产监督管理机构，股份有限公司申请人为董事会，非公司企业法人申请人为主管部门（出资人），分公司申请人为公司，营业单位、非法人分支机构申请人为隶属单位（企业）。自然人申请人由本人签字，非自然人申请人加盖公章。

4. 公司、非公司企业法人变更、注销、备案，申请人为本企业，加盖本企业公章（其中公司清算组备案的，同时由清算组负责人签字；公司破产程序终结后办理注销登记的，同时由破产管理人签字）；分公司变更、注销、备案，申请人为公司的，加盖公司公章；营业单位、非法人分支机构申请人为隶属单位（企业）的，加盖隶属单位（企业）公章。

6. 股权出质设立、变更、注销登记申请人为出质人和质权人，股权出质撤销登记申请人为出质人或者质权人。

7. 委托事项及权限：第1项应当选择相应的项目并在□中打√，或者注明其它具体内容；第2、3、4、5项选择"同意"或"不同意"并在□中打√。

8. 指定代表或者委托代理人可以是自然人，也可以是其他组织；指定代表或者委托代理人是其他组织的，应当另行提交其他组织证照复印件及其指派具体经办人的文件、具体经办人的身份证件。

9. 申请人提交的申请书应当使用A4型纸。依本表打印生成的，使用黑色钢笔或签字笔签署；手工填写的，使用黑色钢笔或签字笔工整填写、签署。

附件 1-2

承 诺 书

_____：

　　由_____出资组建_____，现全体股东承诺：我企业名称在今后使用过程中如有名称相近似的企业提出异议或上级部门要求撤销，本企业自愿服从市场监督管理部门的裁决，无条件变更公司名称，由此产生的法律后果及诉讼赔偿由本公司承担，特此承诺。

　　　　　　　　　　　　　　　　_____公司全体股东
　　　　　　　　　　　　　　　　　　　年　　月　　日

自然人股东 (签字)：
法人股东 (盖章)：

附件 1-3

企业名称预先核准申请书

申请企业名称	
备选企业名称 （请选用不同的字号）	1.
	2.
	3.
经营范围	许可经营项目： 一般经营项目： （只需填写与企业名称行业表述一致的主要业务项目）
注册资本（金）	（万元）
企业类型	
住所所在地	
指定代表或者委托代理人	
指定代表或委托代理人的权限： 　1. 同意□不同意□核对登记材料中的复印件并签署核对意见； 　2. 同意□不同意□修改有关表格的填写错误； 　3. 同意□不同意□领取《企业名称预先核准通知书》。	
指定或者委托的有效期限	自　　年　　月　　日至　　年　　月　　日

注：1. 手工填写表格和签字请使用黑色或蓝黑色钢笔、毛笔或签字笔，请勿使用圆珠笔。

　　2. 指定代表或者委托代理人的权限需选择"同意"或者"不同意"，请在□中打√。

　　3. 指定代表或者委托代理人可以是自然人，也可以是其他组织；指定代表或者委托代理人是其他组织的，应当另行提交其他组织证照复印件及其指派具体经办人的文件、具体经办人的身份证件。

投资人姓名或名称	证照号码	投资额（万元）	投资比例(%)	签字或盖章

填表日期	年　　月　　日			
指定代表或者委托代理人、具体经办人信息	签　　字：			
	固定电话：			
	移动电话：			

（指定代表或委托代理人、具体经办人身份证明复印件粘贴处）

注：1. 投资人在本页表格内填写不下的可以附纸填写。

　　2. 投资人应对第 (1)、(2) 两页的信息进行确认后，在本页盖章或签字。自然人投资人由本人签字，非
　　　自然人投资人加盖公章。

任务二 制定公司章程

要求：采取小组合作的方式，由学生扮演公司设立业务的经办人员，在 2022 年 1 月 4 日～8 日，制定公司章程，一式三份。操作指引如表 1-3 所示。

表 1-3　操　作　指　引

经 办 人	指定法定代表人	投 资 人
起草公司章程	审核与修改公司章程	审议公司章程

操作步骤：

1. 公司章程相关必要记载内容主要包括：公司名称和住所；公司经营范围；公司注册资本；股东的姓名或名称；股东的权利和义务；股东的出资方式和出资额、股东转让出资的条件；公司的机构及其产生办法、职权、议事规则；公司的法定代表人；公司的解散事由与清算办法；股东会认为需要记载的其他事项，如附件 1-4 所示。

2. 股东出资情况一览表如表 1-4 所示。

表 1-4　股东出资情况一览表

股东姓名	身份证号码	出资认缴年限	认缴注册资本金额	出资方式
学生 3	××××××	3	450 万元	货币资金
学生 4	××××××	5	300 万元	厂房
学生 5	××××××	5	250 万元	技术

附件 1-4

_____公司章程

一、总则

第一条 依据《中华人民共和国公司法》《中华人民共和国公司登记管理条例》及有关法律、法规的规定，制定本公司章程。本公司章程对公司股东、董事、监事、经理均具有约束力。

第二条 本章程中的各项条款与法律、法规、规章不符的，以法律、法规、规章的规定为准。

二、公司名称和住所

第三条 公司名称：(以预先核准登记的名称为准)

第四条 公司住所：×× 省 ×× 市 ×× 区 ×× 路 ×× 号

三、公司的经营范围

第五条 公司的经营范围：_____。

(依法须经批准的项目，经相关部门批准后方可开展经营活动)

四、公司认缴注册资本及股东的姓名（名称）、出资方式、认缴出资额及出资期限

第六条 公司注册资本实行认缴制，公司认缴注册资本为 ××× 万元，股东按期足额缴纳本章程中规定的各自所认缴的出资额。公司成立后，向股东签发出资证明书。出资证明书载明公司名称、公司成立时间、公司注册资本、股东姓名或者名称、认缴出资额和出资日期、出资证明书编号及核发日期并由公司盖章。出资证明书遗失的，应立即向公司申报注销，经公司法定代表人审核后予以补发。公司应设置股东名册，记载股东的姓名、住所、出资额及出资证明书编号等内容。

第七条 股东姓名 (名称)、证件号码、缴纳出资期限、认缴注册资本金额、出资方式一览表：

股东姓名	身份证号码	出资认缴年限	认缴注册资本金额 / 万元	出资方式
学生 3	××××××	3	450	货币资金
学生 4	××××××	5	300	厂房
学生 5	××××××	5	250	技术
合计			1000	

(一) 股东以其认缴的出资额为限对公司承担责任。

(二) 股东应当按期足额缴纳各自所认缴的出资额，股东不按照规定缴纳出资的，除应当向公司足额缴纳外，还应当向已按期足额缴纳出资的股东承担违约责任。

(三) 股东滥用股东权利给公司或者其他股东造成损失的，应当依法承担赔偿责任。股东滥用公司法人独立地位和股东有限责任，逃避债务，严重损害公司债权人利益的，应当对公司债务承担连带责任。

五、公司的机构及其产生办法、职权、议事规则

第八条 股东会由全体股东组成，是公司的权力机构，行使下列职权：

（一）决定公司的经营方针和投资计划；

（二）选举和更换执行董事，决定有关执行董事的报酬事项；

（三）选举和更换由股东代表出任的监事，决定监事的报酬事项；

（四）审议批准执行董事的报告；

（五）审议批准监事的报告；

（六）审议批准公司的年度财务预算方案、决算方案；

（七）审议批准公司的利润分配方案和弥补亏损的方案；

（八）对公司增加或者减少注册资本作出决议；

（九）对股东向股东以外的人转让出资作出决议；

（十）对公司合并、分立、解散、清算或者变更公司形式等事项作出决议；

（十一）修改公司章程；

（十二）聘任或解聘公司经理；

（十三）公司章程规定的其他职权。

第九条 股东会的首次会议由出资最多的股东召集和主持。

第十条 股东会会议由股东按照出资比例行使表决权。

第十一条 股东会会议分为定期会议和临时会议。

召开股东会会议，应当于会议召开 15 日以前通知全体股东。

定期会议按季度定时召开一次。代表 40% 以上表决权的股东，监事提议召开临时会议的，应当召开临时会议。

股东可自行出席股东会会议，也可书面委托他人参加股东会会议，行使委托书中载明的权利。

第十二条 股东会会议由执行董事召集并主持；执行董事不能履行或者不履行召集股东会会议职责的，由监事召集和主持；监事不召集和主持的，代表 40% 以上表决权的股东可以自行召集和主持。

第十三条 股东会会议作出修改公司章程、增加或者减少注册资本决议，以及公司合并、分立、解散或者变更公司形式的决议，必须经代表三分之二以上表决权的股东通过。

第十四条 公司不设董事会，设执行董事 1 人，由股东选举产生。执行董事任期 3 年，任期届满，可连选连任。执行董事在任期届满前，股东会不得无故解除其职务。

第十五条 执行董事对股东会负责，行使下列职权：

（一）负责召集股东会，并向股东会会议报告工作；

（二）执行股东会的决议；

（三）审定公司的经营计划和投资方案；

（四）制定公司的年度财务预算方案、决算方案；

（五）制定公司的利润分配方案和弥补亏损方案；

（六）制定公司增加或者减少注册资本以及发行公司债券的方案；

（七）制定公司合并、分立、解散及变更公司形式的方案；

（八）决定公司内部管理机构的设置；

（九）决定聘任或者解聘公司经理及其报酬事项，并根据经理的提名决定聘任或者解聘公司副经理、财务负责人及其报酬事项。

（十）制定公司的基本管理制度；

（十一）在发生特大自然灾害等紧急情况时，对公司事务行使特别裁决权和处置权，但这类裁决权和处置权须符合公司利益，并在事后向股东会报告。

第十六条　公司可设经理，由股东会聘任或解聘。经理对股东会负责，行使下列职权：

（一）主持公司的生产经营管理工作；

（二）组织实施公司年度经营计划和投资方案；

（三）拟订公司内部管理机构设置方案；

（四）拟定公司的基本管理制度；

（五）制定公司的具体规章；

（六）提请聘任或者解聘公司副经理、财务负责人；

（七）聘任或者解聘除应由股东会决定聘任或者解聘以外的负责管理人员，经理列席股东会会议；

（八）股东会授予的其他职权。

第十七条　公司不设监事会，设监事1人，由公司股东会选举产生。监事对股东会负责，监事任期每届3年，任期届满，可连选连任。

第十八条　监事行使下列职权：

（一）检查公司财务；

（二）对执行董事、高级管理人员执行公司职务的行为进行监督，对违反法律、行政法规、公司章程或者股东会决议的执行董事、高级管理人员提出罢免的建议；

（三）当执行董事、高级管理人员的行为损害公司的利益时，要求执行董事、高级管理人员予以纠正；

（四）提议召开临时股东会会议，在执行董事不履行《公司法》规定的召集和主持股东会会议职责时召集和主持股东会会议；

（五）向股东会会议提出提案；

（六）依照《公司法》第一百五十二条的规定，对执行董事、高级管理人员提起诉讼；

（七）公司章程规定的其他职权。

六、公司的法定代表人

第十九条　执行董事为公司的法定代表人，任期3年，由股东会选举产生。任期届满，可连选连任。

第二十条　法定代表人行使以下职权：

（一）召集和主持股东会议；

（二）检查股东会会议的落实情况，并向股东会报告；

（三）代表公司签署有关文件；

（四）在发生特大自然灾害等紧急情况下，对公司事务行使特别裁决权和处置权，但这类裁决权和处置权须符合公司利益，并在事后向股东会报告；

（五）公司章程规定的其他职权。

七、股东会会议认为需要规定的其他事项

第二十一条　股东之间可以相互转让其部分或全部出资。

第二十二条　股东向股东以外的人转让股权，应当经其他股东过半数同意。股东应就其股权转让事项书面通知其他股东征求同意。其他股东自接到书面通知之日起满 30 日未答复的，视为同意转让。其他股东半数以上不同意转让的，不同意的股东应当购买拟转让的股权；不购买的，视为同意转让。

经股东同意转让的股权，在同等条件下，其他股东有优先购买权。两个以上股东主张行使优先购买权的，协商确定各自的购买比例；协商不成的，按照转让时各自的出资比例行使优先购买权。

第二十三条　公司的营业期限 XX 年，自公司营业执照签发之日起计算。

第二十四条　有下列情形之一的，公司清算组应当自公司清算结束之日起 30 日内向原公司登记机关申请注销登记：

（一）公司被依法宣告破产；

（二）公司章程规定的营业期限届满或者公司章程规定的其他解散事由出现，但公司通过修改公司章程而存续的除外：

（三）股东会决议解散；

（四）依法被吊销营业执照，责令关闭或者撤销；

（五）人民法院依法予以解散；

（六）法律、行政法规规定的其他解散情形。

八、附则

第二十五条　公司登记事项以公司登记机关核定的为准。

第二十六条　公司章程经股东签字后生效。

第二十七条　本章程一式三份，并报公司登记机关一份。

全体股东签字：

日期：　　　年　　月　　日

项目二　财 务 分 析

 学习目标

1. 理解财务分析的基本内容、财务分析的各种具体方法；
2. 通过财务比率分析实训、财务综合分析实训，掌握财务分析的基本理论与方法。

 思维导图

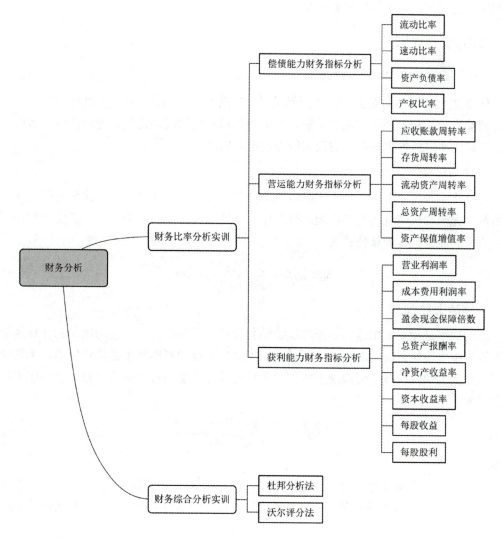

财务分析是指以企业会计报表、附注及相关资料为依据，采用一系列专门的方法分析和评价企业特定日期的财务状况、一定会计期间的经营成果以及企业未来发展趋势的一种经济管理活动。财务分析实际上是以一定的资料为依据来分析企业的过去、现在和预测未来的过程。通过财务分析，可以反馈过去的、现在的信息，预测未来的趋势；可以为外部信息使用者决策提供依据；可以为内部信息使用者决策提供依据；可以为评价经营业绩提供依据。

任务一　财务比率分析实训

一、实训目的

以公司财务数据为基础，通过财务比率分析实训项目训练，帮助同学们灵活运用财务比率分析指标，从多角度对企业的偿债能力、营运能力、获利能力进行具体分析，找出财务问题并提出解决问题的思路和方法。

二、实训基础知识

（一）偿债能力财务指标分析

偿债能力分析是指对企业偿还到期债务（包括本金和利息）的能力进行分析，包括短期偿债能力分析和长期偿债能力分析。实务中，可以依据流动比率、速动比率、资产负债率、产权比率这些参数对企业的偿债能力进行分析。

1. 流动比率

流动比率是指企业用流动资产除以流动负债计算得到的比率。流动比率表明企业所承担的每一元流动负债背后有多少流动资产作为偿还保障，反映了企业用流动资产偿还到期流动负债的能力。其计算公式为

$$流动比率 = \frac{流动资产}{流动负债} \times 100\% \tag{2-1}$$

2. 速动比率

速动比率是指企业用速动资产除以流动负债计算得到的比率。速动比率的计算剔除了流动资产中变现能力较差的存货等项目，以提高用于保障到期债务的偿还能力。所谓速动资产，是指流动资产减去变现能力较差且不稳定的存货等项目之后的余额。速动比率的计算公式为

$$速动比率 = \frac{速动资产}{流动负债} \times 100\% \tag{2-2}$$

其中：

速动资产 = 货币资金 + 交易性金融资产 + 应收账款 + 应收票据

　　　　 = 流动资产 − 存货 − 预付账款 − 一年内到期的非流动资产 − 其他流动资产

3. 资产负债率

资产负债率(又称负债比率),是指企业负债总额除以资产总额计算得到的比率。资产负债率表明企业资产总额中债权人提供资金所占的比重,以及企业资产对债权人权益的保障程度。其计算公式为

$$资产负债率 = \frac{负债总额}{资产总额} \times 100\% \tag{2-3}$$

4. 产权比率

产权比率是指企业负债总额除以所有者权益总额计算得到的比率,它是企业财务结构稳健与否的重要标志。产权比率反映了企业所有者权益对债权人权益的保障程度。其计算公式为

$$产权比率 = \frac{负债总额}{所有者权益总额} \times 100\% \tag{2-4}$$

(二)营运能力财务指标分析

营运能力是指企业利用所掌控的资源开展经营运行的能力。企业营运能力的财务指标主要包括应收账款周转率、存货周转率、流动资产周转率、总资产周转率和资本保值增值率。

1. 应收账款周转率

应收账款周转率是指在一定期间内,企业一定数额的应收账款循环周转次数或循环一次所需要的天数。应收账款周转率是衡量应收账款变现速度的一个重要指标。其计算公式为

$$应收账款周转次数 = \frac{赊销净额}{应收账款平均余额} \tag{2-5}$$

$$应收账款周转天数 = \frac{日历天数}{应收账款周转次数} = \frac{应收账款平均余额}{平均每日赊销额} \tag{2-6}$$

其中:

$$应收账款平均余额 = \frac{应收账款年初余额 + 应收账款年末余额}{2} \tag{2-7}$$

2. 存货周转率

存货周转率是指在一定时期内,企业一定数量的存货所占资金循环周转次数或循环一次所需要的天数。存货周转率反映的是存货资金与它周转所完成的销货成本之间的比率,这是一组衡量企业销售能力强弱和存货是否过剩的重要指标,是分析企业流动资产效率的依据之一。其计算公式为

$$存货周转次数 = \frac{销货成本}{存货平均余额} \tag{2-8}$$

$$存货周转天数 = \frac{日历天数}{存货周转次数} = \frac{存货平均余额}{平均每日销货成本} \tag{2-9}$$

其中:

$$存货平均余额 = \frac{存货年初余额 + 存货年末余额}{2} \qquad (2\text{-}10)$$

3. 流动资产周转率

流动资产周转率是指在一定期间内，企业一定数量的流动资产所占用资金的周转次数或完成一次周转所需要的天数。流动资产周转率反映的是企业全部流动资产价值（即全部流动资金）的周转速度。其计算公式为

$$流动资产周转次数 = \frac{流动资产周转额}{流动资产平均占用额} \qquad (2\text{-}11)$$

$$流动资产周转天数 = \frac{日历天数}{流动资产周转率} = \frac{流动资产平均占用额}{平均每日周转额} \qquad (2\text{-}12)$$

4. 总资产周转率

总资产周转率是指在一定期间内，企业全部资产所占资金的周转次数或循环一次所需要的天数。总资产周转率反映了企业全部资产与它周转所完成的销售收入的比例关系。其计算公式为

$$总资产周转次数 = \frac{产品销售收入}{总资产平均额} \qquad (2\text{-}13)$$

$$总资产周转天数 = \frac{日历天数}{总资产周转次数} = \frac{总资产平均额}{平均每日销售净收入} \qquad (2\text{-}14)$$

5. 资产保值增值率

资本保值增值率是指企业本年年末所有者权益扣除客观增减因素后除以年初所有者权益计算的比值，它是衡量投资者投入企业的资本完整性和安全性的指标，其计算公式为

$$资本保值增值率 = \frac{期末所有者权益总额}{期初所有者权益总额} \qquad (2\text{-}15)$$

（三）获利能力财务指标分析

获利能力是指在一定期间内企业获取利润的能力。获利能力财务指标主要包括营业利润率、成本费用利润率、盈余现金保障倍数、总资产报酬率、净资产收益率和资本收益率。实务中，上市公司经常采用每股收益、每股股利、市盈率、每股净资产等指标评价其获利能力。

1. 营业利润率

营业利润率是指企业在一定时期内，营业利润除以营业收入计算得到的比率。其计算公式为

$$营业利润率 = \frac{营业利润}{营业收入} \times 100\% \qquad (2\text{-}16)$$

实务中，也经常使用销售毛利率、销售净利率等指标来分析企业经营业务的获利水平。其计算公式为

$$销售毛利率 = \frac{销售收入 - 销售成本}{销售收入} \times 100\% \tag{2-17}$$

$$销售净利率 = \frac{净利润}{销售收入} \times 100\% \tag{2-18}$$

2. 成本费用利润率

成本费用利润率是指在一定时期内，企业利润总额除以成本费用总额计算得到的比率。其计算公式为

$$成本费用利润率 = \frac{利润总额}{成本费用总额} \times 100\% \tag{2-19}$$

其中：

成本费用总额 = 营业成本 + 营业税金及附加 + 销售费用 + 管理费用 + 财务费用

3. 盈余现金保障倍数

盈余现金保障倍数是指在一定时期内，企业经营现金净流量除以净利润计算得到的比值，反映了企业当期净利润中现金收益的保障程度。其计算公式为

$$盈余现金保障倍数 = \frac{经营现金净流量}{净利润} \tag{2-20}$$

4. 总资产报酬率

总资产报酬率是指在一定时期内，企业获得的报酬总额（息税前利润总额）除以平均资产总额计算得到的比率，反映了企业资产的综合利用效益。其计算公式为

$$总资产报酬率 = \frac{息税前利润总额}{平均资产总额} \times 100\% \tag{2-21}$$

5. 净资产收益率

净资产收益率是指在一定时期内，企业净利润除以平均净资产计算得到的比率，反映了企业自有资金的投资收益水平。其计算公式为

$$净资产收益率 = \frac{净利润}{平均净资产} \times 100\% \tag{2-22}$$

其中：

$$平均净资产 = \frac{所有者权益年初数 + 所有者权益年末数}{2}$$

6. 资本收益率

资本收益率是指在一定时期内，企业净利润除以平均资本计算的比率，反映了企业实际获得的投资回报水平。其计算公式为

$$资本收益率 = \frac{净利润}{平均资本} \times 100\% \tag{2-23}$$

其中：

$$平均资本 = \frac{实收资本年初数 + 资本公积年初数 + 实收资本年末数 + 资本公积年末数}{2}$$

7. 每股收益

每股收益是指用来反映企业普通股股东持有每一股份所获得的利润或承担的亏损的财务分析指标。每股收益包括基本每股收益和稀释每股收益。

基本每股收益的计算公式为

$$基本每股收益 = \frac{归属于普通股东的当期净利润}{当期发行在外普通股的加权平均数} \tag{2-24}$$

其中：

当期发行在外普通股的加权平均数

$$= 期初发行在外普通股股数 + 当期新发行普通股股数 \times \frac{已发行时间}{报告期时间} -$$

$$当期回购普通股股数 \times \frac{已回购时间}{报告期时间}$$

注意：已发行时间、报告期时间和已回购时间一般按天数计算，在不影响计算结果的前提下也可以按月份简化计算。

8. 每股股利

每股股利是指上市公司本年发放的普通股现金股利总额除以年末普通股总数的比值，反映了上市公司当期利润的积累和分配情况。其计算公式为

$$每股股利 = \frac{普通股现金股利总额}{年末普通股总数} \tag{2-25}$$

三、经典实训资料

实训资料一　WXR 公司 2021 年度相关财务数据

WXR 公司 2021 年度营业收入为 2000 万元，销货成本为 1200 万元，利润总额为 300 万元，净利润为 200 万元，财务费用中的利息费用为 110 万元，非经营净收益为 40 万元。另外，资本化的利息支出为 54 万元。WXR 公司 2021 年年初存货余额为 90 万元，2021 年年末存货余额为 150 万元。WXR 公司 2021 年年末所有者权益为 1600 万元，年末发行在外的普通股股数为 1000 万股，年末每股市价为 4.8 元。

要求：

(1) 计算 WXR 公司的营业毛利率；

(2) 计算 WXR 公司的存货周转次数；

(3) 计算 WXR 公司的利息保障倍数；

(4) 计算 WXR 公司的净收益营运指数。

根据题意计算分析如下：

(1) 营业毛利率 $=\dfrac{营业毛利}{营业收入}=\dfrac{2000-1200}{2000}\times100\%=40\%$；

(2) 存货周转次数 $=\dfrac{销货成本}{存货平均余额}=\dfrac{1200}{90+150}\times2=10(次)$；

(3) 利息保障倍数 $=\dfrac{息税前利润}{应付利息}=\dfrac{300+110}{110+54}=2.5$；

(4) 净收益营运指数 $=\dfrac{经营净收益}{净利润}=\dfrac{200-40}{200}=0.8$。

实训资料二 WXR 公司相关财务数据

WXR 公司 2021 年 12 月 31 日的相关财务数据如表 2-1 所示。

表 2-1 WXR 公司资产负债表部分数据   单位：万元

资 产	年初	年末	负债及所有者权益	年初	年末
货币资金	10	9	流动负债合计	45	30
应收账款	12	18	长期负债合计	25	40
存 货	23	36	负债合计	70	70
流动资产合计	45	63	所有者权益合计	70	70
非流动资产合计	95	77			
资产合计	140	140	负债及所有者权益合计	140	140

另外，WXR 公司 2021 年度营业收入为 84 万元，净利润为 11.76 万元。

要求：

(1) 计算 2021 年年末速动比率、资产负债率和权益乘数；

(2) 计算 2021 年总资产周转率、营业净利率和净资产收益率。

根据题意计算分析如下：

(1) 速动比率 $=\dfrac{63-36}{30}=0.9$，

资产负债率 $=\dfrac{70}{140}=0.5$，

权益乘数 $=\dfrac{1}{1-0.5}=2$；

(2) 总资产周转率 $=\dfrac{84}{140+140}\times2=0.6(次)$，

营业净利率 $=\dfrac{11.76}{84}\times100\%=14\%$，

净资产收益率 $=\dfrac{11.76}{70+70}\times2\times100\%=16.8\%$。

任务二 财务综合分析实训

一、实训目的

通过财务综合分析实训项目训练，帮助同学们利用各项财务指标的相互关系，从总体上分析企业的财务状况和经营成果，并通过横向角度、纵向角度进行对比，找出变化的趋势和存在的问题，并预测未来的趋势。

二、实训基础知识

财务综合分析是指将企业营运能力、偿债能力和获利能力等财务指标分析纳入一个有机的分析系统之中，从而全面地对企业财务状况、经营状况进行解剖和分析，进一步对企业的经济效益做出准确地分析和判断。

企业财务分析的最终目的在于全面、准确、客观地揭示和披露特定日期的财务状况和一定会计期间的经营成果，并借以对企业经济效益优劣做出合理的评价。要达到全面系统分析的目标，仅仅依靠几个孤立的财务比率分析，或者将一些孤立的财务比率分析指标简单地罗列和混合在一起，这样是实现不了的，甚至会出现错误的判断。因此，只有将企业偿债能力、营运能力、获利能力等各项财务分析指标有机地联系起来并成为一套完整的分析体系，才能做出系统的综合分析和判断，准确把握企业的财务状况和经营成果。

财务综合分析方法主要有杜邦分析法和沃尔评分法。

（一）杜邦分析法

杜邦分析法是指利用企业各项主要财务比率指标之间的内在联系，对企业财务状况及经济效益进行综合的、系统的分析和判断的方法。杜邦分析法是以净资产收益率为起点，以总资产净利率和权益乘数为核心，重点揭示企业获利能力及权益乘数对净资产收益率的影响，以及各项相关指标之间相互影响的作用关系。

杜邦分析法的计算公式为

$$净资产收益率 = 销售净利率 \times 总资产周转率 \times 权益乘数 \tag{2-26}$$

其中：

$$销售净利率 = \frac{净利润}{销售收入}$$

$$总资产周转率 = \frac{销售收入}{资产总额}$$

$$权益乘数 = \frac{资产}{权益} = \frac{1}{1 - 资产负债率}$$

（二）沃尔评分法

沃尔评分法是指将选定的企业财务比率用线性关系结合起来，并分别给定各自的分数比重，然后与标准比率进行比较，确定各项指标的得分及总体指标的累计分数，从而对企业的信用水平做出分析和判断的方法。

三、实训资料

实训资料一　WXR 有限公司有关财务数据

WXR 有限公司有关财务数据如表 2-2 所示，不考虑所得税费用。分析 WXR 有限公司净资产收益率变化的具体原因。

表 2-2　WXR 有限公司基本财务数据情况　　　　　　　　单位：万元

年度	净利润	销售收入	平均资产总额	平均负债总额	全部成本	制造成本	销售费用	管理费用	财务费用
2020	200	4000	3200	1800	3800	3000	400	390	10
2021	300	7000	3500	2200	6700	5800	500	390	10

根据题意计算分析如下：

根据各项财务比率指标计算得出相关财务比率数值，如表 2-3 所示。

表 2-3　2020 年度与 2021 年度相关财务比率比较

年　度	2020	2021
净资产收益率	14.3%	23.08%
权益乘数	2.29	2.69
资产负债率	56.25%	62.86%
总资产净利率	6.25%	8.57%
销售净利率	5%	4.29%
总资产周转率(次)	1.25	2

(1) 对净资产收益率的分析。该公司的净资产收益率在 2020 年至 2021 年间出现了一定程度的好转，从 2020 年的 14.3% 增加至 2021 年的 23.08%。公司的投资者在很大程度上依据这个指标来判断是否投资，考察经营者业绩和决定股利分配政策。

(2) 对总资产净利率的分析。该公司的总资产净利率在 2020 年至 2021 年间出现了一定程度的好转，从 2020 年的 6.25% 增加至 2021 年的 8.57%，说明资产的利用得到了比较好的控制，显示出比前一年较好的效果，表明该公司利用其总资产产生销售收入的效率在增加。

(3) 对销售净利率的分析。该公司的销售净利率在 2020 年至 2021 年间出现了一定程度的下降，从 2020 年的 5% 减至 2021 年的 4.29%，通过财务分析，其原因是成本费用增加的幅度大于收入增加的幅度。

(4) 对全部成本的分析。该公司的全部成本在 2020 年至 2021 年间出现了大幅度的上涨，从 2020 年的 3800 万元增加至 2021 年的 6700 万元。

(5) 对权益乘数的分析。该公司的权益乘数在 2020 年至 2021 年间出现了一定程度的上升，从 2020 年的 2.29 增加至 2021 年的 2.69，该公司的权益乘数一直处于 2~3 之间，也即负债率在 50%~70% 之间，属于稳健策略型企业。

(6) 结论。对于该公司，最为重要的就是要努力降低各项成本费用，在控制成本上下功夫，同时要保持较高的总资产周转率。这样，可以使销售净利率得到提高，进而使总资产净利率有大的提高。

实训资料二

H 公司运用沃尔评分法，对 2021 年综合财务状况的评价进行评价，为了保护评分的合理性，确定每个财务比率的得分最高不能超过权重的 1.5 倍，最低不能低于其权重的 0.5 倍，具体如表 2-4 所示．

表 2-4　H 公司 2021 年财务状况综合评价表

财务比率	权重	标准值	实际值	相对值	评分
流动比率	—	—	—	—	11.65
速动比率	②	1.2	1.8	①	13.5
资产总额/负债总额	12	2.1	③	0.9	10.8
存货周转率	10	4	11.88	④	⑤
应收账款周转率	—	—	—	—	5.99
资产周转率	—	—	—	—	6.52
销售利润率	10	15%	6%	⑥	⑦
总资产报酬率	—	—	—	—	8.43
净资产收益率	15	25%	15%	⑧	⑨
合计	100	—	—	—	⑩

要求：填写表中的①～⑩项目。

1928 年，亚历山大·沃尔出版的《信用晴雨表研究》和《财务报表比率分析》中提出了信用能力指数的概念，这是一种综合比率评价体系，也称作沃尔评分法。沃尔评分法将若干个财务比率用线性关系结合起来，以此来评价企业的财务状况，是对企业财务状况进行综合评分的方法。他选择了 7 个财务比率，即流动比率、产权比率、固定资产比率、存货周转率、应收账款周转率、固定资产周转率和自有资金周转率，分别给定各指标所占的比重，然后确定标准比率（以行业平均数为基础），将实际比率与标准比率相比，得出相对比率，将此相对比率与各指标比重相乘，得出总评分。若实际得分大于或接近 100 分，则说明财务状况良好；反之，若相差较大，则说明财务状况较差。

根据题意计算分析如下：

$$① = \frac{1.8}{1.2} = 1.5$$

② $= \dfrac{13.5}{①} = \dfrac{13.5}{1.5} = 9$

③ $= 2.1 \times 0.9 = 1.89$

④ $= \dfrac{11.88}{4} = 2.97$（由于每个财务比率的得分最高不能超过权重的 1.5 倍）

⑤ $= 10 \times ④ = 10 \times 1.5 = 15$(注意这里不能用 2.97 的数据计算，而是用 1.5)

⑥ $= \dfrac{6\%}{15\%} = 0.4$（由于每个财务比率的得分最低不能低于其权重的 0.5 倍）

⑦ $= 10 \times 0.5 = 5$(注意这里不能用 0.4 的数据计算，而是用 0.5)

⑧ $= \dfrac{15\%}{25\%} = 0.6$

⑨ $= 15 \times 0.6 = 9$

⑩ $= 11.65 + 13.5 + 10.8 + ⑤ + 5.99 + 6.52 + ⑦ + 8.43 + ⑨$

　　$= 11.65 + 13.5 + 10.8 + 15 + 5.99 + 6.52 + 5 + 8.43 + 9$

　　$= 85.89$

数据计算整理后详细数据如表 2-5 所示。

表 2-5　H 公司 2021 年财务状况综合评价表

财务比率	权重	标准值	实际值	相对值	评分
流动比率	—	—	—	—	11.65
速动比率	9	1.2	1.8	1.5	13.5
资产总额/负债总额	12	2.1	1.89	0.9	10.8
存货周转率	10	4	11.88	2.97	15
应收账款周转率	—	—	—	—	5.99
资产周转率	—	—	—	—	6.52
销售利润率	10	15%	6%	0.4	5
总资产报酬率	—	—	—	—	8.43
净资产收益率	15	25%	15%	0.6	9
合计	100	—	—	—	85.89

 习题与案例

一、单项选择题

1. 下列不属于效率比率的一项是（　　）。

A. 成本利润率　　　　　　　　B. 营业利润率

C. 资本金利润率　　　　　　　D. 流动比率

2. N 公司的流动资产由速动资产和存货组成，年末流动资产为 7000 万元，年末流动比率为 2，年末速动比率为 1，则年末存货余额为（　　）万元。

A. 7000　　　　　　　　　　　B. 4500

C. 3500　　　　　　　　　　　D. 1500

3. J 公司 2021 年的营业收入为 5000 万元，年初应收账款余额为 200 万元，年末应收账款余额为 800 万元，坏账准备按应收账款余额的 8% 计提。每年按 360 天计算，则该公司的应收账款周转天数为（　　）天。

A. 15　　　　　　　　　　　　B. 36

C. 22　　　　　　　　　　　　D. 24

4. P 公司 2021 年的营业净利率比 2020 年下降 6%，总资产周转率提高 8%，假定其他条件与 2020 年相同，那么 P 公司 2021 年的净资产收益率比 2020 年提高（　　）。

A. 4.5%　　　　　　　　　　　B. 5.5%

C. 1.52%　　　　　　　　　　 D. 10.5%

5. 下列不属于企业发展能力主要指标的一项是（　　）。

A. 速动比率　　　　　　　　　B. 所有者权益增长率

C. 资本保值增值率　　　　　　D. 营业收入增长率

6. Q 公司 2021 年的净利润 1000 万元，非经营净收益 200 万元，非付现费用 800 万元，经营活动现金流量净额为 2000 万元，那么，现金营运指数是（　　）。

A. 1.25　　　　　　　　　　　B. 0.5

C. 0.75　　　　　　　　　　　D. 1.15

7. 下列属于反映企业不借款的前提下最大分派股利能力的指标的是（　　）。

A. 营业现金比率　　　　　　　B. 每股营业现金净流量

C. 全部资产现金回收率　　　　D. 净收益营运指数

8. 在下列财务分析主体中，必须对企业运营能力、偿债能力、获利能力及发展能力的全部信息予以详尽了解和掌握的是（　　）。

A. 企业所有者　　　　　　　　B. 企业债权人

C. 企业经营决策者　　　　　　D. 政府相关部门

9. 在杜邦财务分析体系中，综合性最强的财务分析指标是（　　）。

A. 营业净利率　　　　　　　　B. 净资产收益率

C. 总资产净利率　　　　　　　D. 总资产周转率

10. F 上市公司 2021 年度归属于普通股股东的净利润为 395 000 万元。2020 年年末的股本为 100 000 万股，2021 年 2 月 25 日，经公司 2020 年股东大会决议，以截止 2020 年年末公司总股本为基础，向全体股东每 10 股送 1 股，总股本变为 110 000 万股，2021 年 5 月 2 日新发行 60 000 万股，11 月 1 日回购 15 000 万股。则 F 上市公司基本每股收益为（　　）元。

A. 1.56　　　　　　　　　　　B. 2.68

C. 3.25　　　　　　　　　　　D. 4.12

11. 下列属于影响企业短期偿债能力的主要因素是 (　　)。

A. 资产的变现能力　　　　　　　B. 资产的结构

C. 盈利能力　　　　　　　　　　D. 销售收入

12. 下列不属于营运能力分析指标的是 (　　)。

A. 应收账款周转率　　　　　　　B. 应付账款周转率

C. 存货周转率　　　　　　　　　D. 再投资比率

13. 下列关于沃尔评分法优点的表述中，正确的是 (　　)。

A. 方法理论性较强　　　　　　　B. 计算过程简单易用

C. 评分结果较客观　　　　　　　D. 各指标权重的设置非常合理

14. 假设 H 公司的流动比率>1，则下列结论成立的是 (　　)。

A. 资产负债率>1　　　　　　　　B. 速动比率>1

C. 营运资金>0　　　　　　　　　D. 长期偿债能力有保障

15. U 公司的销售净利率为 8%，总资产周转次数为 2 次，假设权益净利率为 30%，则产权比率为 (　　)。

A. 1.875　　　　　　　　　　　　B. 1.00

C. 0.875　　　　　　　　　　　　D. 0.12

16. 下列属于企业内部信息使用者的是 (　　)。

A. 企业管理层　　　　　　　　　B. 税务机关

C. 供应商　　　　　　　　　　　D. 债权人

17. 下列关于应收账款周转天数的计算公式中，错误的是 (　　)。

A. $360 \text{天} \times \dfrac{\text{应收账款平均余额}}{\text{主营业务收入}}$　　　B. $360 \text{天} \times \dfrac{\text{应收账款平均余额}}{\text{赊购净额}}$

C. $360 \text{天} \times \dfrac{\text{应收账款平均余额}}{\text{赊销收入}}$　　　D. $\dfrac{360 \text{天}}{\text{应收账款周转率}}$

18. Y 公司 2021 年平均负债总额为 300 万元，平均权益乘数为 4，经营活动现金流量净额为 200 万元，则 2021 年 Y 公司的全部资产现金回收率为 (　　)。

A. 0.04　　　　　　　　　　　　B. 0.015

C. 0.5　　　　　　　　　　　　　D. 1.5

19. 已知 A 企业的总资产为 10 万元，其中流动资产为 4 万元，流动资产占总资产的比例为 40%。这里的 40% 属于财务比率中的 (　　)。

A. 效率比率　　　　　　　　　　B. 相关比率

C. 动态比率　　　　　　　　　　D. 结构比率

20. M 公司 2021 年末库存现金 10 万元，银行存款 30 万元，其他货币资金 10 万元，交易性金融资产为 20 万元，应收账款为 100 万元，流动资产为 300 万元，流动负债为 200 万元，负债总额为 500 万元，则该公司 2021 年末的现金比率是 (　　)。

A. 85%　　　　　　　　　　　　B. 35%

C. 15%　　　　　　　　　　　　D. 10%

二、多项选择题

1. 下列属于在实务中采用比率分析法应当注意的事项有（　　）。

A. 对比项目的相关性　　　　　　B. 对比口径的一致性

C. 衡量标准的科学性　　　　　　D. 对比项目的重要性

2. 下列说法中，正确的有（　　）。

A. 权益乘数 $= \dfrac{1}{产权比率}$　　　　　　B. 权益乘数 $= \dfrac{1}{1-资产负债率}$

C. 产权比率越大，权益乘数越小

D. 资产负债率、产权比率和权益乘数三者是同方向变化的指标

3. 下列项目中，当其他条件不变时，会引起总资产周转率指标上升的经济业务有（　　）。

A. 用银行存款偿还负债　　　　　B. 用现金购置一项固定资产

C. 借入一笔短期借款　　　　　　D. 用银行存款支付一年的电费

4. 下列关于营运能力的分析说法中，正确的有（　　）。

A. 存货周转率不能说明企业经营各环节的存货周转情况和管理水平

B. 在营业收入既定的情况下，总资产周转率的驱动因素是各项资产

C. 一定时期内固定资产周转次数多，说明企业固定资产利用效率不高

D. 在一定时期内，流动资产周转次数越多，表明流动资产利用效果越好

5. 下列项目中，属于企业提高总资产净利率方法的有（　　）。

A. 提高营业净利率　　　　　　　B. 降低营业毛利率

C. 降低资产周转速度　　　　　　D. 加速资产周转速度

6. 下列项目中，属于影响上市公司市盈率的因素有（　　）。

A. 上市公司盈利能力的成长性　　B. 投资者所获收益率的稳定性

C. 利率水平的变动　　　　　　　D. 每股净资产

7. 下列项目中，属于稀释性潜在普通股的有（　　）。

A. 可转换公司债券　　　　　　　B. 认股权证

C. 股票期权　　　　　　　　　　D. 优先股

8. 下列有关杜邦分析法的说法中，不正确的有（　　）。

A. 杜邦分析法以总资产收益率为起点

B. 杜邦分析法以总资产净利率和权益乘数为核心

C. 杜邦分析法重点揭示企业盈利能力及权益乘数对净资产收益率的影响

D. 杜邦分析法中有关资产、负债和权益指标通常使用期末值计算

9. 下列项目中，属于可能直接影响企业净资产收益率指标的有（　　）。

A. 降低营业净利率　　　　　　　B. 提高权益乘数

C. 提高总资产周转率　　　　　　D. 降低流动比率

10. 一般而言，存货周转次数增加，其所反映的信息有（　　）。

A. 盈利能力下降　　　　　　　　B. 存货周转期延长

C. 存货流动性增强　　　　　　　D. 资产管理效率提高

11. 下列项目中，属于企业财务分析评价基准的有（　　）。

A. 行业基准　　　　　　　　　B. 历史基准

C. 目标基准　　　　　　　　　D. 经验基准

12. 下列项目中，属于长期负债的有（　　）。

A. 应付债券　　　　　　　　　B. 长期应付款

C. 预付账款　　　　　　　　　D. 长期借款

13. 下列关于对企业盈利能力指标分析的说法中，正确的有（　　）。

A. 营业毛利率反映产品每 1 元营业收入所包含的毛利润是多少

B. 营业净利率反映产品最终的盈利能力

C. 营业净利率反映每 1 元营业收入最终赚取了多少利润

D. 总资产净利率是杜邦财务指标体系的核心

14. 下列有关财务分析局限性的说法中，正确的有（　　）。

A. 财务报表中的数据用于预测未来发展趋势，只有参考价值，没有绝对合理

B. 财务报表是严格按照会计准则编制的，能准确地反映出企业的客观实际

C. 在分析时，分析者往往只注重数据的比较，而忽略经营环境的变化，这样得出的分析结论是不全面的

D. 在不同企业之间用财务指标进行评价时没有一个统一标准，不便于不同行业间的对比

15. B 公司没有优先股，2021 年实现净利润 200 万元，发行在外的普通股加权平均数为 100 万股，年末每股市价 20 元，该公司实行固定股利支付政策，2021 年每股发放股利 0.4 元，该公司净利润增长率为 10%。下列说法中，正确的有（　　）。

A. 2021 年每股股利为 0.44 元　　　B. 2021 年每股净利润为 2 元

C. 2021 年每股股利为 0.4 元　　　　D. 2021 年年末公司市盈率为 10

16. 下列关于现金流量的分析计算公式中，正确的有（　　）。

A. 经营净收益 = 净利润 + 非经营净收益

B. 经营所得现金 = 经营活动净收益 + 非付现费用

C. 净收益营运指数 = $\dfrac{经营净收益}{净利润}$

D. 营业现金比率 = $\dfrac{经营活动现金流量净额}{营业收入}$

17. 下列项目中，属于财务绩效定量评价指标的有（　　）。

A. 经营增长指标　　　　　　　B. 资产质量指标

C. 人力资源指标　　　　　　　D. 盈利能力指标

18. 下列项目中，属于衡量企业财务发展能力的有（　　）。

A. 资产成新率　　　　　　　　B. 资产周转率

C. 资本积累率　　　　　　　　D. 股利增长率

19. 下列项目中，属于产品竞争能力分析主要内容的有（　　）。

A. 产品质量的竞争能力分析　　B. 产品品种的竞争能力分析

C. 产品成本的竞争能力分析　　　D. 产品售后服务的竞争能力分析

20. 下列属于非会计报表信息利用与分析内容的有（　　）。

A. 审计报告分析　　　　　　　B. 资产负债表日后事项分析

C. 关联方交易分析　　　　　　D. 会计政策、会计估计变更分析

三、判断题

1. 计算利息保障倍数时，其中的应付利息既包括当期计入财务费用中的利息费用，也包括计入固定资产成本的资本化利息。　　　　　　　　　　　　（　　）

2. 净资产收益率是指净利润与净资产平均数的比值，反映平均每1元投资所创造的利润。　　　　　　　　　　　　　　　　　　　　　　　　　　　　（　　）

3. H公司2021年年初资产总额为200万元，权益乘数为2，2021年年末所有者权益总额为120万元，则H企业的所有者权益增长率为25%。　　　　　　（　　）

4. 净收益营运指数反映企业经营活动现金流量净额与企业经营所得现金的比值。（　　）

5. 股票市价相近的条件下，企业股票的每股净资产越低，则企业发展潜力与其股票的投资价值越大。　　　　　　　　　　　　　　　　　　　　　　（　　）

6. 通过横向和纵向对比，每股净资产指标可以作为衡量上市公司股票投资价值的依据之一。　　　　　　　　　　　　　　　　　　　　　　　　　　　（　　）

7. 如果企业实际经营业绩比曾公开披露过的本年度盈利预测或经营计划低10%以上或高20%以上，那么应详细说明造成差异的原因。　　　　　　　　　（　　）

8. 在其他条件不变的情况下，权益乘数越小，企业的负债程度越高，在给企业带来更多财务杠杆利益的同时也增加了企业的财务风险。　　　　　　　　　（　　）

9. 绩效评价指标包括财务绩效定性评价指标和管理绩效定量评价指标两大类。（　　）

10. 流动资产周转率属于财务绩效定量评价指标中评价企业资产质量状况的基本指标。　　　　　　　　　　　　　　　　　　　　　　　　　　　　　（　　）

11. 营运资本数额的多少，可以反映企业长期偿债能力。　　　　　　　（　　）

12. 市盈率判断准则是：市盈率高，说明每股收益超过每股市价的倍数大，投资风险低。　　　　　　　　　　　　　　　　　　　　　　　　　　　　　（　　）

13. 资产风险率与股权比率的和为1。　　　　　　　　　　　　　　　（　　）

14. 分配股利、利润和偿付利息支付的现金属于经营活动现金流量的内容。（　　）

15. 权益乘数与资产负债率呈同向变动关系，即资产负债率越高权益乘数越高。（　　）

16. 企业偿债能力是财务分析的重要内容，对偿债能力进行分析仅对债权人有着重要的意义。　　　　　　　　　　　　　　　　　　　　　　　　　　　（　　）

17. 净资产收益率越高，说明股东投入的资金获得报酬的能力越强，反之则越弱。（　　）

18. 股权比率反映了在企业全部资金中，有多少是所有者提供的，由资产总额除以所有者权益总额计算得到。　　　　　　　　　　　　　　　　　　　（　　）

19. 一个健康的、正在成长的公司经营活动和投资活动现金净流量一般均应大于0。（　　）

20. 当企业资本利润率高于利息成本时，投资者能通过财务杠杆作用获得财务杠杆收

益，反之则遭受损失。 （ ）

四、计算分析题

资料一：M上市公司 2021 年度归属于普通股股东的净利润为 484 000 元。2020 年年末的股本为 900 000 股，2021 年 2 月 15 日，经公司 2020 年度股东大会决议，以截止 2020 年年末公司总股本为基础，向全体股东每 10 股送红股 5 股，工商注册登记变更后公司总股本变为 1 350 000 股。2021 年 6 月 1 日经批准回购本公司股票 240 000 股。假设上市公司 2021 年年末股东权益总额为 2 220 000 元，每股市价 7.2 元。

资料二：该上市公司 2021 年 10 月 1 日按面值发行年利率为 2% 的可转换公司债券，面值 1 000 000 元，期限 6 年，利息每年年末支付一次，发行结束一年后可以转换股票，转换价格为每股 8 元。债券利息全部费用化，适用的所得税税率为 25%。假设不考虑可转换公司债券在负债成分和权益成分之间的分拆，且债券票面利率等于实际利率。

要求：

(1) 计算该上市公司 2021 年年末的基本每股收益和每股净资产；

(2) 计算该上市公司 2021 年年末的市盈率和市净率；

(3) 假设可转换公司债券全部转股，计算该上市公司 2021 年增加的净利润和增加的年加权平均普通股股数；

(4) 假设可转换公司债券全部转股，计算增量股的每股收益，并分析可转换公司债券是否具有稀释作用；

(5) 如果该可转换公司债券具有稀释作用，计算稀释每股收益。

五、综合训练

任务一 利用杜邦分析体系对公司财务状况和经营成果进行综合评价实训

要求：个人完成或小组实训的方式，若小组实训，建议由学生扮演公司财务经理和会计人员，完成利用杜邦分析体系对公司财务状况和经营成果进行综合评价的工作任务。(操作指引如表 2-6 所示)

表 2-6　操作指引

角　色	任　　务
会计 1(学生 1)	利用杜邦分析体系全面分析该企业运用资产获利能力的变化及其原因
会计 2(学生 2)	采用因素分析法确定各因素对总资产净利率的影响程度
财务经理 (学生 3)	根据分析结果提出改进的措施

实训操作步骤：

学生 1 扮演会计 1，根据相关资料，完成利用杜邦分析体系全面分析该企业运用资产获利能力的变化及其原因的工作任务，可从总资产净利率、总资产周转率、销售净利率等方面展开分析；

学生 2 扮演会计 2，根据相关资料及学生 1 完成的资料，完成采用因素分析法确定各因素对总资产净利率的影响程度的工作任务，可从总资产净利率的变动数，销售净利率变动对总资产净利率的影响，总资产周转率变动对总资产净利率的影响，总影响数等方面展开分析：

学生3扮演财务经理，根据相关资料及学生1、2完成的资料，得出的分析结果对公司经营提出财务建议。

附件2-1

A公司的有关财务资料如下。

单位：A公司

项　　目	2020年	2021年
总资产/万元	1500	1600
销售收入/万元	3900	3500
流动比率	1.2	1.26
存货周转率/次	7.8	6
平均收现期/天	20	26
销售毛利率	17%	15%
销售净利率	5%	3%
总资产周转率/次	2.6	2.3
总资产净利率	13%	6.9%

任务二　完成M公司比较资产负债表实训

要求：个人完成或小组实训的方式，若小组实训，建议由学生扮演公司财务经理和会计人员，完成比较资产负债表的工作任务。操作指引如表2-7所示。

表2-7　操作指引

角　色	任　　务
会计1(学生1)	将以上比较资产负债表填写完整
会计2(学生2)	分析总资产项目变化的原因
会计3(学生3)	分析负债项目变化的原因
会计4(学生4)	分析所有者权益项目变化的原因
财务经理(学生5)	指出该公司应该采取的改进措施

实训操作步骤：

学生1扮演会计1，根据相关资料，将以上比较资产负债表填写完整，差额 = 本期 − 基期，百分比 = $\dfrac{差额}{基期}$；

学生2扮演会计2，根据相关资料及学生1完成的资料，分析总资产项目变化的原因；

学生3扮演会计3，根据相关资料及学生1完成的资料，分析负债项目变化的原因；

学生4扮演会计4，根据相关资料及学生1完成的资料，分析所有者权益项目变化的原因；

学生 5 扮演财务经理，根据相关资料及学生 1、2、3、4 完成的资料，对公司财务状况提出财务建议。

附件 2-2

M 公司 2020 年和 2021 年年末的比较资产负债表有关数据如下。

比较资产负债表

单位：M 公司　　　　　　　　　　　　　　　　单位：元

项　目	2020年	2021年	差额	百分比
流动资产				
速动资产	30 000	28 000		
存货	50 000	62 000		
流动资产合计	80 000	90 000		
固定资产净额	140 000	160 000		
资产总计	220 000	250 000		
负债				
流动负债	40 000	46 000		
长期负债	20 000	25 000		
所有者权益				
实收资本	130 000	130 000		
盈余公积	18 000	27 000		
未分配利润	12 000	22 000		
所有者权益合计	160 000	179 000		
负债及所有者权益合计	220 000	250 000		

项目三 资金时间价值与风险报酬

学习目标

1. 理解资金时间价值的基本内容与计算方法、风险与报酬的基本内容与衡量标准；

2. 通过资金时间价值计算实训、风险与报酬衡量实训，掌握复利终值、复利现值、年金终值与年金现值的计算、风险衡量的方法。

思维导图

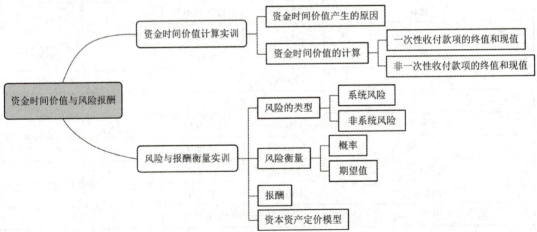

在日常工作中，经常会遇到这样的情况，一定量的资金在不同时点上具有不同价值，现在的 1 元钱比将来的 1 元钱更值钱。如我们现在有 10 万元，存入银行，银行的年利率为 5%，1 年后可得到 10.5 万元，于是现在 10 万元与 1 年后的 10.5 万元相等。因为这 10 万元经过 1 年的时间增值了 0.5 万元，这增值的 0.5 万元就是资金经过 1 年时间的价值。同样，企业的资金投到生产经营中，经过生产过程的不断运行、资金的不断运动，随着时间的推移会形成新的价值，使资金得以增值。

任务一 资金时间价值计算实训

一、实训目的

通过资金时间价值计算实训项目训练，加深同学们对资金时间价值相关知识的认知与理解。借助财务软件、办公软件 (如 excel) 等对单利、复利、普通年金、先付年金、延期年金和永续年金的计算和应用，结合公司的相关数据，运用资金时间价值分析和解决实际财务管理问题，提高同学们运用理论知识发现问题、分析问题和解决问题的能力，开发和培育同学们的创新思维和实战能力。

二、实训基础知识

资金时间价值也称为货币时间价值，是指一定数额的资金在不同时点上所体现的价值差额，即资金在流通过程中会随着时间的推移而发生价值增值。纵观企业的发展，资金在投入、运用和收回的环节中，相同数额的资金不同时点上价值是不同的，形成了资金的价值差额，表现为资金时间价值。资金时间价值相当于没有风险和通货膨胀情况下的社会平均利润率。

（一）资金时间价值产生的原因

资金时间价值产生的原因主要包括以下四个方面：
(1) 资金时间价值体现货币资源的稀缺性；
(2) 货币时间价值是流通货币固有的特征；
(3) 货币时间价值是人们认知心理的反映；
(4) 资金时间价值产生的条件是借贷关系。

（二）资金时间价值的计算

资金时间价值可用绝对数 (利息) 和相对数 (利息率) 两种形式表示，实务中一般用相对数表示。

资金时间价值的计算包括一次性收付款项和非一次性收付款项 (年金) 的现值、终值。

1. 一次性收付款项的终值和现值

一次性收付款项是指在某一特定时点上一次性支出或收入，经过一段时间后再一次性收回或支出的款项。资金时间价值包括现值的计算和终值的计算。其中，现值又称本金，是指未来某一时点上的一定数额的现金折算到现在的价值；终值又称未来价值或本利和，是指现在一定量的现金在将来某一时点上的价值。下述公式中：P 表示现值，F 表示终值，i 表示利率，n 表示期数，m 表示一年内复利计息的次数。

单利计息的现值计算公式为

$$P = \frac{F}{(1 + i \times n)} \tag{3-1}$$

单利计息的终值计算公式为

$$F = P \times (1 + i \times n) \tag{3-2}$$

其中，$I = P \times i \times n$，I 指利息。

复利终值的计算公式为

$$F = P \times (1 + i)^n \tag{3-3}$$

式 (3-3) 中的 $(1+i)^n$ 称为复利终值系数或 1 元复利终值系数，用符号 $(F/P, i, n)$ 表示，复利终值系数的对应数值可以通过查阅 1 元复利终值表获得。

复利现值的计算公式为

$$P = \frac{F}{(1+i)^n} \tag{3-4}$$

式 (3-4) 中的 $(1+i)^{-n}$ 称为复利现值系数或 1 元复利现值系数，用符号 $(P/F, i, n)$ 表示，复利现值系数的对应数值可以通过查阅 1 元复利现值表获得。

复利计息条件下的利息计算公式为

$$I = F - P \tag{3-5}$$

名义利率是指利息在一年内要复利几次时给出的年利率，用 r 表示，根据名义利率计算出的每年复利一次的年利率称为实际利率，用 i 表示。

实际利率计算公式为

$$i = \left(1 + \frac{r}{m}\right)^m - 1 \tag{3-6}$$

2. 非一次性收付款项的终值和现值

非一次性收付款项是指在一定期间内资金不是一次性收回或支出，而是经过多次等额或者不等额收回或支出的款项。其中，在一定时期内间隔相同的时间长度，收回或支出相同金额的系列款项称为年金。

在企业的实际业务中，经常会出现间隔相同的时间长度，收回或支出相同金额的系列款项的情况，如折旧、租金、等额分期付款、养老金、保险费、零存整取等。年金具有连续性和等额性特点。连续性要求在一定时间内，间隔相等时间就要发生一次收支业务，中间不得中断，必须形成系列；等额性要求每期收、付款项的金额必须相等。

年金根据每次收付发生的时点不同，可分为普通年金、预付年金、递延年金和永续年金四种。需要注意的是，在财务管理中讲到的年金，一般是指普通年金。

下述公式中 P_A 表示普通年金现值，F_A 表示普通年金终值，A 表示年金，i 表示利率，n 表示期数。

1) 普通年金

普通年金是指在每期的期末，间隔相等时间内收回或支出相等金额的系列款项。每一间隔期有期初和期末两个时点，由于普通年金是在期末这个时点上发生收付的，故又称后付年金。

普通年金终值的计算公式为

$$F_A = A \times \frac{(1+i)^n - 1}{i} \tag{3-7}$$

其中，$\frac{(1+i)^n - 1}{i}$ 为年金终值系数，用符号 $(F/A, i, n)$ 表示；表示年金为 1 元、利率为 i、经过 n 期的复利后的累计本金和利息是多少，年金终值系数可以通过查看 1 元年金终值表得到数据。

普通年金现值计算公式为

$$P_A = A \times \frac{1-(1+i)^{-n}}{i} \tag{3-8}$$

其中，$\dfrac{1-(1+i)^{-n}}{i}$ 称为年金现值系数或 1 元年金现值系数，记作 $(P/A,\ i,\ n)$，表示年金为 1 元、利率为 i，经过 n 期的年金现值是多少，可通过查看 1 元年金现值表得到数据。

2) 预付年金

预付年金是指每期收回或支出相等金额的款项是发生在每期的期初，而不是期末，也称先付年金或即付年金。预付年金与普通年金的区别在于收付款的时点不同，因为普通年金在每期的期末收付款项，而预付年金在每期的期初收付款项。

预付年金终值的计算公式为

$$F_A = \frac{A \times [(1+i)^n - 1] \times (1+i)}{i} = A \times \frac{(1+i)^{n+1}-1}{i-1} \tag{3-9}$$

其中，$\dfrac{(1+i)^{n+1}-1}{i-1}$ 为预付年金系数，记作 $[(F/A,\ i,\ n+1)-1]$，可利用普通年金终值表查得 $(n+1)$ 期的终值，然后减去 1，就可得到 1 元预付年金终值。

预付年金现值的计算公式为

$$P_A = \frac{A \times [1-(1+i)^{-n}] \times (1+i)}{i} = A \times \frac{1-(1+i)^{-(n-1)}}{i+1} \tag{3-10}$$

其中，$\dfrac{1-(1+i)^{-(n-1)}}{i+1}$ 为预付年金现值系数，记作 $[(P/A,\ i,\ n-1)+1]$，可利用普通年金现值表查得 $(n-1)$ 期的现值，然后加上 1，就可得到 1 元预付年金现值。

3) 递延年金

递延年金是指第一次收付款项发生在第二期或第二期以后的年金，它是普通年金的特殊形式。因此，凡是不在第一期开始收付的年金称为递延年金。

递延年金终值的计算方法与普通年金相同，其计算公式为

$$F_A = A \times (F/A,\ i,\ n) \tag{3-11}$$

递延年金现值可用三种方法来计算，分别如下。

第一种方法：把递延年金视为 n 期的普通年金，求出年金在递延期期末 m 点的现值，再将 m 点的现值通过复利现值系数计算调整到第一期期初。

$$P_A = A \times (P/A,\ i,\ n) \times (P/F,\ i,\ m) \tag{3-12}$$

第二种方法：先假设递延期也发生收付，则变成一个 $(m+n)$ 期的普通年金，算出 $(m+n)$ 期的年金现值，再扣除并未发生年金收支的 m 期递延期的年金现值，即可求得递延年金现值。

$$P_A = A \times [(P/A,\ i,\ m+n) - (P/A,\ i,\ m)] \tag{3-13}$$

第三种方法：先算出递延年金的终值，再将终值通过复利现值系数计算折算到第一期

期初, 即可求得递延年金的现值。

$$P_A = A \times (F/A, \ i, \ n) \times (P/F, \ i, \ m + n) \tag{3-14}$$

4) 永续年金

永续年金是指无限期的收入或支付相等金额的年金, 也称永久年金, 它是普通年金的一种特殊形式。由于永续年金的期限趋于无限长, 没有终止时间, 因而永续年金没有终值, 只有现值。

永续年金的现值计算公式为

$$P_A = \frac{A \times [1 - (1+i)^{-n}]}{i} \tag{3-15}$$

当 $n \to +\infty$ 时, $(1+i)^{-n} \to 0$, $P_A = \dfrac{A}{i}$

三、经典实训案例

实训资料一　资金时间价值在生活中的应用

小韦准备在学校附近购买一套价值 30 万元的房子, 首付 10 万元, 贷款 20 万元, 期限为 20 年, 年贷款利率为 6.655 5%。银行经理告诉小韦, 有两种还款方式, 分别是等额本息法和等额本金法。请你为小韦的决策提供数据支持。

要求:

(1) 计算采用不同按揭方式下每个月偿还贷款的本金与利息。

(2) 计算采用不同按揭方式下偿还贷款期间的利息总额。

(3) 如果小韦月收入在 2000 元左右, 则建议选择哪种还款方式? 如果小韦月收入为 5000 元, 则建议选择哪种还款方式?

根据题意计算分析如下。

(1) 等额本息法。按照等额本息法计算结果如表 3-1 所示。

表 3-1　按照等额本息法计算结果明细表

贷款本金 /元	贷款期限 /月	贷款年利率 /%	贷款月利率 /%	月按揭金额 /元	偿还贷款总额 /元	偿还利息总额 /元
200 000	240	6.655 5	0.554 6	1509.477	362 274.4	162 274.4

(2) 等额本金法。按照等额本金法计算结果如表 3-2 所示。

表 3-2　按照等额本金法计算结果明细表

贷款本金 /元	每月偿还贷款 本金/元	贷款年利率 /%	贷款月利率 /%	月按揭金额 /元	偿还贷本息总额 /元	偿还利息总额 /元
200 000	833.333 3	6.655 5	0.554 6	1942.583 333 1937.961 458 1933.339 583 ...	333 664.625	133 664.625

通过对比分析可知，在偿还贷款期间，等额本金法比等额本息法节约金额 28 609.775 元，但等额本金法还贷初期的财务压力相对较大。如果小韦的每月收入只有 2000 元，建议其采用等额本息法，减少前期还款压力；如果小韦每月收入达到 5000 元，建议其采用等额本金法，这样可以节约还款金额。

实训资料二　资金时间价值在企业生产经营决策中的应用

WXR 公司是一家主营饮料的中型现代化公司，总共创建了 10 个生产基地，购置了行业先进的生产流水线，WXR 公司产品的市场占有率、销售量和销售额稳步上升。为了满足客户需求，2021 年 12 月 20 日，董事会通过了核心技术设备——H 设备采购计划，经过洽谈，决定于 2022 年 1 月 1 日购进该设备。达成的价格和具体付款方式有以下两种：

(1) 一次性付款 3600 万元 (可用信用卡结算)；

(2) 分 5 年每年末等额支付款 1000 万元 / 年 (不可用信用卡结算)。

要求：该公司向银行借款利率为 9%，根据所学知识为该公司选择合理的付款方式。

根据题意分析，由年金现值系数表可知：

$(P/A，9，5) = 3.889\ 7$

当 $P = 3600$ 万元时，则有

$3600 = A \times (P/A，9，5)$

即

$3600 = A \times 3.889\ 7$

可得出

$A = 925.52($ 万元 $)$

实训结果表明：按照年利率 9% 计算可知，一次性付 3600 万元，等同于 5 年中每年年末付款 925.52 万元，而如果分 5 年期付款，则小于每年年末付款 1000 万元。因此，该公司在做决策时，应当选择的付款方式为一次性付款。

实训资料三　资金时间价值在公司投资决策中的应用

WXR 集团公司拟在贵阳市购买写字楼，写字楼的售楼处提出了以下 3 种付款结算方式。

付款方式 1：现在起 15 年内每年年末支付 100 万元；

付款方式 2：现在起 15 年内每年年初支付 95 万元；

付款方式 3：前 5 年不支付，第 6 年起到第 15 年每年年末支付 180 万元。

假设利率为 10%，按复利计息。已知：$(F/A，10\%，15) = 31.772$；$(F/A，10\%，10) = 15.937$；$(P/A，10\%，15) = 7.606\ 1$；$(P/A，10\%，10) = 6.144\ 6$；$(P/F，10\%，5) = 0.620\ 9$。

要求：

(1) 计算这 3 种结算方式在第 15 年年末的终值，WXR 集团公司应该选择哪一种付款结算方式？

(2) 计算这 3 种结算方式在第 1 年初的现值，WXR 集团公司应该选择哪一种付款结算方式？

根据已知条件计算可得出。

(1) 比较这 3 种付款结算方式在第 15 年年末的终值大小。

付款结算方式 1：终值 = 100 × (F/A，10%，15) = 100 × 31.772 = 3177.2(万元)；

付款结算方式 2：终值 = 95 × (F/A，10%，15) × (1 + 10%) = 95 × 31.772 × 1.1 = 3320.2 (万元)；

付款结算方式 3：终值 = 180 × (F/A，10%，10) = 180 × 15.937 = 2868.7(万元)。

由计算结果可知付款结算方式 3 的终值最小，因此，WXR 集团公司应该选择第 3 种付款结算方式。

(2) 比较这 3 种付款结算方式在第 1 年年初的现值大小。

付款结算方式 1：现值 = 100 × (P/A，10%，15) = 100 × 7.606 1 = 706.6(万元)；

付款结算方式 2：现值 = 95 × (P/A，10%，15) × (1 + 10%) = 95 × 7.606 1 × 1.1 = 794.8 (万元)

付款结算方式 3：

现值 = 180 × (P/A，10%，10) × (P/F，10%，5) = 180 × 6.144 6 × 0.620 9 = 686.7(万元)。

注意：这是递延年金现值计算问题，由于第一次支付发生在第 6 年年末，所以，递延期 $m = 6 - 1 = 5$。

由计算结果可知付款结算方式 3 的现值最小，因此，WXR 集团公司应该选择第 3 种付款结算方式。

综上，对公司投资付款而言，不管采用终值计算还是现值计算，在其他条件不变的情况下，都是选择金额小的付款方式为优。

任务二　风险与报酬衡量实训

一、实训目的

通过风险与报酬衡量实训项目训练，帮助同学们加深对风险与报酬的认知与理解，掌握风险的衡量与不同情况下的风险计量，强化对风险分散理论的运用。同时，让同学们借助相关财务平台和办公工具准确衡量风险与报酬，提升同学们的工作能力和效率。

二、实训基础知识

风险是指在特定条件下执行某一项活动具有多种可能，但其结果具有不确定性。风险产生的原因是由于缺乏信息和决策者不能控制未来事物的发展过程而引起的。风险具有多样性和不确定性，对于风险，虽然可以事先估计可能出现的各种结果，以及每种结果出现的概率大小，但是无法确定最终结果。

风险是客观的、普遍的，广泛地存在于企业的财务活动中，并影响着企业的财务目标。企业的财务活动经常是在有风险的情况下进行的，各种难以预料和无法控制的因素可能使企业面临风险、蒙受损失。实务中，如果只有损失没有收益，那么没人愿意去冒风险。企业冒着风险投资的最终目的是为了得到额外收益，风险不仅带来预期的损失，还可能带来预期的收益。

（一）风险的类型

1. 系统风险

系统风险也称市场风险，是指在一定时期内影响到市场上所有公司的风险。系统风险由公司外部的某一个因素或多个因素引起，单个公司无法通过管理手段控制，投资组合分散波及市场上所有的投资对象。

2. 非系统风险

非系统风险是指在一定时期内影响到市场上个别公司的风险。非系统风险实际上是指因为某个影响因素或事件造成的只影响个别公司的风险。

（二）风险衡量

实务中可以利用概率分布、期望值和标准差来计算风险的大小。

1. 概率

概率是指用来反映随机事件发生的可能性大小的数值。如果某一事件可能发生，也可能不发生，可能出现这种结果，也可能出现另外一种结果，这一事件称为随机事件；如果某一事件一定出现某一种结果，这一事件称为必然事件；如果某一事件不会出现某一种结果，这一事件称为不可能事件。假设用 X 表示随机事件，X_i 表示随机事件的第 i 种结果，P_i 表示第 i 种结果出现的概率，那么随机事件的概率在 0 与 1 之间，即 $0 \leqslant P_i \leqslant 1$。$P_i$ 越大，表示该事件发生的可能性越大；反之，P_i 越小，表示该事件发生的可能性越小。所有可能的结果出现的概率之和一定为 1，即 $\sum P_i = 1$。必然事件发生的概率为 1，不可能事件发生的概率为 0。

2. 期望值

期望值是指随机事件可能发生的结果与各自概率之积的加权平均数。期望值反映公司的合理预期，用 E 表示，某一随机变量的期望值为

$$E = \sum_{i=1}^{n} (X_i \times P_i) \tag{3-16}$$

3. 标准差

标准差是指用来衡量概率分布中各种可能值对期望值的偏离程度，标准差反映风险的大小，标准差用 σ 表示。标准差越大，风险就越高；标准差越小，风险就越小。

标准差的计算公式为

$$\sigma = \sqrt{\sum_{i=1}^{n} (X_i - E)^2 \times P_i} \tag{3-17}$$

标准差用来反映风险投资方案决策的风险大小，是一个绝对数。在多个风险投资方案

决策的情况下，如果期望值相同，则标准差越大，表明预期结果的不确定性越大，风险就越高；反之，标准差越小，表明预期结果的不确定性越小，风险就越低。

4. 标准差离差率

标准离差率是指风险投资项目的标准差除以期望值得出的系数，也称离散系数，用 q 表示。标准离差率的计算公式为

$$q = \frac{\delta}{E} \tag{3-18}$$

标准离差率是一个相对数，在期望值不同的条件下应用。实践表明，标准离差率越大，预期结果的不确定性就越大，风险就越高；反之，标准离差率越小，预期结果的不确定性越小，风险也越低。

（三）报酬

报酬是指资产价值在一定时期的增值。风险报酬的表现形式有风险报酬额和风险报酬率两种，在实务中一般用风险报酬率来表示。风险报酬率有实际报酬率、预期报酬率和必要报酬率三种类型。必要报酬率表示投资者对某项资产合理要求的最低报酬率，它由无风险报酬率与风险报酬率两部分构成。如果不考虑通货膨胀，决策者投资到风险项目所希望得到的投资报酬率是无风险报酬率与风险报酬率之和，即

$$投资报酬率 = 无风险报酬率 + 风险报酬率 \tag{3-19}$$

（四）资本资产定价模型

资本资产主要指股票资产，定价则试图解释资本市场如何决定股票收益率，进而决定股票价格。资本资产定价模型认为一个资产的预期收益率与衡量该资产风险的 β 系数之间存在正相关关系。证券投资的必要收益率等于无风险收益率加上风险收益率，其计算公式为

$$K_i = R_f + \beta(R_m - R_f) \tag{3-20}$$

式中，K_i 表示某股票资产的必要收益率；R_f 表示无风险收益率；β 表示该资产的系统风险系数；R_m 表示市场组合收益率。

三、经典实训案例

实训资料一 股票投资的风险与收益

WXR 公司拟进行股票投资，目前有 M、N 两只股票，其预期收益状况如表 3-3 所示。

表 3-3 WXR 公司股票预期收益状况明细表

经济情况	概率	M 股票收益率	N 股票收益率
繁荣	0.4	30%	50%
一般	0.5	20%	30%
萧条	0.1	−10%	−20%

假设 M、N 股票的 β 系数分别为 1.5 和 1.8，市场组合的收益率为 10%，无风险收益率为 4%。

要求：

(1) 分别计算 M、N 股票收益率的期望值、标准差和标准差率，并比较其风险大小。

(2) 假设 WXR 公司将全部资金按照 30% 和 70% 的比例，分别投资购买 M、N 股票，计算投资组合的 β 系数和风险收益率。

(3) 计算投资组合的必要收益率。

根据题意计算分析如下：

(1) M 股票收益率的期望值 $= 0.4 \times 30\% + 0.5 \times 20\% + 0.1 \times (-10\%) = 21\%$，

N 股票收益率的期望值 $= 0.4 \times 50\% + 0.5 \times 30\% + 0.1 \times (-20\%) = 33\%$，

M 股票收益率的标准差

$$= \sqrt{(30\% - 21\%)^2 \times 0.4 + (20\% - 21\%)^2 \times 0.5 + (-10\% - 21\%)^2 \times 0.1}$$
$$= 11.36\%，$$

N 股票收益率的标准差

$$= \sqrt{(50\% - 33\%)^2 \times 0.4 + (30\% - 33\%)^2 \times 0.5 + (-20\% - 33\%)^2 \times 0.1}$$
$$= 20.02\%，$$

M 股票收益率的标准差率 $= \dfrac{11.36\%}{21\%} \times 100\% = 54\%$，

N 股票收益率的标准差率 $= \dfrac{20.02\%}{33\%} \times 100\% = 61\%$，

M 股票的标准差率小于 N 股票的标准差率，所以 M 股票的风险比 N 股票的风险小。

(2) 投资组合的 β 系数 $= 30\% \times 1.5 + 70\% \times 1.8 = 1.71$，

组合的风险收益率 $= 1.71 \times (10\% - 4\%) = 10.26\%$。

(3) 投资组合的必要收益率 $= 4\% + 10.26\% = 14.26\%$。

实训资料二　股票投资组合的风险与收益

WXR 公司对 A、B、C 三种股票设计了甲、乙两种投资组合。已知三种股票的 β 系数分别为 1.5、1.2 和 1.0，甲投资组合下的投资比重分别为 50%、30% 和 20%；乙投资组合的必要收益率为 12.8%。同期市场上股票的平均收益率为 12%，无风险收益率为 8%。

要求：

(1) 评价这三种股票相对于市场投资组合而言的投资风险大小。

(2) 计算甲投资组合的 β 系数和风险收益率。

(3) 计算乙投资组合的 β 系数和风险收益率。

(4) 比较甲、乙两种投资组合的 β 系数，评价它们的投资风险大小。

根据题意计算分析如下：

(1) A 股票的 β 系数为 1.5，B 股票的 β 系数为 1.2，C 股票的 β 系数为 1.0，所以 A 股票相对于市场投资组合的投资风险大于 B 股票，B 股票相对于市场投资组合的投资风险大于 C 股票。

(2) 甲投资组合的 β 系数 $= 1.5 \times 50\% + 1.2 \times 30\% + 1.0 \times 20\% = 1.31$，

甲投资组合的风险收益率 $= 1.31 \times (12\% - 8\%) = 5.24\%$。

(3) 根据资本资产定价模型，则有 $12.8\% = 8\% + \beta \times (12\% - 8\%)$

得出 $\beta = 1.2$，

那么风险收益率 $= 1.2 \times (12\% - 8\%) = 4.8\%$。

(4) 甲投资组合的 β 系数大于乙投资组合的 β 系数，说明甲的投资风险大于乙的投资风险。

 # 习题与案例

一、单项选择题

1. 下列关于货币时间价值的说法中，不正确的是（ 　）。

A. 货币时间价值是指在没有风险和没有通货膨胀的情况下，货币经历一定时间的投资和再投资所增加的价值

B. 用相对数表示的货币时间价值也称为纯粹利率

C. 没有通货膨胀时，短期国债的利率可以视为货币时间价值

D. 货币时间价值是指在不存在风险但含有通货膨胀的情况下资金市场的平均利率

2. W 公司预计在本年初取得银行借款 500 万元，借款的年利率为 8%，每年年末偿还利息，第 5 年末偿还本金，则该笔借款第 5 年年末的本利和为（ 　）万元。（已知：$(F/P, 8\%, 5) = 1.469\ 3$，$(F/P, 8\%, 6) = 1.586\ 9$）。

A. 500　　　　　　　　　　　B. 600

C. 700　　　　　　　　　　　D. 734.7

3. 小黑打算 10 年后从银行收到本利和 5 187 400 元，假设银行的存款利率为 10%，则小黑现在应该存入（ 　）元。（已知：$(F/P, 10\%, 10) = 2.593\ 7$，$(F/P, 10\%, 11) = 2.853\ 1$）。

A. 5 187 400　　　　　　　　　B. 1 500 000

C. 2 000 000　　　　　　　　　D. 2 300 000

4. 韦老师持有一项年金，前 2 年无资金流入，后 5 年每年年初流入 12 000 元，假设年利率为 8%，则其现值为（ 　）元。（已知：$(P/A, 8\%, 7) = 5.206\ 4$，$(P/A, 8\%, 2) = 1.783\ 3$）。

A. 62 476.8　　　　　　　　　B. 41 077.2

C. 38 034.0　　　　　　　　　D. 47 559.6

5. 已知：$(P/A, 6\%, 5) = 4.212\ 4$，$(P/A, 6\%, 6) = 4.917\ 3$，$(P/A, 6\%, 7) = 5.582\ 4$。则 6 年期、折现率为 6% 的预付年金现值系数是（ 　）。

A. 4.465 1　　　　　　　　　B. 3.212 4

C. 5.917 3　　　　　　　　　D. 5.212 3

6. 韦教授打算在 10 年后，每年年末取出 10 万元作为度假基金，假设银行存款年利率为 6%，则韦教授现在应存入银行 ( ) 万元。(已知：$(P/F, 6\%, 10) = 0.558\ 4$, $(P/F, 6\%, 11) = 0.526\ 8$)。

A. 93.1   B. 100

C. 112.4   D. 166.7

7. 韦总每半年存入银行 5000 元，假设银行存款年利率为 8%，已知：$(F/A, 4\%, 6) = 6.633$, $(F/A, 8\%, 3) = 3.246\ 4$, $(P/A, 4\%, 6) = 5.242\ 1$, $(P/A, 8\%, 3) = 2.577\ 1$。3 年后收到的本利和共计是 ( ) 元。

A. 16 232   B. 26 210

C. 33 165   D. 12 890

8. H 投资人拟在 5 年后还清 5 000 000 元的债务，假设从现在开始每年年末等额存入银行一笔款项，假设银行存款利率为 10%，已知 $(A/F, 10\%, 5) = 0.163\ 8$，则每年年末应存入 ( ) 元。

A. 1 000 000   B. 819 000

C. 900 000   D. 934 730

9. 假设我国商业银行的年存款利率为 5%，已知当年通货膨胀率是 2%，则其实际利率是 ( )。

A. 3%   B. 3.5%

C. 2.94%   D. 7%

10. K 债券的面值为 1000 元，按平价发行，票面利率为 10%，每半年发放利息 50 元，则此债券的实际利率是 ( )。

A. 10.25%   B. 8.16%

C. 10%   D. 5%

11. M 公司年初用 100 000 元购得 B 公司股票，假设持有期间未分配股利，预计股票价格为 110 000 元的概率是 50%，股票价格为 120 000 元的概率是 30%，股票价格为 90 000 元的概率是 20%，则 M 公司的预期收益率是 ( )。

A. 8%   B. 9%

C. 10%   D. 11%

12. R 公司有 A、B 两个投资项目，A、B 两个投资项目的期望收益率分别是 10%、12%，标准差分别是 0.1、0.12，则下列说法中正确的是 ( )。

A. A 项目的风险大于 B 项目   B. A 项目的风险小于 B 项目

C. A 项目的风险等于 B 项目   D. 无法判断

13. M 公司以 184 元的价格购入某股票，假设持有一年之后以 224 元的价格售出，在持有期间共获得 6 元的现金股利，则该股票持有期的年均收益率是 ( )。

A. 50%   B. 40%

C. 25%   D. 12.5%

14. 甲、乙两种投资方案的预期投资报酬率均为 20%，甲方案的标准离差率小于乙方案的标准离差率，则下列表述中正确的是（   ）。

A. 甲方案风险小于乙方案的风险

B. 甲乙两种方案风险相同

C. 甲方案风险大于乙方案风险

D. 甲乙两种方案风险大小依据各自的风险报酬系数大小而定

15. 下列关于风险的表述中，错误的是（   ）。

A. 离散程度是用以衡量风险大小的统计指标

B. 离散程度越小，风险越大

C. 在期望值相同的情况下，标准离差越大，风险越大

D. 在期望值不同的情况下，标准离差率越大，风险越大

16. 下列关于证券投资组合理论的表述中，正确的是（   ）。

A. 证券投资组合能消除大部分系统风险

B. 证券投资组合的总规模越大，承担的风险越大

C. 风险最小的组合，其报酬最大

D. 一般情况下，随着更多的证券加入投资组合中，整体风险降低的速度会越来越慢

17. M 证券资产组合中有 A、B、C 三只股票，所占的比重分别为 60%、20%、20%。A 股票的 β 系数为 0.8，B 股票的 β 系数为 0.6，C 股票的 β 系数为 1。则 M 证券资产组合的 β 系数是（   ）。

A. 2.4 　　　　　　　　　B. 1

C. 0.8 　　　　　　　　　D. 0.6

18. N 公司股票的 β 系数为 1.5，无风险利率为 4%，市场上所有股票的平均收益率为 8%，则 N 公司股票的必要收益率应为（   ）。

A. 4% 　　　　　　　　　B. 12%

C. 8% 　　　　　　　　　D. 10%

19. 下列关于市场风险溢酬的表述中，错误的是（   ）。

A. 若市场抗风险能力越强，则市场风险溢酬的数值越大

B. 若市场对风险越厌恶，则市场风险溢酬的数值越大

C. 市场风险溢酬反映了市场整体对风险的平均容忍程度

D. 市场风险溢酬附加在无风险收益率之上

20. 下列关于资本资产定价模型的说法中，错误的是（   ）。

A. $(R_m - R_f)$ 表示系统风险溢酬

B. 证券市场线引入了公司风险的概念

C. β 系数是对该资产所有的系统风险的度量

D. 证券市场上任意一项资产或证券资产组合的系统风险系数和必要收益率都可以在证券市场线上找到相对应的点

二、多项选择题

1. 黄老板准备投资一个项目，该项目前 m 年没有取得现金流量，从第 $m+1$ 年开始每

年年末获得等额的现金流量 A 万元，假设一共取得 n 年，则这笔项目收益的现值为（　　）万元。

    A. $A \times (P/A, i, n) \times (P/F, i, m)$

    B. $A \times [(P/A, i, m+n) - (P/A, i, m)]$

    C. $A \times (P/A, i, n) \times (P/F, i, m+n)$

    D. $A \times (P/A, i, n)$

2. 下列项目中，可以通过普通年金现值系数计算出确切结果的有（　　）。

    A. 递延年金现值　　　　　　　　B. 复利现值

    C. 预付年金现值　　　　　　　　D. 资本回收额

3. 下列关于现值系数和终值系数的说法中，错误的有（　　）。

    A. 永续年金现值系数等于普通年金现值系数除以 i

    B. 偿债基金系数和普通年金终值系数互为倒数

    C. 年资本回收额和普通年金现值互为逆运算

    D. 递延年金现值无法根据普通年金终值系数计算

4. 下列关于名义利率和实际利率的说法中，正确的有（　　）。

    A. 实际利率包含通货膨胀率

    B. 如果按照短于一年的计息期计算复利，实际利率高于名义利率

    C. 名义利率是指剔除通货膨胀率后储户或投资者得到利息回报的真实利率

    D. 若每年计算一次复利，实际利率等于名义利率

5. 下列关于资产收益率的说法中，正确的有（　　）。

    A. 实际收益率表示已经实现或者确定可以实现的资产收益率，当存在通货膨胀时，还要扣除通货膨胀率的影响

    B. 预期收益率是指在不确定的条件下，预测的某种资产未来可能实现的收益率

    C. 必要收益率表示投资者对某资产合理要求的最低收益率

    D. 期望收益率又称为必要报酬率或最低收益率

6. 下列项目中，属于减少风险方法的有（　　）。

    A. 拒绝与不守信用的厂商业务往来

    B. 对决策进行多方案优选和替代

    C. 在开发新产品前，充分进行市场调研

    D. 选择有弹性的抗风险能力强的技术方案

7. 下列说法中，正确的有（　　）。

    A. 在期望值相同的情况下，方差越大，风险越大

    B. 在期望值相同的情况下，标准差越大，风险越大

    C. 无论期望值是否相同，标准差率越大，风险越大

    D. 在期望值相同的情况下，标准差越小，风险越大

8. 假设 A 证券的预期收益率为 10%，标准差为 12%，B 证券的预期收益率为 18%，标准差为 20%，A 证券与 B 证券之间的相关系数为 0.25，若各投资 50%，则投资组合的

标准差为 ( )。

    A. 1.66%   B. 1.58%

    C. 12.88%   D. 13.79%

9. 下列关于系统风险的说法中，不正确的有 ( )。

    A. 它是影响所有资产的、不能通过资产组合而消除的风险

    B. 它是特定企业或特定行业所特有的

    C. 可通过增加组合中资产的数目而最终消除

    D. 不能随着组合中资产数目的增加而消失，它是始终存在的

10. 按照投资的风险分散理论，A、B 两项目的投资额相等时，下列说法中正确的有 ( )。

    A. 若 A、B 完全负相关，则投资组合的风险能够完全抵消

    B. 若 A、B 完全正相关，则投资组合的风险等于 A、B 的风险之和

    C. 若 A、B 完全正相关，则投资组合的风险不能被抵消

    D. 若 A、B 项目相关系数小于 0，则组合后的非系统风险可以减少

11. 下列项目中，属于能够影响风险收益率大小的有 ( )。

    A. 风险的大小   B. 投资者的数量

    C. 无风险收益率的大小   D. 投资者对风险的偏好

12. 下列项目中，属于衡量风险指标的有 ( )。

    A. 期望值   B. 方差

    C. 标准差   D. 标准离差率

13. 下列关于资产风险及其衡量指标的表述中，正确的有 ( )。

    A. 标准离差越大，风险越大

    B. 标准离差率越大，风险越大

    C. 标准离差率是一个相对指标，方差和标准离差是绝对数指标

    D. 期望值反映预计收益的平均化，期望值越大，风险越大

14. 下列关于股票或股票组合的 β 系数说法中，正确的有 ( )。

    A. 作为整体的市场投资组合的 β 系数为 1

    B. 股票组合的 β 系数是构成组合的个别股票 β 系数的加权平均数

    C. 个别股票的 β 系数衡量股票的系统风险

    D. 个别股票的 β 系数衡量股票的非系统风险

15. 下列关于 β 系数的相关表述中，正确的有 ( )。

    A. β 系数大于 1，该资产所含的系统风险大于市场组合风险

    B. β 系数衡量系统风险，所以 β 系数不能小于 0

    C. β 系数等于 0，表示没有系统风险

    D. 证券资产组合的系统风险等于所有单项资产 β 系数的加权平均数

16. 下列关于证券市场线的说法中，错误的有 ( )。

    A. 市场整体对风险越厌恶，市场风险溢酬越大

    B. 无风险利率上升，证券市场线向上平移

C. 证券市场线一个重要暗示是所有风险都需要补偿

D. 证券市场线只适用于单项资产

17. 假设流量次数为 n，下列关于递延年金现值的计算式子中，正确的有（　　）。

A. 如果第一次流量发生在第 m 期期末，则 $P = A \times (P/A, i, n) \times (P/F, i, m-1)$

B. 如果第一次流量发生在第 m 期期初，则 $P = A \times (P/A, i, n-1) \times (P/F, i, m-2)$

C. 如果第一次流量发生在第 m 期期末，则 $P = A \times [(P/A, i, m+n-1) - (P/A, i, m)]$

D. 如果第一次流量发生在第 m 期期初，则 $P = A \times [(P/A, i, m+n-2) - (P/A, i, m-2)]$

18. 下列项目中，属于系统风险的有（　　）。

A. 企业会计准则改革引起的风险

B. 原材料供应地经济情况变动带来的风险

C. 税制改革引起的风险

D. 宏观经济形势变动引起的风险

19. 下列关于证券资产组合风险的表述中，正确的有（　　）。

A. 证券资产组合中的非系统风险随着资产种类的增加而逐渐减小

B. 证券资产组合中的系统风险随着资产种类的增加而不断降低

C. 当资产组合的收益率的相关系数大于零时，组合风险小于组合中各项资产风险的加权平均数

D. 当资产组合的收益率具有完全负相关关系时，组合风险可以充分地相互抵消

20. 下列有关资产收益率的表述中，正确的有（　　）。

A. 实际收益率表示已实现或确定可以实现的资产收益率

B. 预期收益率是指在确定的情况下，预测的某资产未来可能实现的收益率

C. 必要收益率与认识到的风险有关

D. 风险收益率仅取决于风险的大小

三、判断题

1. 短期国债是一种几乎没有风险的有价证券，其利率可以代表货币时间价值。（　　）

2. 年金是指间隔期相等的系列等额收付款项，其间隔期必须等于 1 年。（　　）

3. 当市场不存在通货膨胀的影响时，实际利率是等于名义利率的。（　　）

4. 当存在通货膨胀时，实际收益率不应当扣除通货膨胀率的影响，此时实际收益率就是真实的收益率。（　　）

5. 衡量风险的指标主要有收益率的期望值、方差、标准差和标准差率等。（　　）

6. 风险损失发生时，直接将损失摊入成本费用冲减利润，属于风险自保。（　　）

7. 对于两种证券形成的投资组合，当相关系数为 1 时，投资组合的预期收益率和标准差均为该组合中各项资产的预期收益率和标准差的加权平均数。（　　）

8. 无论资产之间相关系数的大小如何，投资组合的风险不会高于组合中所有单个资产中的最高风险。（　　）

9. 市场风险是指因市场收益率整体变化而引起的市场上所有资产收益率的变动，它是

影响所有资产的风险，且不能通过资产组合而消除。 （　　）

10. 资本资产定价模型中，所谓资本资产主要指的是债券和股票。 （　　）

11. 曲线变动成本分为递增曲线成本和递减曲线成本，其中递减曲线成本是随着业务量的增加而减少的。 （　　）

12. 市场风险溢酬 $(R_m - R_f)$ 反映市场作为整体对风险的平均容忍程度，如果风险厌恶程度高，则 $(R_m - R_f)$ 的值就越小，β 稍有变化时，就会导致该资产的必要收益率以较小的幅度变化。 （　　）

13. 如果以年为计息单位，每年复利一次时，名义利率等于实际利率。 （　　）

14. 若期数相同，利率相等，则普通年金终值系数与普通年金现值系数之积等于1。（　　）

15. 已知 A 证券报酬率的标准差为 0.2，B 证券报酬率的标准差为 0.5，A、B 两者之间报酬率的协方差是 0.06，则 A、B 两者之间报酬率的相关系数为 0.25。 （　　）

16. 证券投资组合能消除大部分系统风险。 （　　）

17. 资本资产定价模型的公式为：某股票资产的必要收益率 = 无风险收益率 + 该资产的系统风险系数 ×（市场组合收益率 − 无风险收益率）。 （　　）

18. 在通常情况下，资金时间价值是在既没有风险又没有通货膨胀条件下的社会平均投资报酬率。 （　　）

19. 企业每月月初支付的等额工资称为预付年金。 （　　）

20. 递延年金有终值，终值的大小与递延期有关，在其他条件相同的情况下，递延期越长，则递延年金的终值越大。 （　　）

四、计算分析题

1. L 公司准备购买一套办公用房，有三种付款方案可供选择。

(1) 甲方案：从现在起每年年初付款 24 万元，连续支付 5 年，共计 120 万元；

(2) 乙方案：从第 3 年起，每年年初付款 26 万元，连续支付 5 年，共计 130 万元；

(3) 丙方案：从现在起每年年末付款 25 万元，连续支付 5 年，共计 125 万元。

要求：假定该公司要求的投资报酬率为 10%，通过计算说明应选择哪种方案。（已知：$(P/A，10\%，5) = 3.790\,8$，$(P/A，10\%，4) = 3.169\,9$，$(P/F，10\%，1) = 0.909\,1$）

2. M、N 两只股票的相关资料如表 3-4 所示。

表 3-4　M、N 两只股票相关资料明细表

股票	甲	乙
预期收益率	8%	10%
标准差	2%	3%

证券市场组合的收益率为 12%，证券市场组合收益率的标准差为 0.6%，无风险收益率为 5%。

要求：

(1) 计算 M、N 两只股票收益率的标准离差率；

(2) 假定资本资产定价模型成立，计算 M、N 两只股票的 β 值；

(3) 投资者将全部资金按照 30% 和 70% 的比例投资购买 M、N 两只股票构成投资组合, 计算该组合的 β 系数、风险收益率和必要收益率。

3. 假设 K 公司准备投资开发某生产线, 根据市场预测, 预计可能获得的年报酬及概率详细情况如表 3-5 所示。

表 3-5　K 公司预期收益明细表　　　　单位: 万元

市场状况	预计年报酬	概率
繁荣	6000	0.3
一般	3000	0.5
衰退	0	0.2

已知该行业的风险报酬系数为 8%, 无风险报酬率为 6%。

要求: 计算 K 公司该方案的期望报酬额、标准差、标准离差率、风险报酬率。

五、综合训练

任务一　掌握货币时间价值中各种终值、现值的计算方法, 并对决策方案做出客观评价

实训资料:

谢教授的选择——要住房还是要住房补贴

谢教授是一名博士后, 是国内知名专家, 某日接到 L 上市公司的邀请函, 邀请他担任公司的顾问。邀请函的具体条件如下:

① 每个月来公司指导工作 1 天;

② 每年聘金为 20 万元;

③ 赠送公司所在城市住房一套, 价值为 100 万元;

④ 在公司至少工作 6 年。

谢教授对以上工作待遇很感兴趣, 对公司开发的新产品也很有研究, 决定应邀。但他不想接受住房, 因为每月仅到公司工作一天, 住在公司员工宿舍就可以了。因此谢教授向公司提出, 能否将提供住房改为发住房补贴。公司研究了谢教授的请求, 决定可以在今后 6 年的每年年初支付谢教授 25 万元住房补贴。

收到公司的通知后, 谢教授又犹豫起来。如果接受公司的赠房, 可以将其出售, 扣除售价 5% 的契税和手续费, 他可以获得 95 万元的现金; 而若接受住房补贴, 则每年年初可获得 25 万元。假设每年存款利率 3%, 则谢教授应该如何选择?

如果谢教授将每年收到的现金拿去投资, 其资金的投资回报率为 25%, 则他又该如何选择呢?

要求: 个人根据实训材料, 运用货币时间价值相关知识, 做出决策。

任务二　风险报酬的判断

实训资料:

假设你是 M 公司的财务经理, 准备对外进行投资, 现有 3 家公司可供选择, 分别是 A 公司、B 公司和 C 公司, 这 3 家公司的年报酬率及其概率的资料如表 3-6 所示。

表 3-6 公司年报酬率及其概率明细表

市场状况	年 报 酬 率			概率
	A公司	B公司	C公司	
繁荣	40%	50%	60%	0.3
一般	20%	20%	20%	0.5
衰退	0%	−15%	−30%	0.2

假使 A 公司的风险报酬系数为 8%，B 公司的风险报酬系数为 9%，C 公司的风险报酬系数为 10%。

要求：个人根据实训材料，运用风险报酬相关知识，做出决策。

(1) 计算各方案的期望收益率、标准离差和标准离差率。

(2) 试根据 3 个待选方案的标准离差、标准离差率和期望收益率来确定淘汰其中哪一个方案。

项目四　筹　资　管　理

学习目标

1. 理解所有者权益筹资、债务筹资、混合性筹资的内容；

2. 通过所有者权益筹资管理实训、债务筹资管理实训、混合性筹资管理实训，掌握各种筹资方式在实际工作应用中的相关内容。

思维导图

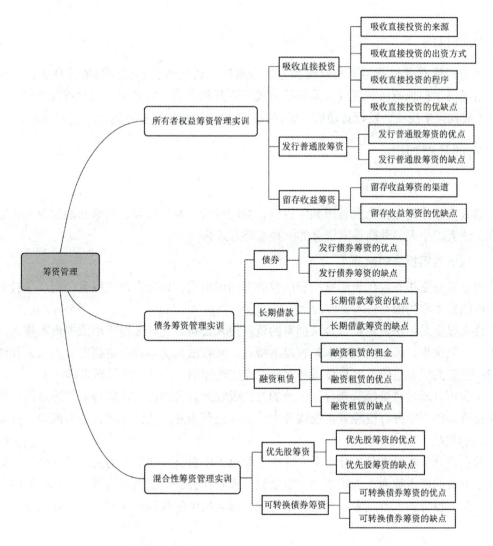

　　筹资是指企业根据其生产经营、对外投资和调整资本结构等需要，通过一定筹资渠道和金融市场，运用一定筹资方式，经济有效地筹措和集中资本的活动。企业筹集资金是为了满足一定的需求，达到一定的目的。企业筹资的动机主要包括创立性筹资动机、扩张性筹资动机、调整性筹资动机、混合性筹资动机。筹资按不同要求有不同的分类，如按资金使用期限长短可以分为短期资金和中长期资金，按资金来源渠道可以分为自有资金和借入资金，按所筹资金的权益性质可以分为股权资本和负债。

　　实务中，筹资是一项复杂的、困难的工作，在不同的环境中，企业面临的情况不同，所采取的筹资方式不同。筹资方式主要包括吸收直接投资、发行股票筹资、留存收益筹资、发行债券筹资、银行借款筹资、商业信用筹资、融资租赁筹资等。企业在筹资活动中会遵循一定的原则，主要包括合法性原则、合理性原则、适当性原则、及时性原则、经济性原则。

任务一　所有者权益筹资管理实训

一、实训目的

　　以公司所有者权益筹资的原理和方法为基础，通过所有者权益筹资管理实训项目训练，引导同学们理解所有者权益筹资的方式、原则和方法，提高同学们对所有者权益筹资管理（吸收直接投资、发行普通股、留存收益）的认知水平和实践能力。

二、实训基础知识

（一）吸收直接投资

　　吸收直接投资是指企业按照共同投资、共同经营、共担风险、共享利润的原则来吸收国家、法人、个人、外商投入资金的一种筹资方式。

1. 吸收直接投资的来源

　　国家投资是指有权代表国家投资的政府部门或机构，以国有资产投入公司，这种情况下形成的资本称为国有资本。

　　法人投资是指法人单位以合法拥有的资产投入公司，这种情况下形成的资本称为法人资本。一般来说，吸收法人资本具有以下特点：吸收法人资本投资主要发生在法人和法人之间；投资的主要目的是参与公司利润分配或实现控制；出资方式灵活多样。

　　企业可以通过合资经营或合作经营的方式吸收外商直接投资，即与其他国家的投资者共同投资，创办中外合资经营企业或者中外合作经营企业，共同经营、共担风险、共负盈亏、共享利益。

　　社会公众资本投资是指社会个人或本企业员工以自己合法拥有的资产投入公司，这种情况下形成的资本称为个人资本。一般来说，吸收社会公众投资具有以下特点：面向社会公众，参加投资的人数众多；个人资本有限，每人投资的数额相对较少；投资的主要目的是参与公司利润分配。

2. 吸收直接投资的出资方式

以货币资产出资是吸收直接投资中最重要的出资方式。企业有了货币资产，便可以将货币资产转化为其他物质资产，支付各种开销，满足企业创建时的开支和随后的日常周转需要。

以实物出资是投资者将房屋、建筑物、设备等固定资产和原材料、燃料动力、商品等流动资产所进行的投资。实物出资应符合企业生产、经营、研发等活动的需要，技术性能良好，作价公平合理。

土地使用权是指土地经营者对依法取得的土地在一定期限内有进行建筑、生产经营或其他活动的权利。土地使用权具有相对的独立性，在土地使用权存续期间，包括土地所有者在内的其他任何单位或个人，不能任意收回土地和非法干预使用权人的经营活动。企业吸收土地使用权出资应符合企业科研、生产、经营、研发等活动的需要，地理、交通条件适宜，作价公平合理。

工业产权是指专有技术、商标权、专利权、非专利技术等无形资产。投资者以工业产权出资时，应符合企业研究、开发和生产出新的高科技产品的需要，有助于企业提高生产效率、改进产品质量，有助于企业降低生产消耗、能源消耗等各种消耗，作价公平合理。

3. 吸收直接投资的程序

吸收直接投资的程序可以概括为以下步骤。

(1) 测算筹集资金的数量。无论是企业成立还是扩大生产经营规模，首先要测算筹集资金的数量。筹集资金的数量应根据企业扩张规模的大小和需要垫支流动资金的多少等因素来确定，确保筹集资金的数量与资金缺口相匹配。

(2) 寻找优质投资方。企业需要通过各种渠道对投资者的投资目的、资信状况和财力等进行了解，从而避免遭受恶意投资；又要正确对企业进行宣传，使投资者了解企业未来的发展潜力、财务状况以及经营情况，以便于企业从中寻找最合适的合作伙伴。

(3) 协商和签署投资协议。找到合适的投资伙伴后，双方进行具体协商，确定出资数额、出资方式和出资时间。企业应尽可能吸收货币投资，如果投资方确有先进而适合企业需要的固定资产和无形资产，亦可采取非货币投资方式。对实物投资、工业产权投资、土地使用权投资等非货币资产，双方应按公平合理的原则协商定价。当出资数额、资产作价确定后，双方须签订投资的协议或合同，以明确双方的权利和责任。

(4) 取得所筹集的资金。签署投资合同协议后，企业应按规定或计划取得资金。如果采取现金投资方式，通常还要编制拨款计划，确定拨款期限、每期数额及划拨方式，有时投资者还要规定拨款的用途，如把拨款区分为固定资产投资拨款、流动资金拨款、专项拨款等。如为实物、工业产权、非专利技术、土地使用权投资，需要注意的问题是核实财产。财产数量是否准确，特别是价格有无高估或低估的情况，关系到投资各方的经济利益，必须认真处理，必要时可聘请专业资产评估机构来评定，然后办理产权的转移手续取得资产。

4. 吸收直接投资的优缺点

(1) 吸收直接投资的优点。相对于其他筹资而言，吸收直接投资可以尽快地投入生产经营，不仅可以直接吸收货币资金，还可以获得生产所需的固定资产和无形资产，这些投资均不需要走采购程序，可以直接投入生产并快速形成生产经营能力；方便与投资者进行沟通和交流，吸收直接投资的投资者数量少，股权相对集中，具有管理能力的投资者可以直接担任公司管理层，公司与投资者易于沟通，同时也有利于投资者监督企业经营；吸收投资的手续一般比较简便，因此筹资费用较低。

(2) 吸收直接投资的缺点。当企业经营状况良好、获取较多利润时，投资者往往会把企业获取利润的大部分作为红利分配出去；由于股权相对集中，企业控制权集中在少数投资者手里，企业管理可能专制化；采用吸收直接投资方式筹资，投资者一般都要求获得与投资数额相适应的经营管理权，如果某个投资者的投资额比例较大，则该投资者对企业的经营管理就会有较大的影响，其他投资者的合法权益得不到保障；不利于流通转让，吸收投入资本不像股票那样有证券为媒介，因此不利于流通转让，也很难进行产权转让。

（二）发行普通股筹资

发行普通股筹资是指股份公司通过发行股票筹集资本的活动。股票是股份公司发行的所有权凭证，是股份公司为筹集资金而发行给各个股东作为持股凭证并借以取得股息和红利的一种有价证券。

股票按是否记名分为记名股票和无记名股票；股票按投资主体分为国有股、法人股和社会公众股；股票按上市地点分为 A 股、B 股、H 股、N 股和 S 股。

记名股票发行时股东的姓名记载在票面上，并记载于公司的股东名册上。记名股票的特点是除持有者和其正式的委托代理人或合法继承人、受赠人外，任何人都不能行使其股权。另外，记名股票不能任意转让，转让时，既要将受让人的姓名、住址分别记载于股票票面，还要在公司的股东名册上办理过户手续，否则转让不能生效。记名股票有安全、不怕遗失的优点，但转让手续繁琐。这种股票如需要私自转让（如发生继承和赠予等行为时），必须在转让行为发生后立即办理过户等手续。

无记名股票发行时股票上不记载股东的姓名。其持有者可自行转让股票，任何人一旦持有便享有股东的权利，无须再通过其他方式、途径证明自己的股东资格。虽然这种股票转让手续简便，但是应该通过证券市场的合法交易实现转让。

国有股是指有权代表国家投资的部门或机构以国有资产向公司投资形成的股份，包括以公司现有国有资产折算成的股份。法人股是指企业法人或具有法人资格的事业单位和社会团体以其依法可经营的资产向公司非上市流通股权部分投资所形成的股份。社会公众股是指我国境内个人和机构，以其合法财产向公司可上市流通股权部分投资所形成的股份。

股票发行应当按照以下程序执行：董事会决定发行股票并报股东大会申请；公司向政府有关机关申请；董事会备置认股书，供投资者认股所用；董事会公告招股，公开经政府有关机关核准的包括招股说明书在内的文件；投资者认领股份；认股人缴纳股款；股份增额后的补选改选董事、监事；申请发行新股的变更登记。

股票发行价格是指股份公司出售新股票的价格。在确定股票发行价格时，可以按票面金额确定，也可以超过票面金额确定，但不得以低于票面金额的价格发行。当股票发行公司计划发行股票时，就需要根据不同情况确定一个发行价格以推销股票。股票发行价格包括面值发行、溢价发行和折价发行三种。

股票发行人财务指标应满足以下要求：3 个会计年度净利润均为正数且累计超过人民币 3000 万元，净利润以扣除非经常性损益后较低者为计算依据；连续 3 个会计年度经营活动产生的现金流量净额累计超过人民币 5000 万元；或者 3 个会计年度营业收入累计超过人民币 3 亿元；发行前股本总额不少于人民币 3000 万元；至今连续 1 期末无形资产（扣除土地使用权、水面养殖权和采矿权等后）占净资产的比例不高于 20%；至今连续 1 期末不存在未弥补亏损。

股票的发行方式是指发行公司采取什么方法和渠道使自己的股票为投资者所认购。股票发行方式按照不同标准有不同的分类：股票发行方式按照中介参与股票发行的程度可以分为直接发行和间接发行；股票发行方式按照是否办理公开发行股票审核事宜可以分为公开发行与非公开发行。

直接发行又称为自营发行、代销。这种发行方式是由股份有限公司自己承担发行股票的责任和风险，而股票发行的中介人只是做协助性工作并收取一定的手续费。具体做法是，发行公司与依法设立的证券机构签订股票承销协议，委托证券经营机构代理发行股票，承销机构按委托的价格销售股票，在发行期结束后，销多少算多少，将未售出的股票全部退还给发行公司，不承担风险，只收取一定的手续费和有关费用。

间接发行又称为委托发行或包销，指股份有限公司把股票发行委托给证券经营机构发行，由证券经营机构包干，收取股票发行的差价收益，承担发行风险。具体做法是，发行公司与依法设立的证券经营机构签订股票承销协议，由证券经营机构先以自己的名义买下股票发行人的全部股票，然后，再将股票转售给投资者。

公开发行是指发行公司依法办理有关发行审核程序，通过证券经营机构，公开向社会发行股票。公开发行股票的发行公司，可以申请股票上市成为上市公司，也可不必申请上市。公开发行使股票的发行面广，有利于股权分散，有利于克服垄断，有利于提高发行的质量信誉，因而，有条件的股份有限公司大多采用公开发行方式发行股票。

非公开发行，是指发行公司不办理公开发行的审核程序，股票不公开对外销售，只向公司内部职工或特定对象定向出售，如采取发起设立方式设立的股份有限公司，股票的发行就是采取非公开发行的方式。

1. 发行普通股筹资的优点

发行普通股筹资的优点主要包括以下三个方面。

(1) 普通股筹资是企业稳定的资本基础。普通股资本不用偿还并且没有固定的到期日，是企业的永久性资本，只有企业破产清算时才有可能偿还。这是企业对资本的最低需求，也是企业生存的基础和持续经营的保障。

(2) 普通股筹资是企业良好的信誉基础。普通股资本作为企业最基础的资本，企业股权资本的多少代表了公司的资本实力，是企业组织开展生产经营、业务活动的信誉基础。股权资本也是其他方式筹资的基础，是偿还其他债务资金的保障，可为债务筹资，即为银行借款和发行公司债券等提供信用保障。

(3) 普通股筹资可以有效降低企业财务风险。普通股资本无须在企业持续运营期内偿还，只有当企业获得净利润时才按照股利分配政策分配股利，企业可以根据其经营状况和业绩的好坏，决定向投资者支付报酬的多少，不存在还本付息的财务风险。相对于债务资本而言，股权资本筹资限制少，资本使用上也无特别限制。

2. 发行普通股筹资的缺点

发行普通股筹资的缺点主要包括以下三个方面。

(1) 普通股筹资要承担高昂的资本成本。一般来说，普通股筹资的资本成本要高于债务筹资资本成本。这是因为普通股要承担企业的经营风险，股票的风险较大，所以获取相应的报酬要求较高。如果企业长期不发放股利，将会影响企业股票的市场价值。从利润表的角度看，股利是从税后净利润中支付的，而债务资本的资本成本允许税前列支。另外，普通股的发行、上市等方面的手续比较复杂，费用花费较大。

(2) 普通股筹资容易分散企业的控制权。利用股权筹资，由于引进了新的投资者或出售股票，股东对企业控制权结构会发生改变，分散了企业的控制权。控制权的频繁变动，一定程度上影响了企业管理层的人事变动和决策效率，对企业的正常经营有一定的影响。

(3) 普通股筹资信息沟通与披露成本较大。投资者或股东作为企业的所有者，有了解企业财务状况、经营成果和现金流量等的权利。企业需要通过各种渠道和方式加强与投资者的关系管理，保障投资者的权益。特别是上市公司，其股东众多而分散，只能通过公司的公开信息披露了解公司状况，这就需要公司花更多的精力，有些还需要设置专门的部门用于公司的信息披露和投资者关系管理。

（三）留存收益筹资

留存收益筹资是指企业将留存收益转化为投资的过程，是将企业生产经营所实现的净收益留在企业，而不作为股利分配给股东，其实质为原股东对企业追加投资。

1. 留存收益筹资的渠道

盈余公积是指企业按照法律规定，从企业的净利润中按一定比例计提的有指定用途的留存净利润。盈余公积可以用来弥补亏损、增加投资和分配现金股利。

未分配利润是指企业实现的净利润扣除以前年度亏损弥补、提取盈余公积和分配现金股利以外留存在企业但尚未限定用途的留存净利润。

2. 留存收益筹资的优缺点

留存收益筹资的优点主要包括以下三个方面。

(1) 资金成本较普通股成本低。留存收益属于企业内部资金，不用考虑筹资费用。

(2) 保持普通股东的控制权。用留存收益筹资，不用对外发行股票，由此增加的权益资本不会改变企业的股权结构，不会稀释原有股东的控制权。

(3) 增强企业的信誉。留存收益筹资能够使企业保持较大的可支配现金流，既可解决企业经营发展的资金需要，又能提高企业的举债能力。

留存收益筹资的缺点主要包括以下两个方面。

(1) 筹资数额有限制。留存收益筹资最大可能的数额是企业当期的税后利润和上年未分配利润之和。如果企业经营亏损，则不存在这一渠道的资金来源。

(2) 资金使用受到限制。留存收益中某些项目的使用，如法定盈余公积金等，要受到国家相关规定的制约。

三、经典实训资料

实训资料一　公司普通股筹资的优点。

根据题意分析如下：

发行普通股筹资的优点主要包括以下三个方面。

(1) 普通股筹资是企业稳定的资本基础。普通股资本不用偿还并且没有固定的到期日，是企业的永久性资本，只有企业破产清算时才有可能偿还。这是企业对资本的最低需求，是企业生存的基础和持续经营的保障。

(2) 普通股筹资是企业良好的信誉基础。普通股资本作为企业最基础的资本，企业股权资本的多少代表了公司的资本实力，是企业组织开展生产经营、业务活动的信誉基础。股权资本也是其他方式筹资的基础，是偿还其他债务资金的保障，尤其可为债务筹资，包括银行借款和发行公司债券等提供信用保障。

(3) 普通股筹资可以有效降低企业财务风险。普通股资本无须在企业持续运营期内偿还，只有当企业获得净利润时才按照股利分配政策分配股利，企业可以根据其经营状况和业绩的好坏，决定向投资者支付报酬的多少，不存在还本付息的财务风险。相对于债务资本而言，股权资本筹资限制少，资本使用上也无特别限制。

实训资料二　从哪儿筹集企业所需的资金

如果把企业比作人体，那么资金就是血液，一旦供血不足，人体便会面临生命危险，对企业而言，就很可能破产倒闭。企业的领导者，担负着为企业供血的使命，须懂得怎样利用各种渠道和方式，筹集足够的资金，以保证企业的正常生产经营活动。企业的领导者从哪儿筹集企业所需的资金？

根据题意分析如下：

资金是企业进行经营活动的必要条件。企业创建、购买存货、购置厂房设备、开发新产品、开展营销策划、聘请员工等均需要一定数量的资金。

我国目前企业筹资渠道主要包括：国家财政资金、金融机构资金、其他企业资金、居民个人资金和企业自有资金。筹资方式主要有吸收直接投资、发行股票、利用企业留存收益、向银行借款、利用商业信用、发行公司债券、融资租赁等。

任务二　债务筹资管理实训

一、实训目的

通过债务筹资管理实训项目训练，帮助同学们系统掌握债务筹资的方式、原则和方法，对现实筹资状况及其存在问题做出科学合理的分析与判断，提高同学们对债务筹资管理（长期借款、发行债务）的认知程度、关注程度和实践能力。

二、实训基础知识

（一）债券

债券是一种金融契约，是政府、金融机构、工商企业等直接向社会借债筹措资金时，向投资者发行，同时承诺按一定利率支付利息并按约定条件偿还本金的债权债务凭证。债券是一种有价证券。

债券按发行主体可以分为政府债券、金融债券和企业（公司）债券；债券按财产担保可以分为抵押债券和信用债券；债券按是否可转换可以分为可转换债券和不可转换债券。

政府债券是政府为筹集资金而发行的债券。主要包括国债、地方政府债券等，最主要的是国债，国债因其信誉好、利率优、风险小而又被称为"金边债券"。金融债券是由银行和非银行金融机构发行的债券，我国的金融债券主要由国家开发银行、进出口银行等政策性银行发行。金融机构一般有雄厚的资金实力，信用度较高，因此金融债券往往有良好的信誉。企业债券是企业发行的债券。

抵押债券是以企业财产作为担保的债券，按抵押品的不同又可以分为一般抵押债券、不动产抵押债券、动产抵押债券和证券信托抵押债券。信用债券是不以任何公司财产作为担保，完全凭信用发行的债券。政府债券属于信用债券，这种债券由于其发行人的绝对信用而具有坚实的可靠性。

可转换债券是指在特定时期内可以按某一固定的比例转换成普通股的债券，它具有债务与权益双重属性，属于一种混合性筹资方式。由于可转换债券赋予债券持有人将来成为公司股东的权利，因此其利率通常低于不可转换债券。不可转换债券是指不能转换为普通股的债券，又称为普通债券。由于其没有赋予债券持有人将来成为公司股东的权利，所以其利率一般高于可转换债券。

根据《公司法》的规定，企业发行债券的条件是：股份有限公司的净资产额不低于人民币 3000 万元，有限责任公司的净资产额不低于人民币 6000 万元；累计债券总额不超过净资产的 40%；公司 3 年平均可分配利润足以支付公司债券 1 年的利息；筹资的资金投向符合国家的产业政策；债券利息率不得超过国务院限定的利率水平。

债券的发行要经过必要的程序，主要包括的步骤如下：

(1) 由股东会或股东大会做出决议；

(2) 保荐人保荐；

(3) 制作申请文件；

(4) 发行公司债券应当报经证券监督管理委员会核准；

(5) 发行公司债券，可以申请一次核准，分期发行。

债券的发行价格是指债券原始投资者购入债券时应支付的市场价格，它与债券的面值可能一致也可能不一致。理论上，债券发行价格是债券的面值和支付的年利息按发行当时的市场利率折现所得到的现值。由此可知，票面利率和市场利率的关系影响债券的发行价格。当债券票面利率等于市场利率时，债券发行价格等于面值；当债券票面利率低于市场利率时，企业仍以面值发行就不能吸引投资者，故一般要折价发行；反之，当债券票面利率高于市场利率时，企业仍以面值发行就会增加发行成本，故一般要溢价发行。

1. 发行债券筹资的优点

发行债券筹资的优点包括以下四个方面。

(1) 资本成本低。债券的利息可以税前列支，具有抵税作用；另外，债券投资者比股票投资者的投资风险低，其要求的报酬率也较低。因此，公司债券的资本成本要低于普通股。

(2) 具有财务杠杆作用。债券的利息是固定的费用，债券持有者除获取利息外，不能参与公司净利润的分配，因而具有财务杠杆作用，在息税前利润增加的情况下会使股东的收益以更快的速度增加。

(3) 所筹集资金属于长期资金。发行债券所筹集的资金一般属于长期资金，可供企业在 1 年以上的时间内使用，这为企业安排投资项目提供了有力的资金支持。

(4) 债券筹资的范围广、金额大。债券筹资的对象十分广泛，它既可以向各类银行或非银行金融机构筹资，也可以向其他法人单位、个人筹资，因此筹资比较容易并可筹集较大金额的资金。

2. 发行债券筹资的缺点

发行债券筹资的缺点主要包括以下两个方面。

(1) 财务风险大。债券有固定的到期日和固定的利息支出，当企业资金周转出现困难时，易使企业陷入财务困境，甚至面临破产清算。因此筹资企业在发行债券来筹资时，必须考虑利用债券筹资方式所筹集的资金进行投资项目时未来收益的稳定性和增长性的问题。

(2) 限制性条款多，资金使用缺乏灵活性。因为债权人没有参与企业管理的权利，为了保障债权人债权的安全，通常会在债券合同中包括各种限制性条款。这些限制性条款会影响企业资金使用的灵活性。

（二）长期借款

长期借款是指企业向银行或其他金融机构借入的期限在一年以上（不含一年）的各项借款。

长期借款按照来源不同可以分为政策性银行贷款、商业银行贷款和其他金融机构贷款；长期借款根据贷款用途不同可以分为基本建设贷款、专项贷款和流动资金贷款；长期借款按贷款有无担保和担保方式不同可以分为信用贷款、保证贷款、质押贷款和抵押贷款。

政策性银行贷款是指执行国家政策性贷款业务的银行向国家重点建设项目或地方政府建设项目发放贷款，通常为长期借款。商业银行贷款是指由各商业银行向企业提供的贷款，以满足企业生产经营资金的需要，包括长期和短期贷款。其他金融机构贷款主要包括由信托投资公司取得的货币和实物形式的信托投资贷款，从财务公司取得的各种商业中长期贷款，从保险公司取得的工程、财产等保险贷款。其他金融机构贷款一般较商业银行贷款的时间要长，要求的利率要高，对贷款人信用要求和担保的条件要严格。

基本建设贷款是指政府或企业为新建、改建、扩建生产经营固定资产、城市建设基础设施及公益设施等而向银行申请借入的款项。专项贷款是指政府或企业因为专门用途而向银行申请借入的款项，包括更新改造贷款、大修理贷款、科技开发贷款、小型技术措施贷款等。流动资金贷款是指企业专门为了满足流动资金需求而向银行申请借入的款项，包括生产周转贷款、建设项目铺底流动资金、临时贷款、流动基金贷款等。

信用贷款是指工程项目主体不需提供任何担保，仅凭其信用而获得的贷款。保证贷款是指以第三人为借款人提供还款保证作为条件的担保贷款，它受到保证人经济能力和资信程度限制。质押贷款是指以借款人或第三人提供质物为条件的贷款，质物必须转移给贷款人占有，常用的质物有国库券、可转让定期存单等。抵押贷款是指以借款人或第三人提供抵押物为条件的贷款，抵押物不转移占有，仍由提供者（抵押人）占有和使用，但必须进行抵押登记，未经贷款银行（抵押权人）允许不得将抵押物变卖、赠送、交换或抵押给他人，常用的抵押物主要是不动产。

长期借款应当执行以下几个方面的程序：

(1) 企业提出借款申请；

(2) 金融机构审批；

(3) 签订借款合同；

(4) 发放贷款；

(5) 监督贷款的使用；

(6) 按期归还贷款本息。

1. 长期借款筹资的优点

长期借款筹资的优点主要包括以下四个方面。

(1) 筹资速度快。在借贷双方协商一致，签订合同后，借方即可获得资金，而不必经过证券管理部门的审核批准，手续简单，能迅速筹集到所需资金。

(2) 资金成本低。项目主体向金融机构借款，不必像发行证券那样需要支付较高的发行费用，筹资费用低；长期借款的利息可在所得税前支付，具有抵税作用。

(3) 具有财务杠杆的作用。长期借款的利息相对普通股而言是固定的，故与债券筹资、优先股筹资类似，具有财务杠杆的作用，即当项目主体获得丰厚的利润时，普通股股东会享受到更多的利益。

(4) 不影响普通股股东的控制权。由于提供长期借款的贷款人无权参与项目主体的经营管理，无投票表决权，因此不会影响项目主体股东的控股权。

2. 长期借款筹资的缺点

长期借款筹资的缺点主要包括以下三个方面。

(1) 财务风险大。既然是借款，就需要按期还本付息。长期借款虽然期限较长，但也必须按期归还本金和利息，当项目主体经营业绩不佳时，借款的偿付会增大项目主体的财务风险。

(2) 筹资数额有限。利用长期借款筹资不能像发行股票那样在大范围内筹集大额的资金。

(3) 限制条件较多。贷款合约中有许多限制性条款 (如指定借款的用途)，可能会给项目主体的经营活动带来一定的影响。

（三）融资租赁

租赁实际上属于一种以一定费用借贷实物的经济行为，即出租人将自己所拥有的某种物品交予承租人使用并收取租金，承租人由此获得在一段时期内使用该物品的权利，但物品的所有权仍保留在出租人手中。承租人为其所获得的使用权需向出租人支付一定的费用 (租金)。从租赁的目的分，可分为融资租赁和经营租赁。融资租赁是由租赁公司按承租单位要求出资购买设备，在较长的合同期内提供给承租单位使用的融资信用业务，它是以融通资金为主要目标的一种租赁形式。经营租赁是由租赁公司向承租单位在短期内提供设备，并提供维修、保养、人员培训等的一种服务性业务，又称服务性租赁。融资租赁包括直接融资租赁和售后租回两种形式。

1. 融资租赁的租金

融资租赁的租金包括以下三个方面的内容。

(1) 租赁物的成本。租赁物的成本包含租赁物的买价、运输费、保险费、调试安装费等。

(2) 利息。利息是指出租人为购买租赁物向银行贷款而支付的利息，该利息按银行贷款利率的复利计算。

(3) 手续费用和利润。其中，手续费用是指出租方在经营租赁过程中所开支的费用，包括业务人员工资、办公费、差旅费等，因手续费用通常较小，一般均不记利息。

2. 融资租赁的优点

融资租赁的优点包括以下五个方面。

(1) 筹资速度较快。融资融物一体化，融资租赁节省了物资设备采购环节，而借款资金到企业手里还要去采购所需设备，因此租赁会比借款更快获得企业所需设备。

(2) 限制条款较少。相比其他长期负债筹资形式，融资租赁所受限制的条款较少。

(3) 设备淘汰风险较小。融资租赁的租赁时间是小于设备的正常使用年限的，融资租赁期限一般为设备使用年限的 75%，租赁期满可较快的换租，同时也节约了设备处置的时间和费用。

(4) 财务风险较小。融资租赁无须一次性偿还，以分期负担租金与企业现金流匹配，不用到期归还大量资金，所以财务风险较小。

(5) 税收负担较轻。租金可在税前扣除，起到了抵税的作用。

3. 融资租赁的缺点

融资租赁的缺点包括以下两个方面。

(1) 资金成本较高。租金较高，成本较大。一般租赁费要高于借款利息。

(2) 筹资弹性较小。融资租赁租期较长，一般租赁合同为不可撤销合同，当租金支付期限和金额固定时，承租企业无资产所有权，因此不能根据自身需求自行处置租赁资产，增加了企业资金的调度难度。

三、经典实训资料

实训资料一　债券筹资的优点和缺点

模拟成立一家公司，成员 4 人，小组内集体讨论后回答：债券筹资有哪些优缺点？自己经营的公司是否会选择债券筹资方式，为什么？

结合实际，谈谈发行债券的优点和缺点。

根据题意分析如下：

发行债券筹资的优点包括以下四个方面：

(1) 资本成本低。债券的利息可以税前列支，具有抵税作用；另外债券投资者比股票投资者的投资风险低，因此其要求的报酬率也较低。故公司债券的资本成本要低于普通股。

(2) 具有财务杠杆作用。债券的利息是固定的费用，债券持有者除获取利息外，不能参与公司净利润的分配，因而具有财务杠杆作用，在息税前利润增加的情况下会使股东的收益以更快的速度增加。

(3) 所筹集资金属于长期资金。发行债券所筹集的资金一般属于长期资金，可供企业在 1 年以上的时间内使用，这为企业安排投资项目提供了有力的资金支持。

(4) 债券筹资的范围广、金额大。债券筹资的对象十分广泛，它既可以向各类银行或非银行金融机构筹资，也可以向其他法人单位、个人筹资，因此筹资比较容易并可筹集较大金额的资金。

发行债券筹资的缺点主要包括以下两个方面：

(1) 财务风险大。债券有固定的到期日和固定的利息支出，当企业资金周转出现困难时，易使企业陷入财务困境，甚至破产清算。因此筹资企业在发行债券来筹资时，必须考虑利用债券筹资方式所筹集的资金进行的投资项目的未来收益的稳定性和增长性的问题。

(2) 限制性条款多，资金使用缺乏灵活性。因为债权人没有参与企业管理的权利，为了保障债权人债权的安全，通常会在债券合同中包括各种限制性条款。这些限制性条款会影响企业资金使用的灵活性。

实训资料二　融资租赁筹资的优点和缺点

模拟成立一家公司，成员 4 人，小组内集体讨论后回答：融资租赁筹资有哪些优缺点？

自己经营的公司是否会选择融资租赁筹资方式，为什么？

根据题意分析如下：

融资租赁筹资的优点：

(1) 迅速获得所需资产。融资租赁集"融资"与"融物"于一身，一般要比先筹措现金然后再购置设备来得更快，可使企业尽快形成生产经营能力。

(2) 限制条款较少。企业运用债券和长期借款等筹资都有相当多的限制条款，虽然租赁公司也有限制条款，但相对较少。

(3) 免遭设备陈旧过时的风险。随着科学技术的不断进步，设备陈旧过时的风险很高，而多数租赁协议规定由出租人承担，承租企业可免遭这种风险。

(4) 财务负担轻。全部租金通常在整个租期内分期支付，不用到期归还大量本金，可适当降低不能偿付的风险。

(5) 税收负担轻。租金可在所得税前扣除，具有抵减所得税的作用。

租赁筹资的缺点：

(1) 资金成本较高。融资租赁的主要缺点就是资金成本较高。一般来说，其租金比银行借款和债券的利息高得多。在企业财务困难时，支付固定的租金会构成其一项沉重的负担。

(2) 筹资弹性较小。融资租赁租期较长，一般租赁合同为不可撤销合同，当租金支付期限和金额固定时，承租企业无资产所有权，因此不能根据自身需求自行处置租赁资产，增加企业资金调度难度。

任务三　混合性筹资管理实训

一、实训目的

通过混合型筹资管理实训项目训练，帮助同学们理解混合筹资的内容和方法，引导同学们关注混合性筹资管理（发行可转换债券、发行优先股）的实践活动，提高综合运用管理知识的水平和实践能力。

二、实训基础知识

（一）优先股筹资

优先股是相对于普通股而言的，在利润分红及剩余财产分配的权利方面优先于普通股。优先股收益相对固定，由于优先股股息率事先固定，所以优先股的股息一般不会根据公司经营情况而增减。优先股一般也不能参与公司普通股的分红，但可以先于普通股获得股息。优先股的权利范围小，优先股股东一般没有选举权和被选举权，对股份公司的重大经营没有投票权，在某些情况下可以享有投票权，但不是所有的优先股都有投票权，具体由该公司在发行优先股时的协议条款或承诺书来定；优先股的表决权有限，对于优先股股东的表决权限财务管理中有严格限制，优先股股东在一般股东大会中无表决权或限制表决权，或者缩减表决权，但讨论与优先股股东利益有关的事项时，优先股股东具有表决权。实务中，企业发行优先股的原因主要包括：防止公司股权被稀释，调整公司的资金结构，能有效维持举债能力。

优先股可以做如下分类：累积优先股和非累积优先股，参与优先股与非参与优先股，可转换优先股与不可转换优先股，可收回优先股与不可收回优先股。

累积优先股是指在某个营业年度内，如果公司所获的盈利不足以分派规定的股利，日后优先股的股东对往年未给付的股息，有权要求如数补给。对于非累积的优先股，虽然对于公司当年所获得的利润有优先于普通股获得分派股息的权利，但如该年公司所获得的盈利不足以按规定的股利分配时，非累积优先股的股东不能要求公司在以后年度中予以补发。一般对投资者来说，累积优先股比非累积优先股具有更大的优越性。

当企业利润增大，除享受既定比率的利息外，还可以跟普通股共同参与利润分配的优先股，称为"参与优先股"。除了既定股息外，不再参与利润分配的优先股，称为"非参与优先股"。一般来讲，参与优先股较非参与优先股对投资者更为有利。

可转换优先股是指允许优先股持有人在特定条件下把优先股转换成为一定数额的普通股。否则，就是不可转换优先股。

可收回优先股是指允许发行该类股票的公司，按原来的价格再加上若干补偿金将已发生的优先股收回。当该公司认为能够以较低股利的股票来代替已发生的优先股时，就往往行使这种权利。反之，就是不可收回的优先股。

1. 优先股筹资的优点

发行优先股筹资的优点包括以下三个方面。

(1) 财务压力小。由于优先股票没有到期日，也不是发行公司必须偿付的一项法定债务，因此当公司经营不善无法获利时，这种股利可以不用支付，从而降低了企业的财务风险。

(2) 财务上灵活机动。优先股票没有规定到期日，它本质上是一种无限期借款。优先股股票是否收回由企业决定，企业可在有利条件下收回优先股票，具有较大的灵活性。

(3) 不减少普通股票收益和不稀释普通股票控制权。与普通股票相比，优先股票每股收益是固定不变的，只要企业获取的净利润高于优先股股票资本成本，普通股票每股收益就会上升；因为优先股票无表决权，所以不会影响普通股股东对企业的控制权。

2. 优先股筹资的缺点

发行优先股筹资的缺点包括以下两个方面。

(1) 资金成本高。由于优先股票股利不能在税前扣除，无法抵减所得税，因此其成本高于债务成本。这是优先股票筹资的最大不利因素。

(2) 股利支付的固定性。当公司没有获取净利润时可以不按规定支付股利，但这会影响企业形象，进而对普通股票市价产生不利影响，损害到普通股股东的权益。当企业财务状况恶化时仍需支付固定的股息，这会加重企业的财务负担；当企业获取很大的净利润，想留用更多的利润来扩大经营规模时，由于股利支付的固定性，因此便要占用一部分资金，影响了企业的扩大生产经营规模。

（二）可转换债券筹资

可转换债券是一种可以在特定时间按特定条件转换为普通股票的企业债券。可转换债券属于混合型的证券，既具有债券的一般特征，也具有未来转化为普通股的权利。可转换债券有债券性、股权性、可转换性的特征。

1. 可转换债券筹资的优点

可转换债券的优点包括以下五个方面。

(1) 利息成本较低。当公司赋予普通股期望值越高时，可转换债券利息越低。

(2) 发行价格较高。因为可转换债券到期可转换为股票，通常溢价发行。

(3) 相对于增发新股而言，一定程度上减缓股本扩张对公司权益的稀释，只有真正转股之后才形成市值威胁。

(4) 属于次等信用债券。在公司破产清偿顺序上，与普通公司债券和长期负债等具有同等追索权利，顺序在公司债券之后、优先股和普通股之前。

(5) 期限灵活性较强。可以转换为股票永久持有，也可以在规定时期内要求偿还，因此在期限上具有较强的灵活性。

2. 可转换债券的缺点

可转换债券的缺点主要包括以下三个方面。

(1) 对于企业而言，转股后将失去利息成本较低的好处，企业的加权资本成本将会上升。

(2) 股市预期良好，发行股票进行筹资比发行可转换债券更为直接；股市预期低迷，若可转换债券不能强行转股，公司的还债压力会很大。

(3) 若可转换债券转股时股价高于转换价格，则发行遭受筹资损失。

三、经典实训资料

实训资料一　可转换债券的优点

结合实际，谈谈可转换债券的优点。

根据题意分析如下：

可转换债券的优点包括以下五个方面。

(1) 利息成本较低。当公司赋予普通股期望值越高时，可转换债券利息越低。

(2) 发行价格较高。因为可转换债券到期可转换为股票，通常溢价发行。

(3) 相对于增发新股而言，一定程度上减缓股本扩张对公司权益的稀释，只有真正转股之后才形成市值威胁。

(4) 属于次等信用债券。在公司破产清偿顺序上，与普通公司债券和长期负债等具有同等追索权利，顺序在公司债券之后、优先股和普通股之前。

(5) 期限灵活性较强。可以转换为股票永久持有，也可以在规定时期内要求偿还，因此在期限上具有较强的灵活性。

实训资料二　比较普通股和优先股的区别

4人1组集体讨论，回答普通股和优先股的区别。

根据题意分析如下：

股份有限公司可以通过向投资者发行股票筹集所需资金。股份有限公司发行股票，必须符合一定的条件。根据股东所拥有的权利的不同，股票可以分为普通股和优先股。

普通股是指在公司的经营管理和盈利及财产的分配上享有普通权利的股份。普通股筹资的优点是：筹资风险小、有助于增强企业的借债能力、筹资数量大、筹资限制较少。普通股筹资的缺点是：资金成本较高、容易分散控制权。

优先股是公司在筹集资金时给予投资者某些优先权的股票。优先股的优先权主要表现为有固定的股息，以及当公司破产进行财产清算时优先股股东对公司剩余财产有先于普通股股东的要求权。但优先股一般不参加公司的红利分配，持股人亦无表决权，不能借助表决权参加公司的经营管理。

习题与案例

一、单项选择题

1. 相对于股权融资而言，下列属于长期银行借款筹资优点的是（　　）。

A. 财务风险小　　　　　　　　　B. 筹资规模大

C. 限制条款少　　　　　　　　　D. 资本成本低

2. W公司计划发行面值为1000元的可转换债券，如果确定的转换价格越高，债券能转换为普通股的股数（　　）。

A. 越多　　　　　　　　　　　　B. 越少

C. 不变　　　　　　　　　　　　D. 不确定

3. R公司生产经营的产品供不应求，需要筹集购置设备增加市场供应，这种筹资动机属于（　　）。

A. 创立性筹资动机　　　　　　　B. 扩张性筹资动机

C. 调整性筹资动机　　　　　　　D. 混合性筹资动机

4. 下列不属于普通股筹资优点的是（　　）。

A. 股权筹资是企业稳定的资本基础

B. 股权筹资是企业良好的信誉基础

C. 企业财务风险较小　　　　　　D. 容易分散企业的控制权

5. 下列属于债券按是否可转换划分的是（　　）。

A. 政府债券、金融债券和企业债券

B. 抵押债券和信用债券

C. 可转换债券和不可转换债券　　D. 政府债券和信用债券

6. 下列属于公司凭借自己的信誉从银行取得借款的一项是 (   )。

A. 信用借款　　　　　　　　　B. 保证借款

C. 抵押借款　　　　　　　　　D. 质押借款

7. 下列属于公司优先股的优先权体现的一项是 (   )。

A. 股息分红和剩余财产分配　　B. 经营权

C. 决策权　　　　　　　　　　D. 选举权和被选举权

8. 下列不属于短期筹资特征的一项是 (   )。

A. 筹资速度快　　　　　　　　B. 资金成本较低

C. 筹资风险较低　　　　　　　D. 筹资具有灵活性

9. 下列不属于商业信用形式的是 (   )。

A. 应付账款　　　　　　　　　B. 应计未付款

C. 预收货款　　　　　　　　　D. 长期借款

10. H 公司通过发行可转换债券筹集资金，每张面值为 100 元，转换比率为 5，则该可转换债券的转换价格为 (   ) 元 / 股。

A. 20　　　　　　　　　　　　B. 50

C. 30　　　　　　　　　　　　D. 25

11. 下列属于长期借款筹资与长期债券筹资相比特点的是 (   )。

A. 利息能节税　　　　　　　　B. 筹资弹性大

C. 筹资费用大　　　　　　　　D. 债务利息高

12. 下列不属于长期借款的一般保护性条款的是 (   )。

A. 限制企业非经营性支出　　　B. 保持企业的资产流动性

C. 不准以资产作其他承诺的担保或抵押

D. 限制公司的长期投资

13. 下列属于企业股权筹资方式的是 (   )。

A. 利用留存收益　　　　　　　B. 发行优先股

C. 处置子公司股权　　　　　　D. 发行可转换为股票的债券

14. 在计算资金筹资成本时不需要考虑筹资费用的一项是 (   )。

A. 长期借款　　　　　　　　　B. 普通股

C. 债券　　　　　　　　　　　D. 留存收益

15. 企业所承担的财务风险由大到小的排序是 (   )。

A. 融资租赁、发行股票、发行债券

B. 融资租赁、发行债券、发行股票

C. 发行债券、融资租赁、发行股票

D. 发行债券、发行股票、融资租赁

16. 下列项目中，属于出租人既出租某项资产，又以该项资产为担保借入资金的租赁方式是 (   )。

A. 经营租赁　　　　　　　　　B. 杠杆租赁

C. 售后回租   D. 直接租赁

17. 下列项目中,不属于商业信用筹资优点的是 (　　)。

A. 有一定的弹性   B. 筹资方便

C. 不需要办理复杂的手续   D. 需要担保

18. 下列项目中,属于筹资方式的是 (　　)。

A. 吸收直接投资   B. 资本市场

C. 银行与非银行金融机构   D. 企业自身积累

19. 下列项目中,不属于企业普通股股东享有权利的是 (　　)。

A. 经营参与权   B. 剩余财产分配权

C. 优先分配剩余财产权   D. 利润分配权

20. 下列项目中,不属于利用商业信用筹资形式的是 (　　)。

A. 赊购商品   B. 短期借款

C. 预收货款   D. 商业汇票

二、多项选择题

1. 下列项目中,属于企业筹资必要性的有 (　　)。

A. 扩大经营规模的后盾   B. 调整资本结构的保障

C. 企业注册资本的来源   D. 偿还到期债务的支撑

2. 下列项目中,属于企业扩张性筹资动机的有 (　　)。

A. 企业生产经营的产品供不应求,需要购置设备增加市场供应

B. 需要引进技术开发生产适销对路的新产品

C. 扩大有利的对外投资规模

D. 开拓有发展前途的对外投资领域

3. 下列项目中,属于公司股权筹资的有 (　　)。

A. 发行股票筹资   B. 留存收益筹资

C. 发行债券筹资   D. 银行借款筹资

4. 下列项目中,属于公司发行普通股筹资缺点的有 (　　)。

A. 资本成本负担较重   B. 容易分散企业的控制权

C. 信息沟通与披露成本较大   D. 企业财务风险较小

5. 下列关于债券的表述中,正确的有 (　　)。

A. 债券购买者或投资者与发行者之间是一种债权债务关系

B. 债券按发行主体划分为政府债券、金融债券和企业债券

C. 国债因其信誉好、利率优、风险高而又被称为“金边债券”

D. 债券按财产担保划分为抵押债券和信用债券

6. 下列项目中,属于公司发行优先股原因的有 (　　)。

A. 防止公司股权分化   B. 优化公司的资金结构

C. 维持举债能力   D. 稀释普通股股权

7. 公司发行债券筹资的优点包括 (　　)。

A. 财务风险大 　　　　　　　　B. 债券筹资的范围广、金额大

C. 资本成本低 　　　　　　　　D. 所筹集资金属于长期资金

8. 下列项目中，属于企业借款合同限制性条款的有 (　　)。

A. 企业需持有一定限度的营运资金，保持其资产的合理流动性及支付能力

B. 限制企业支付现金股利

C. 限制企业固定资产投资的规模

D. 抵押举债

9. 下列项目中，属于企业长期借款融资缺点的有 (　　)。

A. 财务风险大 　　　　　　　　B. 融资数额有限

C. 限制条件较多 　　　　　　　D. 融资速度快

10. 下列项目中，属于企业融资租赁筹资优点的有 (　　)。

A. 筹资速度较快 　　　　　　　B. 限制条款较少

C. 设备淘汰风险较小 　　　　　D. 财务风险较小

11. 下列关于公司债券提前偿还的表述中，正确的有 (　　)。

A. 公司资金有结余时可提前赎回其发行的债券

B. 具有提前偿还条款的债券，当预测利率下降时，一般应提前赎回债券

C. 具有提前偿还条款的债券使企业融资具有较大的弹性

D. 提前偿还是指在债券尚未到期之前就予以偿还

12. 下列项目中，属于企业吸收直接投资优点的有 (　　)。

A. 有利于降低企业资金成本 　　B. 有利于加强对企业的控制

C. 有利于壮大企业经营实力 　　D. 有利于降低企业财务风险

13. 与发行债券筹集资金方式相比，上市公司利用增发普通股股票筹集资金的优点有 (　　)。

A. 没有固定的利息负担，财务风险低

B. 能增强公司的综合实力

C. 能保障公司原股东对公司的控制权

D. 资金成本较低

14. 从企业筹资的角度看，属于商业信用形式的有 (　　)。

A. 应收票据 　　　　　　　　　B. 应收账款

C. 应付票据 　　　　　　　　　D. 应付账款

15. 吸收直接投资是企业按照共同投资、共同经营、共担风险、共享利润的原则，直接吸收国家、法人、个人和外商投入资金的一种筹资方式。下列选项中，属于吸收直接投资的出资方式有 (　　)。

A. 货币资金 　　　　　　　　　B. 商誉

C. 特许经营权 　　　　　　　　D. 实物

16. 下列项目中，属于企业决定筹资时筹资动机的有 (　　)。

A. 企业新建时为满足正常生产经营活动而产生的资金需求

B. 企业因扩大生产经营规模或追加额外投资而产生的资金需求

C. 企业为了偿还某项债务而产生的资金需求

D. 企业既需要扩大生产经营又需要偿还债务而产生的资金需求

17. 下列项目中,属于判断普通股筹资的资本成本较高的理由有(   )。

A. 从投资者角度,投资于普通股风险较高,相应地要求有较高的投资报酬率

B. 从筹资者角度,普通股股利从税后利润中支付,不像债券利息那样可以作为费用从税前利润中支付,因而不具有抵税作用

C. 普通股的发行费用一般高于其他证券

D. 普通股的筹资额较大

18. 在筹资时企业需要遵循的基本原则有(   )。

A. 规模适当   B. 取得及时

C. 来源经济   D. 结构合理

19. 企业吸收直接投资的出资方式中包含特定债权,下列项目中,属于该特定债权的有(   )。

A. 上市公司依法发行的可转换债券

B. 金融资产管理公司持有的国有及国有控股企业债权

C. 国有企业改制时,在符合国家政策、职工自愿的条件下,依法扣除个人所得税后可转为个人投资

D. 企业依法发行的债券

20. 下列属于公司发行债券要素的有(   )。

A. 债券面值   B. 债券还本期限与方式

C. 债券价格   D. 债券利率

三、判断题

1. 调整性筹资的目的,是为了企业经营活动追加资金,这类筹资通常会增加企业的资本总额。   (   )

2. 混合性筹资动机兼具扩张性筹资动机和调整性筹资动机的特性,同时增加了企业的资产总额和资本总额,也导致企业的资产结构和资本结构同时变化。   (   )

3. 在正常情况下,企业资金需求的唯一目的是满足经营运转的资金需要。   (   )

4. 间接筹资形成的主要是股权资金,主要用于满足企业资金周转的需要。   (   )

5. 向金融机构借款,既可以筹集长期资金,也可以融通短期资金。   (   )

6. 结构合理原则是指企业应当在考虑筹资难易程度的基础上,针对不同来源资金的成本,认真选择筹资渠道,并选择经济、可行的筹资方式,力求降低筹资成本。   (   )

7. 银行借款合同的保护条款包括基本条款、一般性保护条款、例行性保护条款和特殊性保护条款。   (   )

8. 公司发行的债券只要满足了发行条件,就可以直接上市交易。   (   )

9. 当企业的资本收益率低于债务利率时,会增加普通股股东的每股收益,提高净资产

收益率，提升企业价值。　　　　　　　　　　　　　　　　　　　　　（　　）

10. 通过债务筹资可以避免股权筹资方式下稀释公司控制权的风险，有利于稳定公司经营发展。　　　　　　　　　　　　　　　　　　　　　　　　　　　　（　　）

11. 在我国，股票可以折价发行、溢价发行、等价发行。　　　　　　　（　　）

12. 一般而言，债券的市场利率越高，债券的发行价格越低；反之，债券的发行价格越高。　　　　　　　　　　　　　　　　　　　　　　　　　　　　　　（　　）

13. 一般而言，债券的票面利率越高，债券的发行价格越低；反之，债券的发行价格越高。　　　　　　　　　　　　　　　　　　　　　　　　　　　　　　（　　）

14. 融资租赁实际上就是出租人直接向承租人提供租赁资产的租赁形式。（　　）

15. 售后回租就是出租人利用自己的少量资金推动了大额的租赁业务。（　　）

16. 相对于银行借款筹资，发行公司债券的利息负担和筹资费用都比较低。（　　）

17. 长期借款的保护性条款一般有三类：例行性保护条款、一般性保护条款、特殊性保护条款。其中一般性保护条款在大多数借款合同中都会出现。　　　　　（　　）

18. 要求公司的主要领导人购买人身保险，借款的用途不得改变，违约惩罚条款等属于例行性保护条款。　　　　　　　　　　　　　　　　　　　　　　　（　　）

19. 公司通过对外发行股票筹资，公司的所有权与经营权相分离，分散了公司控制权，有利于公司自主管理、自主经营。　　　　　　　　　　　　　　　　　　（　　）

20. 普通股筹资以股票作为媒介，便于股权的流通和转让,便于吸收新的投资者。（　　）

四、综合训练

任务一　资金筹集预测实训

要求：个人完成或小组实训的方式，若小组实训，建议 5 人 1 组，由学生扮演公司财务经理和会计人员，完成 2022 年资金筹集预测的工作任务。（操作指引如表 4-1 所示）

表 4-1　操 作 指 引

角　　色	工 作 任 务
会计 1(学生 1)	预测 2022 年流动资产增加额
会计 2(学生 2)	预测 2022 年流动负债增加额
会计 3(学生 3)	预测 2022 年需增加的营运资金
会计 4(学生 4)	预测 2022 年的留存收益
财务经理 (学生 5)	预测 2022 年需要筹集的资金量

实训操作步骤如下：

学生 1 扮演会计 1，根据相关资料，预测 2022 年流动资产增加额；

学生 2 扮演会计 2，根据相关资料，预测 2022 年流动负债增加额；

学生 3 扮演会计 3，根据相关资料和学生 1、学生 2 的资料，预测 2022 年需增加的营运资金；

学生 4 扮演会计 4，根据相关资料，预测 2022 年的留存收益；

学生 5 扮演财务经理，根据相关资料及学生 1、学生 2、学生 3、学生 4 完成的资料，预测 2022 年需要筹集的资金量。

附件 4-1

F 公司的资产负债表如下。

资产负债表（简表）

2021 年 12 月 31 日
单位：万元

资产	期末余额	负债及所有者权益	期末余额
货币资金	2 000	应付账款	4 000
应收账款	3 000	长期借款	10 000
存货	7 000	实收资本	4 000
固定资产	7 000	盈余公积	200
无形资产	1 000	未分配利润	1 800
资产合计	20 000	负债及所有者权益合计	20 000

假设 F 公司 2021 年的销售收入为 30 000 万元，2022 年计划销售收入比上年增长 20%，为实现这一目标，需新增一台设备 500 万元。根据历年财务数据知，单位流动资产与流动负债随销售额同比率增减。假设该单位 2022 年的销售净利率预测能达到 10%，分配 60% 的净利润给股东，问：2022 年需筹集多少资金，才能满足 F 公司的发展需要？

任务二　编制预测资产负债表实训

要求：个人完成或小组实训的方式，若小组实训，建议 5 人 1 组，由学生扮演公司财务经理和会计人员，完成预测资产负债表的工作任务。（操作指引如表 4-2 所示）

表 4-2　操 作 指 引

角　色	工 作 任 务
会计 1(学生 1)	预测 2022 年流动资产增加额
会计 2(学生 2)	预测 2022 年流动负债增加额
会计 3(学生 3)	预测 2022 年需增加的营运资金
会计 4(学生 4)	预测 2022 年的留存收益
财务经理 (学生 5)	编制预测资产负债表

实训操作步骤如下：

学生 1 扮演会计 1，根据相关资料，预测 2022 年流动资产增加额；

学生 2 扮演会计 2，根据相关资料，预测 2022 年流动负债增加额；

学生 3 扮演会计 3，根据相关资料和学生 1、学生 2 的资料，预测 2022 年需增加的营运资金；

学生 4 扮演会计 4，根据相关资料，预测 2022 年的留存收益；

学生 5 扮演财务经理，根据相关资料及学生 1、学生 2、学生 3、学生 4 完成的资料，编制预测资产负债表。

附件 4-2

M 公司的资产负债表如下。

资产负债表(简表)

2021 年 12 月 31 日 单位:万元

项 目	期末余额	销售收入	占营业收入的比例 /%
资产:			
货币资金	75	15 000	0.5
应收票据	100	—	—
应收账款	2 400	15 000	16
存货	2 610	15 000	17.4
无形资产	10	—	—
固定资产	185	—	—
资产合计	5 380		33.9
负债及所有者权益:			
应付票据	200	—	
应付账款	2 640	15 000	17.6
应付职工薪酬	105	15 000	0.7
非流动负债	355	—	—
实收资本	1 250		
盈余公积	83		
未分配利润	747		
负债及所有者权益合计	5 380		18.3

假设上表中除货币资金、应收账款、存货、应付账款、应付职工薪酬会随销售收入变化而变化外,其余项目不变。2022 年预计销售收入为 20 000 万元,预计利润总额为 600 万元,所得税率为 25%,税后利润留存比例为 60%。

要求:编制 M 公司 2022 年预计资产负债表,并预测筹资额。

项目五　资本成本与资本结构

学习目标

1. 理解资本成本与资本结构的内容，财务杠杆原理、经营杠杆原理和总杠杆原理的内容；

2. 通过资本成本计算实训、杠杠原理实训与目标资本结构决策实训，掌握资本成本的计算方法、资本结构的决策方法。

思维导图

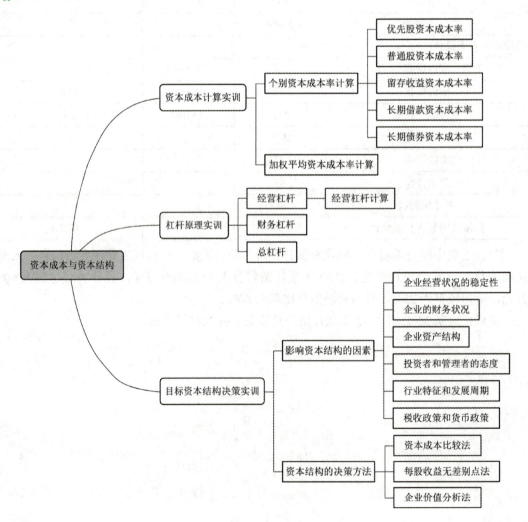

资本成本，是指企业筹集和使用资本而付出的代价，一般包括筹资费用和用资费用两个方面。其中，筹资费用指企业在筹集资本过程中为取得资金而发生的各项费用，如银行借款的手续费，发行股票和发行债券等证券的印刷费、评估费、公证费、宣传费及承销费等。用资费用是指在使用所筹资本的过程中向出资者支付的有关费用，如银行借款和债券的利息、股票的股利等。

任务一   资本成本计算实训

一、实训目的

通过资本成本计算实训项目训练，帮助同学们系统掌握单一资本成本与加权资本成本的计算，引导同学们对企业的债务资本成本与权益资本成本进行比较，思考不同渠道的资本高低及其对企业筹资的影响。

二、实训基础知识

（一）个别资本成本率计算

个别资本成本率是企业资本占用费与有效筹资额的比率，其计算公式为

$$K = \frac{D}{P-F} \text{ 或 } \frac{D}{P(1-f)} \tag{5-1}$$

其中，K 为资本成本率，以百分率表示；D 为资本占用费；P 为筹资总额；F 为资本筹集费用额；f 为筹资费用率，即资本筹集费占筹资总额的比率。

为了满足企业进行长期筹资决策的需要，应区别股权筹资和债务筹资来源测算其资本成本，主要包括优先股成本、普通股成本、留存收益成本、长期借款成本、长期债券成本。

1. 优先股资本成本率

企业发行优先股股票需要支付筹措费，如注册费、代销费等，其股息也要定期支付。但优先股股息是税后支付的，没有享受所得税优惠。优先股资本成本率的计算公式为

$$K_p = \frac{D}{P \times (1-f_p)} \tag{5-2}$$

其中：K_p 为优先股资本成本率；D 为优先股每股年股利；P 为优先股发行价格；f_p 为优先股筹措费率。

2. 普通股资本成本率

(1) 股息率加增长率方法。如果公司采用固定增长股利的政策，股利固定增长率为 g，则普通股资本成本率的计算公式为

$$K_c = \frac{D}{P \times (1-f_c)} + g \tag{5-3}$$

其中，K_c 为普通股资本成本率；D 为普通股每股年股利；P 为普通股发行价格；f_c 为普通股筹措费率；g 为股利年固定增长率。

(2) 资本资产定价模型法。资本资产定价模型是西方金融理论学界的威廉·夏普等人在资产组合理论基础上的新发展，其广泛应用于发达市场国家的投资价位评估与基金管理中。资本资产定价模型的内容可以简单描述为：普通股股票的预期收益率等于无风险利率加上风险补偿 (也称风险溢价或市场风险报酬率)。采用此原理计算普通股资本成本率，其计算公式为

$$K_c = R_f + \beta \times (R_m - R_f) \tag{5-4}$$

其中：R_f 为无风险报酬率；β 为某种股票的风险对证券市场风险的敏感程度；R_m 为证券市场的平均报酬率。

一般而言，如果企业的收益逐年增加，则企业支付的股利也将逐年增长，所以普通股资本成本率最高。

3. 留存收益资本成本率

留存收益是企业在经营过程中创造的因企业发展和法律要求从历年实现的利润中留存在企业的利润，包括盈余公积和未分配利润。盈余公积是企业按照国家有关规定从利润中提取的公积金，包括法定盈余公积金和任意盈余公积金。未分配利润是企业历年累积的，留待企业以后年度分配的利润。实际上，留存收益在使用期内是不需要支付成本的，但由于股东放弃了使用现金股利，便承受一定的机会成本。如果假设它是一种投资，股东就希望这部分留用利润能获得与普通股相同的报酬。

一般留存收益资本成本率的计算公式为

$$K_r = \frac{D}{P} \tag{5-5}$$

当公司股利每年有一个稳定增长率时，留存收益资本成本率的计算公式为

$$K_r = \frac{D}{P} + g \tag{5-6}$$

其中：K_r 为留存收益资本成本率；D 为第一年普通股股利；P 为股票价格；g 为股利每年的增长率。

4. 长期借款资本成本率

企业长期借款的资本成本是由借款利息和筹资费用构成的。借款利息属于税前成本费用，可以起到抵扣税的作用。因此，一次还本、分期付息借款的资本成本率的计算公式为

$$K_1 = \frac{I_1 \times (1-T)}{L \times (1-f_1)} \tag{5-7}$$

其中：K_1 为长期借款资本成本率；I_1 为长期借款年利息额；L 为长期借款筹资总额；f_1 为长期借款筹资费用率；T 为所得税率。

$$K_1 = \frac{i \times (1-T)}{(1-f_1)} \tag{5-8}$$

其中：i 为长期借款的利率。

若长期借款的筹措费用（主要是借款的手续费）很少，则可以忽略不计。忽略手续费时，长期借款资本成本率的计算公式为

$$K_1 = i \times (1 - T) \tag{5-9}$$

如果银行要求借款企业在银行中经常保持一定的存款余额作为抵押，即合同中附加补偿性余额条款时，计算长期借款成本率应该将存款保留余额从长期借款总额中扣除，因为企业并未真正使用这部分资金。此时，借款的实际利率和资本成本率都会上升。

如果在一年内结息次数超过一次，为 M 次，借款期数为 N 年，则借款的实际利率，即资本成本率的计算公式为

$$K_1 = \left(\frac{1 + i}{M} \right)^{MN} \times (1 - T) \tag{5-10}$$

其中：M 为 1 年内借款结息次数；N 为借款年数。

5. 长期债券资本成本率

发行债券的成本，主要指债券利息和筹资费用。债券利息是事先根据资本市场上的利率情况确定的。按照规定，发行债券的企业定期支付的债券利息是在税前扣除的，因此，企业实际上减少了一部分所得税缴纳，那么企业实际负担的债券利息为债券利息 ×（1 - 所得税税率）。债券的筹措费即发行费用，包括申请费、注册费、印刷费、上市费和推销费等。所以，长期债券的资本成本率的计算公式为

$$K_b = \frac{I_b \times (1 - T)}{B \times (1 - f_b)} \tag{5-11}$$

其中：K_b 为债券资本成本率；B 为债券筹资总额，按发行价确定；f_b 为债券筹资费用率。

（二）加权平均资本成本率计算

在测算公司加权资本成本率时，资本结构或各种资本在全部资本中所占的比例起着决定作用。公司各种资本的比例则取决于各种资本价值的确定。各种资本价值的确定基础主要有三种选择：账面价值、市场价值和目标价值。

根据加权资本成本率的决定因素，在已测算个别资本成本率，取得各种长期资本比例后，可按下列公式测算加权资本成本率，即

$$K_w = K_1 \times W_1 + K_b \times W_b + K_p \times W_p + K_c \times W_c + K_r \times W_r \tag{5-12}$$

其中：K_w 为加权资本成本率；K 为某种资本的资金成本；W 为某种资本所占比例。

三、经典实训资料

实训资料　个别资本成本与加权资本成本的计算

X 公司 2021 年计划筹资 100 万元，所得税税率 25%。有关资料如下：

(1) 向银行借款 10 万元，借款年利率 10%，手续费 2%。

(2) 按溢价发行债券，债券面值 20 万元，发行价格 25 万元，票面利率为 15%，期限 5 年，

每年付息一次，筹资费用率为4%。

(3) 发行优先股20万元，预计年股利率为11%，筹资费用率为3%。

(4) 发行普通股39万元，每股发行价格13元，筹资费用率为7%，预计第一年末每股支付股利1.5元，股利在1.5元的基础上每年按7%递增。

(5) 其余所需资金通过留存收益取得。

要求：计算个别资本成本率和加权资本成本率。

根据题意计算分析如下：

(1) 银行借款个别资本成本率 $= 10\% \times \dfrac{1-25\%}{1-2\%} = 7.65\%$。

(2) 发行债券个别资本成本率 $= 20 \times 15\% \times \dfrac{1-25\%}{25 \times (1-4\%)} = 9.38\%$。

(3) 优先股个别资本成本率 $= \dfrac{11\%}{1-3\%} = 11.34\%$。

(4) 普通股个别资本成本率 $= \dfrac{1.5}{13 \times (1-7\%)} + 7\% = 19.41\%$。

(5) 留存收益个别资本成本率 $= \dfrac{1.5}{13} + 7\% = 18.54\%$。

(6) 加权资本成本率 $= \dfrac{10}{100} \times 7.65\% + \dfrac{25}{100} \times 9.38\% + \dfrac{20}{100} \times 11.34\% + \dfrac{39}{100} \times 19.41\% +$

$\dfrac{6}{100} \times 18.54\% = 14.03\%$。

任务二　杠杆原理实训

一、实训目的

通过财务杠杆原理实训项目训练，帮助同学们系统理解经营杠杆、财务杠杆、总杠杆的原理、计算和分析，引导同学们对企业利用杠杆的收益及风险进行思考，尝试做出相应的选择、科学合理的分析与判断，并提出解决问题的创新思路和方法。

二、实训基础知识

（一）经营杠杆

经营杠杆，又称营业杠杆，是指在企业生产经营中由于存在固定成本而使利润变动率大于产销量变动率的现象。在特定产销量范围内，产销量的增加一般不会影响固定成本总额，但会使单位产品固定成本降低，从而提高单位产品利润，并使利润增长率大于产销量增长率；反之，产销量减少，会使单位产品固定成本升高，从而降低单位产品利润，并使利润下降率大于产销量的下降率。

息税前利润的计算公式为

$$\text{EBIT} = S - V - F = (P - V_C) \times Q - F = M - F \tag{5-13}$$

其中：EBIT 为息税前利润；S 为销售额；V 为变动性经营成本；F 为固定性经营成本；Q 为产销业务量；P 为销售单价；V_C 为单位变动成本；M 为边际贡献。

从式 (5-13) 中可以看出，影响 EBIT 的因素包括产品销售单价、产品销售量、产品变动成本和固定成本。当产品成本中存在固定成本时，如果其他条件固定不变，则固定成本总额不变，产品销售量的增加会降低单位产品的固定成本，从而增加单位产品利润，使得息税前利润的增长率大于产销业务量的增长率，从而产生经营杠杆效应。如果不存在固定成本时，所有成本都是变动成本，边际成本就等于息税前利润，此时息税前利润变动率与产销业务量的变动率完全相等。

经营杠杆的计算如下。

为了准确地计算出经营杠杆，我们把息税前利润变动率相当于产销量 (或销售收入) 变动率的倍数称为经营杠杆系数。

$$\text{经营杠杆系数(DOL)} = \frac{\text{息税前利润变动率}}{\text{销售量变动率}} = \frac{\Delta\text{EBIT}}{\text{EBIT}_0} \times \frac{Q_0}{\Delta Q} \tag{5-14}$$

其中，DOL 为经营杠杆系数；ΔEBIT 为息税前利润变动额；ΔQ 为产销业务量变动值；Q_0 为基期产销业务量；EBIT_0 为基期息税前利润。

利用式 (5-14) 计算经营杠杆系数必须掌握息税前利润变动率与销售量变动率，而这两个参数只能事后得知，不便于进行预测。为此，我们设法推导出一个只需用基期数据计算经营杠杆系数的公式，即

$$\text{EBIT} = S - V - F = (P - V_C) \times Q - F = M - F$$

根据定义可知：

$$\text{DOL} = \frac{\Delta\text{EBIT}}{\text{EBIT}_0} \times \frac{Q_0}{\Delta Q}$$

$$\text{EBIT}_0 = Q_0 \times (P - V_C) - F$$

$$\text{EBIT}_1 = Q_1 \times (P - V_C) - F$$

因为

$$\frac{\Delta\text{EBIT}}{\text{EBIT}_0} = \frac{[Q_1 \times (P - V_C) - F] - [Q_0 \times (P - V_C) - F]}{Q_0 \times (P - V_C) - F} = \frac{(Q_1 - Q_0) \times (P - V_C)}{Q_0 \times (P - V_C) - F}$$

而

$$\frac{\Delta Q}{Q_0} = \frac{Q_1 - Q_0}{Q_0}$$

所以

$$\frac{\Delta\text{EBIT}}{\text{EBIT}_0} \times \frac{Q_0}{\Delta Q} = \frac{Q_0 \times (P - V_C)}{Q_0 \times (P - V_C) - F} = \frac{\text{EBIT} + F}{\text{EBIT}} = \frac{M}{M - F}$$

即

$$经营杠杆系数(DOL) = \frac{M}{M-F} \qquad (5\text{-}15)$$

经营杠杆常常用来衡量企业经营风险的大小，经营杠杆的大小一般用经营杠杆系数表示，它是企业计算利息和所得税之前的息税前利润变动率与销售量变动率之间的比率，体现了息税前利润变动和销售量变动之间的变化关系。经营杠杆系数越大，经营杠杆作用和经营风险越大；经营杠杆系数越小，经营杠杆作用和经营风险越小。企业如果想降低经营杠杆和经营风险，一般可通过增加销售额、降低单位变动成本和固定成本来实现。

（二）财务杠杆

财务杠杆又叫筹资杠杆，是指由于固定债务利息和优先股股利的存在而导致普通股每股利润变动率大于息税前利润变动率的现象。无论企业经营好与坏，债务利息和优先股股利都是固定不变的。当息税前利润增加时，每一元盈余所承担的固定财务费用就会相对减少，这能给普通股股东带来更多的盈余。这种债务对投资者收益的影响，称为财务杠杆，财务杠杆影响的是企业的息税后利润而不是息税前利润。

财务杠杆系数，也称财务杠杆率 (DFL)，是指普通股每股利润的变动率相对于息税前利润变动率的倍数。其定义公式为

$$财务杠杆系数 = \frac{普通股每股利润变动率}{息税前利润变动率} = \frac{\Delta EPS}{EPS_0} \times \frac{EBIT_0}{\Delta EBIT} \qquad (5\text{-}16)$$

定义公式计算财务杠杆系数必须得知普通股每股利润变动率与息税前利润变动率，这两个参数只能事后反映，不便于进行预测。

根据定义可知

$$财务杠杆系数 (DFL) = \frac{普通股每股利润变动率}{息税前利润变动率} = \frac{\Delta EPS}{EPS_0} \times \frac{EBIT_0}{\Delta EBIT}$$

$$EPS_0 = \frac{(EBIT_0 - I) \times (1-T)}{n}$$

$$EPS_1 = \frac{(EBIT_1 - I) \times (1-T)}{n}$$

$$\Delta EPS = EPS_1 - EPS_0 = \frac{(EPS_1 - EPS_0) \times (1-T)}{n} = \frac{\Delta EBIT \times (1-T)}{n}$$

$$\frac{\Delta EPS}{EPS_0} = \frac{\Delta EBIT}{EBIT_1 - I}$$

$$\frac{\Delta EPS}{EPS_0} \times \frac{EBIT_1}{\Delta EBIT} = \frac{EBIT_0}{EBIT_0 - I}$$

即

$$财务杠杆系数(DFL) = \frac{EBIT_0}{EBIT_0 - I} \qquad (5\text{-}17)$$

财务风险，是指由于负债筹资而引起的股东收益的可变性和偿债能力的不确定性，又

称为筹资风险或举债风险。只要企业存在负债，就一定要承担财务风险。在资本结构不变的情况下，财务杠杆系数越大，资本收益率对息税前利润率的弹性就越大，如果息税前利润率增加，则资本收益率会以更快的速度增加，如果息税前利润率减少，那么资本利润率会以更快的速度减少，因而风险也越大；反之，财务风险就越小。

财务杠杆系数表明财务杠杆作用的大小，反映借入资金带来的风险。当全部资金均为自有资金时，财务杠杆系数为 1，即含息净余额的变化幅度与净余额的变化幅度相等，财务风险等于 0。一般来说，财务杠杆系数越大，财务杠杆作用也就越大，财务风险就大；反之，财务杠杆系数越小，财务杠杆作用也就越小，财务风险就小。

（三）总杠杆

总杠杆，是指由于固定经营成本和固定资本成本的存在，导致普通股每股收益变动率大于产销业务量的变动率的现象。

总杠杆系数，也称复合杠杆系数 (DTL)，是指普通股每股利润的变动率相对于销售量变动率的倍数。其定义计算公式为：

$$总杠杆系数 = \frac{普通股每股利润变动率}{产销业务量变动率} = \frac{\Delta EPS}{EPS_0} \times \frac{Q_0}{\Delta Q} \tag{5-18}$$

根据定义可知

$$总杠杆系数 = \frac{普通股每股利润变动率}{产销业务量变动率} = \frac{\Delta EPS}{EPS_0} \times \frac{Q_0}{\Delta Q}$$

$$\frac{\Delta EPS}{EPS_0} = \frac{\Delta EBIT}{EBIT_1 - I}$$

因为

$$\Delta EBIT = (Q_1 - Q_0) \times (P - V_C)$$

所以

$$\frac{\Delta EPS}{EPS_0} = \frac{(Q_1 - Q_0) \times (P - V_C)}{EBIT_0 - I}$$

而

$$\frac{\Delta Q}{Q_0} = \frac{Q_1 - Q_0}{Q_0}$$

则有

$$\frac{\Delta EPS}{EPS_0} \times \frac{Q_0}{\Delta Q} = \frac{Q_0 \times (P - V_C)}{EBIT_0 - I} = \frac{EBIT + F}{EBIT - I}$$

即

$$总杠杆系数 = \frac{EBIT + F}{EBIT - I} = \frac{EBIT + F}{EBIT} \times \frac{EBIT}{EBIT - I} = DOL \times DFL \tag{5-19}$$

公司风险包括企业的经营风险和财务风险。总杠杆系数反映了经营杠杆和财务杠杆之间的关系，用以评价企业的整体风险水平。在总杠杆系数一定的情况下，经营杠杆系数与财务杠杆系数此消彼长。总杠杆效应的意义在于：第一，能够说明产销业务量变动对普通股收益的影响，据以预测未来的每股收益水平；第二，揭示了财务管理的风险管理策略，即要保持一定的风险状况水平，需要维持一定的总杠杆系数，经营杠杆和财务杠杆可以有不同的组合。

由于存在固定的财务成本（债务利息和优先股股利），因此会产生财务杠杆效应，即息税前利润的增长会引起普通股每股利润以更大的幅度增长。一个企业会同时存在固定的生产经营成本和固定的财务成本，这两种杠杆效应会共同发生，产生连锁作用，形成销售量的变动使普通股每股利润以更大幅度变动。综合杠杆效应就是经营杠杆和财务杠杆的综合效应。

经营杠杆和财务杠杆可以独自发挥作用，也可以综合发挥作用，总杠杆是用来反映两者之间共同作用结果的，即权益资本报酬与产销业务量之间的变动关系。由于固定性经营成本的存在，产生经营杠杆效应，导致产销业务量变动对息税前利润变动有放大作用；同样，由于固定性资本成本的存在，产生财务杠杆效应，导致息税前利润变动对普通股收益有放大作用。两种杠杆共同作用，将导致产销业务量的变动，从而引起普通股每股收益发生更大的变动。

一般来说，固定资产比较重大的资本密集型企业，经营杠杆系数高，经营风险大，企业筹资主要依靠权益资本，以保持较小的财务杠杆系数和财务风险；变动成本比重较大的劳动密集型企业，经营杠杆系数低，经营风险小，企业筹资主要依靠债务资本，保持较大的财务杠杆系数和财务风险。在企业初创阶段，产品市场占有率低，产销业务量小，经营杠杆系数大，此时企业筹资主要依靠权益资本，在较低程度上使用财务杠杆；在企业扩张成熟期，产品市场占有率高，产销业务量大，经营杠杆系数小，此时，企业资本结构中可扩大债务资本，在较高程度上使用财务杠杆。

三、经典实训资料

实训资料　杠杆的计算

W 公司 2021 年销售商品 100 000 件，每件商品售价为 30 元，每件单位变动成本为 20 元，全年发生固定成本总额 500 000 元。该企业拥有总资产 6 000 000 元，资产负债率为 50%，债务资金的利率为 10%，企业的所得税税率为 25%。计算总杠杆系数。

边际贡献总额 $M = 100\ 000 \times 10 = 1\ 000\ 000$（元）

息税前利润 $EBIT = 1\ 000\ 000 - 500\ 000 = 500\ 000$（元）

利息 $= 6\ 000\ 000 \times 50\% \times 10\% = 300\ 000$（元）

经营杠杆系数 $(DOL) = \dfrac{M}{M-F} = \dfrac{1\ 000\ 000}{500\ 000} = 2$

财务杠杆系数 $(DFL) = \dfrac{EBIT}{EBIT - I} = \dfrac{500\ 000}{500\ 000 - 300\ 000} = 2.5$

总杠杆系数 $(DFL) = DOL \times DFL = 2 \times 2.5 = 5$

任务三　目标资本结构决策实训

一、实训目的

通过目标资本结构决策实训项目训练，帮助同学们全面理解公司资本结构的计算和分析，引导同学们思考企业最佳资本结构的确定和选择，了解优化资本结构的思路和方法。

二、实训基础知识

资本结构，是指企业资本总额中各种资本的构成及其比例关系。企业一定时期的资本可分为债务资本和股权资本，也可分为短期资本和长期资本。在筹资管理中，资本结构有广义和狭义之分。广义的资本结构，是指企业全部资本的构成及其比例关系。狭义的资本结构，是指企业各种长期资本的构成及其比例关系，尤其是指长期债务资本与股权资本之间的构成及其比例关系；狭义资本结构下，短期债务可作为营运资金来管理。企业利用债务资本进行举债经营具有双重作用，既可以发挥财务杠杆效应，也可能带来财务风险。因此，企业必须把握财务风险和资本成本的关系，确定最佳的资本结构，最终的目的是提升企业价值。能否提高股权收益或降低资本成本是评价企业资本结构最佳状态的标准。股权收益具体体现为净资产报酬率或普通股每股收益；资本成本具体体现为企业的平均资本成本率。根据资本结构理论得知，不同的资本结构会给企业带来不同的后果，当公司平均资本成本最低时，公司价值就最大。合理的资本结构可以降低资本成本，发挥财务杠杆的调节作用，那么，在一定条件下使企业平均资本成本率最低、企业价值最大的资本结构就是最佳资本结构。要想降低平均资本成本率或提高普通股每股收益，可以对资本结构进行优化。

资本结构是一个产权结构问题，是社会资本在企业经济组织形式中的资源配置结果。资本结构的变化，将直接影响社会资本所有者的利益。

（一）影响资本结构的因素

资本结构主要受到以下六个因素的影响。

1. 企业经营状况的稳定性

企业经营状况的稳定性对资本结构有重要影响：如果销售量稳定，企业负担固定的财务费用的能力增强；如果产销量不稳定，则要负担固定的财务费用的能力具有更大的不确定性，企业将承担更大的财务风险。

2. 企业的财务状况

企业财务状况良好，信用评价等级高，债权人承担的风险小，从而更愿意向企业提供债务资金，企业容易以较低的成本获得更多的债务资本。如果企业财务情况欠佳，信用评价等级不高，债权人承担的风险大，债权人不愿意向企业提供债务资金，企业要想获得债务资金就要付出更多的代价，从而加大债务资金的筹资成本。

3. 企业资产结构

资产结构是企业筹集资本后进行资源配置和使用后的资金占用结构，包括长短期资产构成和比例，以及长短期资产内部的构成和比例。资产适用于抵押贷款的企业由于抵押资产较多，企业偿债能力也增强，容易获取债务资金，所以负债较多；以技术研发为主的企业因为投资风险较大，举债艰难，所以负债较少。拥有大量固定资产的企业因为长期资产的变现周期长，主要通过长期负债和发行股票筹集资金；拥有较多流动资产的企业如果举借长期债务，资本成本会增加，所以一般更多地依赖流动负债筹集资金。

4. 投资者和管理者的态度

从企业所有者的角度看，如果企业为少数股东所控制，并且不愿意让企业的控制权受到影响，企业一般采用优先股或债务资本筹资，从而避免了普通股筹资稀释股权。从企业管理者的角度看，如果进行负债资本筹资，就会加大财务风险，当经营不善或出现财务危机时，管理者可能会面临更多的压力，所以保守的管理者往往选择低负债比例的资本结构。

5. 行业特征和发展周期

不同行业资本结构是不一样的，产品市场稳定成熟的产业，由于经营风险低，要适当提高债务资本比重，充分发挥财务杠杆作用，获取更多的经验利润。高新技术企业经营风险高，要适当控制债务资本比重，降低企业财务风险。

6. 税收政策和货币政策

资本结构决策必然要受到经济环境的税务政策和货币政策的影响。当所得税税率高时，债务资本的利息抵税作用大，举债企业可以充分利用利息抵税的作用。货币政策主要影响资本供给，当国家执行紧缩的货币政策时，货币供给减少，市场利率较高，企业债务资本成本增大。

（二）资本结构的决策方法

资本结构直接影响到资本成本的高低。目前资本结构的决策方法主要包括资本成本比较法、每股收益无差别点法和企业价值分析法。

1. 资本成本比较法

资本成本比较法是指企业在筹资决策时，首先拟定多个备选方案，分别计算各个方案的加权平均资本成本，并相互比较来确定最佳资本结构，即通过计算不同资本结构的综合资本成本率，并以此为标准相互比较，选择综合资本成本率最低的资本结构作为最佳资本结构。

2. 每股收益无差别点法

将企业的盈利能力与负债对股东财富的影响结合起来，去分析资金结构与每股收益之间的关系，进而确定合理的资本结构的方法，称为每股收益无差别点法。

每股收益无差别点是指不同筹资方式下每股收益都相等时的息税前利润和业务量水平。每股收益受到息税前利润、债务利息等因素的影响，分析每股收益与资本结构的关系，可以找到每股收益无差别点。根据每股收益无差别点，可以分析判断在什么样的息税前利润水平或产销业务量水平前提下，适于采用何种筹资组合方式，进而确定企业的资本结构安排。因此，可以得出以下公式，即

$$\frac{(\text{EBIT} - I_1) \times (1 - T) - PD_1}{N_1} = \frac{(\text{EBIT} - I_2) \times (1 - T) - PD_2}{N_2} \tag{5-21}$$

其中，EBIT 为无差别点息税前利润；I_1、I_2 为两种筹资方式下的债务利息；PD_1、PD_2 为两种筹资方式下的优先股股利；N_1、N_2 为两种筹资方式下的普通股股数；T 为所得税税率。

在每股收益无差别点上，无论是采用债务还是股权筹资方案，每股收益都是相等的。当预期息税前利润或业务量水平大于每股收益无差别点时，应当选择财务杠杆效应较大的筹资方案，反之亦然。

3. 企业价值分析法

企业价值分析法是指在考虑市场风险的基础上，以公司市场价值为标准，进行资本结构优化。即能够提升公司价值的资本结构，就是合理的资本结构。这种方法主要用于对现有资本结构进行调整，适用于资本规模较大的上市公司资本结构优化分析。企业价值分析法的计算公式为

$$V = S + B \tag{5-22}$$

$$平均资本成本率 K_w = \frac{K_b \times B}{V \times (1 - T)} + \frac{K_s \times S}{V}$$

$$普通股资本成本率 K_s = K_f + (R_m - R_f)$$

其中，V 为公司价值，B 为债务资本价值，S 为权益资本价值，K_b 表示债务资本的资本成本率，K_s 表示股权资本的资本成本率，K_f 表示无风险收益率，R_m 表示市场组合收益率，R_f 表示无风险收益率。

三、经典实训资料

实训资料一　M 公司资本结构与资本成本

M 公司目前拥有资金 500 万元，其中，长期借款 200 万元，年利率 10%；普通股 300 万元，上年支付每股股利 3 元，预计股利增长率为 5%，发行价格 20 元，目前价格也为 20 元。该公司计划筹集资金 100 万元，企业所得税率为 25%。有两种筹资方案：

方案 1：增加长期借款 100 万元，借款利率上升到 14%，假设公司其他条件不变；

方案 2：增发普通股 40 000 股，普通股市价增加到每股 25 元，假设公司其他条件不变。

要求：

(1) 计算 M 公司筹资前加权平均资金成本。

(2) 用比较资金成本法确定 M 公司最佳的资金结构。

根据题意计算分析如下。

目前资金结构为：长期借款为 40%，普通股为 60%。

借款成本 = 10% × (1 − 25%) = 7.5%

$$普通股成本 = \frac{3 \times (1 + 5\%)}{20} + 5\% = 20.75\%$$

加权平均资金成本 $= 7.5\% \times 40\% + 20.75\% \times 60\% = 15.45\%$

方案 1：

原借款成本 $= 10\% \times (1 - 25\%) = 7.5\%$

新借款成本 $= 14\% \times (1 - 25\%) = 10.5\%$

$$普通股成本 = \frac{3 \times (1 + 5\%)}{20} + 5\% = 20.75\%$$

增加借款筹资方案的加权平均资金成本 $= 7.5\% \times \dfrac{200}{600} + 20.75\% \times \dfrac{300}{600} + 10.5\% \times \dfrac{100}{600} = 14.63\%$

方案 2：

原借款成本 $= 10\% \times (1 - 25\%) = 7.5\%$

$$普通股成本 = \frac{3 \times (1 + 5\%)}{25} + 5\% = 17.6\%$$

增加普通股筹资方案的加权平均资金成本 $= 7.5\% \times \dfrac{200}{600} + 17.6\% \times \dfrac{100}{600} + 20.75\% \times \dfrac{300}{600} = 15.81\%$

通过计算分析可知，M 公司应选择方案 1，即增加借款筹资。

实训资料二　每股收益无差别点分析法

K 公司资本总额为 1000 万元，资本结构如表 5-1 所示。

表 5-1　K 公司资本结构表

资本来源	筹 资 方 式
实收资本	26 万股（面值 1 元 / 股，发行价格 25 元 / 股）
资本公积	624 万元
应付债券	350 万元（利率 8%）

K 公司发展需要资金 700 万元，现有两个方案可供选择：

A 方案：采用发行股票方式筹集资金，股票的面值为 1 元 / 股，发行价格为 25 元 / 股，发行 28 万股，不考虑筹资费用。

B 方案：采用发行债券方式筹集资金，债券票面利率为 10%，不考虑发行价格。

K 公司适用的所得税税率为 25%，预计息税前利润为 250 万元，K 公司应当选择哪个筹资方案？若预计息税前利润为 150 万元，K 公司应当选择哪个筹资方案？

根据题意计算分析如下：

如果两个方案的每股收益相等，则求解每股收益无差别点的息税前利润：

$$\frac{(\text{EBIT} - 350 \times 8\%) \times (1 - 25\%)}{26 + 28} = \frac{[\text{EBIT} - (700 \times 10\% + 350 \times 8\%)] \times (1 - 25\%)}{26}$$

经过计算可知，EBIT $= 163$（万元）

在每股收益无差别点上，无论是采用债务筹资方案还是股权筹资方案，每股收益都是相等的。当预期息税前利润或业务量水平大于每股收益无差别点时，应当选择财务杠杆效应较大的筹资方案，反之亦然。根据该原理，当预计息税前利润为250万元＞每股收益无差别点息税前利润163万元时，应选择B方案，即发行700万元的债券进行筹资。当预计息税前利润为150万元＜每股收益无差别点息税前利润163万元时，应选择A方案，即采用发行28万股股票方式进行筹资。

习题与案例

一、单项选择题

1. 下列项目中，属于用资费用的是（ ）。

A. 银行借款的手续费   B. 发行债券的印刷费

C. 发行股票的手续费   D. 债券的利息

2. H公司2021年实现税后净利润为108万元，固定经营成本为216万元，2021年的财务杠杆系数为1.5，所得税税率为25%。则该公司2021年的总杠杆系数为（ ）。

A. 1.5   B. 1.8

C. 2.5   D. 3

3. 下列项目中，不属于筹资费用的是（ ）。

A. 银行借款的手续费   B. 发行债券的印刷费

C. 发行股票的手续费   D. 债券的利息

4. R公司发行面值每股100元的优先股1000股，年股利率为5%，发行费用为股金总额的1%，则优先股的资本成本率为（ ）。

A. 5.05%   B. 1%

C. 5%   D. 6%

5. W公司普通股目前市价为100元，估计年增长率为4%，预计第一年发放股利5元，筹资费率为股票市价的4%，则发行普通股的资本成本率为（ ）。

A. 4%   B. 8%

C. 5%   D. 9.21%

6. X公司预计2021年的销售增长率为30%，同时预计可实现息税前利润增长率35%，普通股每股收益增长率55%，则预计X公司2021年的财务杠杆系数将达到（ ）。

A. 1.25   B. 1.8

C. 2.25   D. 1.57

7. C公司从银行取得5年期借款50万元，年利率为8%，每半年结息一次，到期一次还本，公司所得税税率为25%。这笔借款的资本成本率为（ ）。

A. 25%   B. 8%

C. 36%　　　　　　　　　　　　D. 33%

8. P 公司准备发行长期债券,面值为 100 元,票面利率为 10%,实际发行价格为 120 元,平均每张债券的发行费用 10 元,公司所得税税率 25%,测算该债券的资本成本率为 (　　)。

A. 10%　　　　　　　　　　　　B. 6.8%

C. 36%　　　　　　　　　　　　D. 15%

9. W 公司的长期资本总额为 1000 万元,其中长期借款 300 万元占 30%,长期债券 200 万元占 20%,普通股 300 万元占 30%,保留盈余 200 万元占 20%。假设其个别资本成本率分别是 7%,8%,10%,9%。W 公司综合资本成本率是 (　　)。

A. 8%　　　　　　　　　　　　B. 8.5%

C. 10%　　　　　　　　　　　　D. 34%

10. R 公司经营风险较大,准备采取系列措施降低杠杆程度,下列措施中,无法达到这一目标的是 (　　)。

A. 降低利息费用　　　　　　　　B. 降低固定成本水平

C. 降低变动成本　　　　　　　　D. 提高产品销售单价

11. Q 公司普通股目前的股价为 10 元 / 股,筹资费率为 3%,上年支付的每股股利为 3 元,股利固定增长率 2%,则 Q 公司利用留存收益的资本成本率为 (　　)。

A. 32%　　　　　　　　　　　　B. 32.6%

C. 32.93%　　　　　　　　　　D. 33.55%

12. 下列项目中,关于资本结构优化的说法不正确的是 (　　)。

A. 公司价值分析法主要用于对现有资本结构进行调整,适用于资本规模较小的非上市公司的资本结构优化分析

B. 平均资本成本比较法侧重于从资本投入的角度对筹资方案和资本结构进行优化分析

C. 在每股收益无差别点上,无论是采用债务或股权筹资方案,每股收益都是相等的

D. 资本结构优化要求企业权衡负债的低资本成本和高财务风险的关系,确定合理的资本结构

13. Y 公司目前资本结构为:总资本 200 万元,其中债务资本 80 万元 (年利息 8 万元);普通股资本 120 万元 (120 万股,面值 1 元,市价 5 元),适用的企业所得税率是 25%,当实现息税前利润 20 万时的每股收益是 (　　) 元 / 股。

A. 0.025　　　　　　　　　　　B. 0.06

C. 0.075　　　　　　　　　　　D. 0.065

14. E 公司 2021 年的财务杠杆系数为 1.45,2021 年息税前利润为 120 万元,则 2021 年该公司的利息费用为 (　　) 万元。

A. 82.76　　　　　　　　　　　B. 54

C. 37.24　　　　　　　　　　　D. 37

15. L 公司生产 H 产品,2021 年固定成本为 100 000 元,H 产品单位售价为 10 元 / 件,单位变动成本为 6 元 / 件,2021 年全年销售量为 100 000 件,则 2021 年的经营杠杆系数为 (　　)。

A. 2

B. 1.35

C. 1.32

D. 1.33

16. T 公司采用企业价值分析法进行筹资，该公司目前的息税前利润为 25 000 元，利息费用为 5000 元，股权投资人要求的必要收益率为 12%。该企业适用的所得税税率为 25%，则该企业目前的股权价值为（　　）元。

A. 125 000

B. 105 000

C. 97 500

D. 90 000

17. 下列项目中，采用每股收益无差别分析法确定最优资本结构时表述错误的是（　　）。

A. 每股收益无差别点是指不同筹资方式下每股收益相等时的息税前利润

B. 当预期息税前利润大于每股收益无差别点时，应当选择财务杠杆效应较大的筹资方案

C. 在每股收益无差别点上无论选择债权筹资还是股权筹资，每股收益都是相等的

D. 每股收益无差别点分析法确定的公司加权资本成本最低

18. 下列项目中，表述正确的是（　　）。

A. 股利增长模型法是假定资本市场无效，股票市场价格与价值相等

B. 资本资产定价模型法是假定资本市场有效，股票市场价格与价值相等

C. 有别于普通股股利支付是税后，优先股股利支付是税前

D. 企业利用留存收益筹资，发生的筹资费用非常非常小

19. U 公司发行普通股，该普通股资本成本是 13.26%，预计下年每股股利为 2 元，每股筹资费用率为 2.5%，预计股利每年增长 3%，则普通股每股市价是（　　）。

A. 20

B. 18

C. 16

D. 14

20. 下列表述正确的一项是（　　）。

A. 只要企业存在固定性经营成本，就存在财务杠杆效应

B. 财务杠杆系数越高，息税前利润受产销量变动的影响程度越大，财务风险也就越大

C. 在企业有正的税后利润的前提下，财务杠杆系数最低为 1，不会为负数

D. 财务杠杆系数是息税前利润变动率与产销业务量变动率的比例

二、多项选择题

1. 下列项目中，属于筹资费用的有（　　）。

A. 发行股票的印刷费

B. 发行股票的公证费

C. 发行股票的评估费

D. 股票的股利

2. 下列关于资本成本的叙述中，正确的有（　　）。

A. 资本成本是企业筹资决策的重要依据

B. 资本成本是评价和选择投资项目的重要标准

C. 资本成本是衡量企业资金效益的临界基准

D. 资本成本指企业筹集和使用资本而付出的代价

3. 下列关于资本价值基础的选择的说法中，正确的有（　　）。

A. 按账面价值确定资本比例容易计算

B. 按市场价值确定资本比例是指对债券和股票等以现行资本市场价格为基础确定其资本比例，从而测算综合资本成本率。

C. 如果资本的市场价值已经脱离账面价值许多，采用账面价值作基础确定资本比例就有失现实客观性

D. 采用目标价值确定资本比例，通常认为能够体现期望的目标资本结构要求

4. 下列关于经营杠杆与经营风险之间的关系的说法中，错误的有（   ）。

A. 经营杠杆系数越大，经营杠杆作用和经营风险越小

B. 经营杠杆系数越小，经营杠杆作用和经营风险越小

C. 增加销售额，可降低经营杠杆和经营风险。

D. 降低单位变动成本和固定成本会增加经营风险

5. 下列项目中，关于财务杠杆系数的说法表述正确的有（   ）。

A. 财务杠杆系数表明财务杠杆作用的大小，反映借入资金带来的风险

B. 当全部资金均为自有资金时，财务杠杆系数为 1

C. 财务杠杆系数越大，财务风险就大

D. 财务杠杆系数越小，财务风险就大

6. 下列项目中，关于经营杠杆系数的叙述正确的有（   ）。

A. 经营杠杆系数指的是息税前利润变动率相当于产销量变动率的倍数

B. 固定成本不变，销售额越大，经营杠杆系数就越大，经营风险就越小

C. 经营杠杆系数表明经营杠杆是利润不稳定的根源

D. 降低经营杠杆系数的措施有增加销售额、降低单位变动成本和固定成本

7. 下列项目中，属于影响资本结构的因素有（   ）。

A. 企业经营状况的稳定性　　　　B. 企业的财务状况

B. 企业资产结构　　　　　　　　D. 行业特征和发展周期

8. Q 公司的经营杠杆系数为 2，财务杠杆系数为 3，下列说法正确的有（   ）。

A. 如果销售量增加 10%，息税前利润将增加 20%

B. 如果息税前利润增加 20%，每股利润将增加 60%

C. 如果销售量增加 10%，每股利润将增加 60%

D. 如果每股利润增加 30%，销售量增加 5%

9. 下列项目中，关于经营杠杆系数的表述不正确的有（   ）。

A. 降低经营杠杆系数的措施有增加销售额、降低单位变动成本和固定性经营成本等

B. 经营杠杆是资产收益不确定的根源

C. 预测期经营杠杆系数等于基期息税前利润与基期固定性经营成本之和除以基期息税前利润

D. 固定性经营成本不变，息税前利润大于 0 时，销售额越大，经营杠杆系数就越大，经营风险就越小

10. 下列关于资本成本率计算的基本模式的说法中，正确的有（   ）。

A. 扣除筹资费用后的筹资额称为筹资净额

B. 一般模式不用考虑时间价值

C. 对于金额大、时间超过一年的长期资本，更为准确一些的资本成本率计算方式是采用一般模式

D. 一般模式通用的计算公式为"资本成本率＝年资金占用费/(筹资总额－筹资费用)"

11. 下列项目中，在其他因素一定且息税前利润大于 0 的情况下，可以导致本期经营杠杆系数降低的有 (　　)。

A. 提高基期边际贡献　　　　　　　B. 提高本期边际贡献

C. 提高本期的变动成本　　　　　　D. 降低基期的变动成本

12. 下列项目中，会导致公司资本成本降低的有 (　　)。

A. 因总体经济环境变化，导致无风险收益率降低

B. 企业经营风险高，财务风险大

C. 公司股票上市交易，改善了股票的市场流动性

D. 企业一次性需要筹集的资金规模大、占用资金时间长

13. 下列项目中，关于优先股的资本成本率的说法正确的有 (　　)。

A. 优先股的资本成本主要是向优先股东支付的各期股利

B. 对于固定股息率优先股而言，如果各期股利是相等的，那么优先股的资本成本率可以按一般模式计算

C. 资本成本率只能按照贴现模式计算

D. 优先股的资本成本率计算，与公司债券资本成本率的计算相同

14. 加权资本成本的计算，存在着权数价值的选择问题。通常，可供选择的价值形式有 (　　)。

A. 公允价值　　　　　　　　　　　B. 账面价值

C. 市场价值　　　　　　　　　　　D. 目标价值

15. 下列项目中，关于总杠杆表述正确的有 (　　)。

A. 总杠杆用来反映经营杠杆和财务杠杆之间共同作用的结果，评价企业整体风险水平

B. 在总杠杆模型下，两种杠杆共同作用，导致产销业务量稍有变动，就会引起普通股每股收益更大的变动

C. 总杠杆系数＝经营杠杆系数×财务杠杆系数

D. 总杠杆系数 $= \dfrac{\text{普通股每股收益变动率}}{\text{产销量变动率}}$

16. 下列项目中，关于最优资本结构表述正确的有 (　　)。

A. 企业资本结构决策就是要确定最优资本结构

B. 最优资本结构是指在适度财务风险的条件下，使企业加权平均资本成本最低，同时使企业价值最大的资本结构

C. 资本结构决策的方法主要包括比较资本成本法、每股收益无差别点分析法和公允价值分析法

D. 比较资本成本法就是在多个筹资方案中，选择个别资本成本最低的方案

17. 下列项目中，能够带来经营杠杆效应的有（　　）。

A. 生产车间的人工成本　　　　　　B. 生产设备的折旧

C. 优先股股利　　　　　　　　　　D. 办公大楼的租金

18. 下列关于公司价值分析法的表述中，不正确的有（　　）。

A. 没有考虑货币时间价值

B. 没有考虑风险因素

C. 适用于对现有资本结构进行调整

D. 在公司价值最大的资本结构下，公司的平均资本成本率也是最低的

19. U 公司经营杠杆系数为 2，财务杠杆系数为 3，如果产销量增加 1%，下列说法正确的有（　　）。

A. 息税前利润将增加 2%　　　　　B. 息税前利润将增加 3%

C. 每股收益将增加 3%　　　　　　D. 每股收益将增加 6%

20. 下列项目中，与经营杠杆系数反方向变化的因素有（　　）。

A. 固定经营成本　　　　　　　　　B. 单价

C. 单位变动成本　　　　　　　　　D. 销量

三、判断题

1. 如果预期通货膨胀水平上升，由于货币购买力下降，因此企业资本成本会降低。（　　）

2. 作为投资决策和企业价值评估依据的资本成本，既可以是现有债务的历史成本，也可以是未来借入新债务的成本。（　　）

3. 当企业的经营杠杆系数等于 1 时，企业的固定成本为 0，但此时企业仍然存在经营风险。（　　）

4. 经营杠杆能够扩大市场和生产等不确定性因素对利润变动的影响。（　　）

5. 计算加权平均资本成本时，可以有三种权数，即账面价值权数、市场价值权数和目标价值权数，其中账面价值权数既方便又可靠。（　　）

6. 当产品成本变动时，若企业具有较强的调整价格的能力，经营风险就小；反之，经营风险则大。（　　）

7. 当债务资本比率较高时，经营风险较大。（　　）

8. 企业一般可以通过增加销售额、增加产品单位变动成本、降低固定成本比重等措施降低经营风险。（　　）

9. 筹资费用实际上是筹资总额的增加，所以要计入筹资总额。（　　）

10. 利息费用在税后支付，不能抵税。（　　）

11. 债券可以溢价、平价发行，不能折价发行。（　　）

12. 股票可以溢价、平价、折价发行。（　　）

13. 优先股要定期支付股息，但是没有到期日，其股息用税后收益支付。（　　）

14. 用资费用是指在资金使用期内按年或按月支付给资金供应者的报酬，如股息、红利、

利息、租金等。 （ ）

15. 留存收益是由企业税后净利润形成的，是一种所有者权益，其实质是所有者向企业的追加投资。 （ ）

16. 个别资本成本是指多元化融资方式下的综合资本成本，反映着企业资本成本整体水平的高低，用于衡量企业资本成本水平，确立企业理想的资本结构。 （ ）

17. 市场价值权数以各项个别资本的会计报表账面价值为基础来计算资本权数，确定各类资本占总资本的比重。 （ ）

18. 杠杆效应既可以产生杠杆利益，也可能带来杠杆风险。 （ ）

19. 总杠杆系数反映了经营杠杆和财务杠杆之间的关系，用以评价企业的整体风险水平。 （ ）

20. 在每股收益无差别点上，无论是采用债务筹资方案还是股权筹资方案，每股收益都是相等的。 （ ）

四、计算分析题

L 公司息税前利润为 2000 万元，公司适用的所得税税率为 25%，公司目前总资本为 2000 万元，全部是权益资金。L 公司准备用发行债券购回股票的办法调整资本结构。经咨询调查，目前无风险收益率为 8%，所有股票的平均收益率为 16%。假设债券市场价值等于债券面值，不同负债情况下利率和公司股票的 β 系数如表 5-2 所示。

表 5-2 L 公司股票的 β 系数

债券市场价值 / 万元	债券利率 /%	股票的 β 系数
1200	8%	1.5
1400	10%	1.65
1600	12%	1.7
1800	14%	2.2

要求：

(1) 计算不同债券筹资情况下 L 公司股票的资本成本率；

(2) 假定 L 公司的息税前利润保持不变，试计算各种筹资方案下 L 公司的市场价值（精确至元）；

(3) 计算不同债券筹资情况下 L 公司的加权平均资本成本；

(4) 根据 L 公司总价值和加权资本成本为该公司做出正确的筹资决策。

五、综合训练

任务 财务杠杆

现有两家公司：A 公司和 B 公司，假设负债均为借款，两家公司在 2020 年和 2021 年的财务情况如表 5-3 所示。

表 5-3 两家公司在 2020 年和 2021 年的财务情况

项 目 名 称	2020 年		2021 年	
	A 公司	B 公司	A 公司	B 公司
资产总额 / 万元	2000	2000	2000	2000
资产负债率	10%	70%	10%	70%
贷款利率	10%	10%	10%	10%
企业所得税率	25%	25%	25%	25%
息税前总资产报酬率	20%	20%	5%	5%
权益净利率	15.83%	32.5%	3.33%	−6.67%

从上表可知，A、B 两家公司资产总额、资产负债率、贷款利率、所得税税率在 2020 年和 2021 年均没有发生变化。由于受到新冠疫情的影响，两家公司的息税前总资产报酬率由 2020 年的 20% 均变为 5%。2020 年 B 公司的资产负债率比 A 公司的资产负债率高，即 70%＞10%，B 公司的权益净利率 32.5% 也远远大于 A 公司的权益净利率 15.83%；在 2021 年，B 公司的资产负债率仍然比 A 公司的资产负债率高，即 70%＞10%，但 B 公司的权益净利率却变成 −6.67%，小于 A 公司的权益净利率 3.33%。

要求：根据给出的资料，小组讨论问题，并形成书面总结，完成对方案在不同条件下形成不同结果的辨识工作任务。

任务要求：解释为什么 2020 年资产负债率高的 B 公司权益净利率比 A 公司的权益净利率高？而在 2021 年，除息税前总资产报酬率发生变化外，在其他条件均不变的条件下，两家公司息税前总资产报酬率变化仍然相同，均是 5%，为什么变成 A 公司的权益净利率比 B 公司权益净利率高？

提示：需考虑财务杠杆对权益资本报酬的影响。

项目六　项目投资决策

学习目标

1. 理解项目投资现金流量、现金流量的计算方法，完成投资分析指标的计算；

2. 通过现金流量计算实训、项目投资决策评价指标及应用实训，掌握项目投资分析指标的计算及其在实际工作中的应用。

思维导图

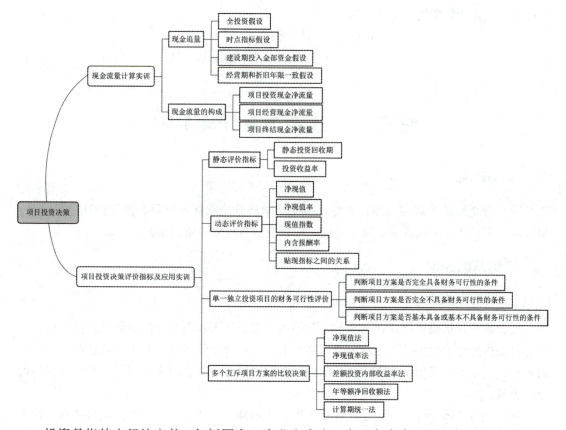

投资是指特定经济主体（包括国家、企业和个人）为了在未来可预见的时期内获得一定的收益而向特定对象投放一定数额资金的经济行为。投资的目的是为了获得一定的收益，以实现资本的价值增值。实务中，投资按照与企业生产经营的关系可以分为直接投资和间接投资，投资按时间的长短可以分为短期投资和长期投资，投资按照投资方向可分为对内投资和对外投资。

项目投资是指企业以特定建设项目为投资对象，直接与新建项目或更新改造项目有关的长期对内投资行为。从性质上看，它是企业直接的、生产性的对内实物投资，通常包括固定资产投资、无形资产投资、流动资金投资等内容。项目投资具有投资金额大、影响时间较长、变现能力较差、投资风险大的特点。

实务中，项目投资按照对企业的影响可以分为战略性投资和战术性投资，按照投资对象可以分为固定资产投资、无形资产投资和其他资产投资，按照时序与作用可以分为新建企业投资、简单再生产投资和扩大再生产投资，按照增加利润的途径可以分为增加收入投资和降低成本投资，按照相互之间的关系可以分为相关性投资、独立性投资与互斥性投资。

项目计算期是指投资项目从投资建设开始到最终清理结束整个过程的全部时间，包括建设期和运营期两个阶段。其中，建设期是指项目资金从正式投入开始到项目建成投产为止所需要的时间。通常，建设期的第一年年初称为建设起点，建设期的最后一年年末称为投产日。项目计算期的计算公式为

$$项目计算期 = 建设期 + 运营期$$
$$= 建设期 + 试产期 + 达产期 \tag{6-1}$$

任务一　现金流量计算实训

一、实训目的

通过现金流量计算实训项目训练，帮助同学们系统掌握投资现金流量的计算与分析，引导同学们思考现金流量的来源与构成、现金流量对项目投资决策的影响。

二、实训基础知识

（一）现金流量

现金流量是指投资项目在未来一定时期内，现金流入和现金流出的数量。投资项目在一定时期内支出的费用是现金流出量，实现的收入是现金流入量。其中，现金流出量用负值表示，现金流入量用正值表示。一定期间内现金流入量减去现金流出量的差额，称为现金净流量。

确定项目的现金流量，就是在收付实现制的基础上，预计货币资本在项目计算期内各年的收支数额。实务中，由于各个投资项目的差异，或同一投资项目在不同时间段和影响投资项目的相关因素的不确定性，都会给现金流量的计算带来困难，因此为了方便更准确地计算现金流量，我们需要做以下四个方面的假设。

1. 全投资假设

在确定项目的现金流量时，只考虑全部投资的运营情况，不区分自有资金和借入资金，即使实际存在借入资金，也作为自有资金对待。借入资金不作为现金流入量，归还借款、支付利息也不作为现金流出量。

2. 时点指标假设

不论现金流量具体内容所涉及的价值指标是时点指标还是时期指标，为了便于运用资金的时间价值原理，各类财务指标不论是时期指标还是时点指标，都按年初或年末的时点指标来处理。

3. 建设期投入全部资金假设

不论项目的投资是一次投入还是分次投入，除个别情况外，假设投资项目的资金都是在建设期投入，在生产经营期没有投资。

4. 经营期和折旧年限一致假设

假设项目的主要固定资产折旧年限或使用年限与经营期相同，不考虑固定资产使用年限与经营期不相同的情况。

（二）现金流量的构成

现金流量 (NCF) 包括项目投资现金净流量、项目经营现金净流量和项目终结现金净流量三部分。

1. 项目投资现金净流量

项目投资现金净流量是指在项目投资初期发生的现金流出量以及项目建成以后垫付流动资产等发生的现金流出量。项目投资现金流量一般都是负值的，表示现金流出量。具体包括初始投资、流动资产投资、投资的机会成本和其他费用投资。

2. 项目经营现金净流量

项目经营现金净流量是指从投资项目建设期完工进入投产期至报废为止的整个生命周期内，每年用于正常生产经营所带来的现金净流量，包括现金流入量和现金流出量。经营现金净流量等于现金流入量减去现金流出量，其计算公式如下

$$
\begin{aligned}
\text{经营期年现金净流量} &= \text{现金流入量} - \text{现金流出量} \\
&= \text{营业收入} - (\text{付现成本} + \text{所得税}) \\
&= \text{营业收入} - (\text{成本} - \text{折旧}) - \text{所得税} \\
&= \text{营业收入} - \text{成本} - \text{所得税} + \text{折旧} \\
&= \text{净利润} + \text{折旧}
\end{aligned} \tag{6-2}
$$

3. 项目终结现金净流量

项目终结现金净流量是指投资项目经济寿命结束时发生的现金净流量。项目终结现金净流量主要包括固定资产报废时的残值收入、原来垫付的流动资产的回收和停止使用后的土地的变价收入。

三、经典实训资料

实训资料一 项目投资现金流量计算

W 公司一个项目投资方案的信息如下：厂房、设备投资 80 000 元，土地购置费 500 000 元，项目 1 年建成，使用寿命为 4 年，固定资产折旧采用直线法，项目终结时残值为 4000 元，运用所建成的固定资产进行生产，需要在流动资产各项目上投入 30 000 元；投产后第一年可获得销售收入 60 000 元，以后每年比上一年增长 10%（假定当年均能全部收到现金）；第一年营运成本为 20 000 元，以后每年比上一年增长 10%（假定均在当年付出现金）；所得税税率为 25%；预计五年后所购土地市价为 700 000 元。

根据以上资料先计算该投资方案每年的现金净流量，然后根据表 6-1 及其他有关资料计算该方案的现金净流量。

表 6-1　各年现金净流量计算表　　　　　　　　单位：元

指　标	年　度			
	2	3	4	5
销售收入	60 000	66 000	72 600	79 860
付现营运成本	20 000	22 000	24 200	26 620
折旧	19 000	19 000	19 000	19 000
税前利润	21 000	25 000	29 400	34 240
所得税	5 250	6 250	7 350	8 560
税后净利	15 750	18 750	22 050	25 680
现金净流量	34 750	37 750	41 050	44 680

$$*\ 年折旧额 = \frac{80\ 000 - 4000}{4} = 19\ 000(元)$$

根据题意，分析过程及计算结果如表 6-2 所示。

表 6-2　现金流量计算表　　　　　　　　单位：元

指　标	年　度				
	0	2	3	4	5
厂房、设备投资	−80 000				
土地投资	−500 000				
流动资产投资	−30 000				
现金净流量		34 750	37 750	41 050	44 680
固定资产残值					4 000
流动资产回收					30 000
项目终结时土地市价					700 000
现金流量	−610 000	34 750	37 750	41 050	778 680

在这两张表中，0 代表第 1 年初，2 代表第 2 年末，3 代表第 3 年末，以此类推。在计算现金流量时，将投资看作在第 1 年初发生的，将各年的现金净流量看作是在各年的年

末发生的，将终结现金流看作是在最后一年末发生的。

根据题意计算分析如下：

由表 6-2 可知，项目的现金净流量为

$-610\,000 + 34\,750 + 37\,750 + 41\,050 + 778\,680 = 282\,230$（元）

实训资料二　项目各年现金流量计算

R 公司拟购建一条生产线，预计在建设起点需一次性投入资金 2100 万元，建设期为 2 年，建设期满后需投入流动资金 250 万元。该生产线估计可使用 5 年，期满有净残值 100 万元，按直线法计提折旧，流动资金于项目终结时一次收回，预计投产后每年可为企业多创利润 200 万元。

要求：假定不考虑所得税因素，计算项目各年的现金净流量。

根据题意计算分析如下：

(1) 初始现金流量。

$NCF_0 = -2100$（万元）

$NCF_1 = 0$（万元）

$NCF_2 = -250$（万元）

(2) 经营现金流量。

$NCF_{3\sim6} = $ 净利润 $+$ 折旧 $= 200 + 400 = 600$（万元）

(3) 终结点现金流量。

$NCF_{12} = 250 + 400 + 200 = 850$（万元）

任务二　项目投资决策评价指标及应用实训

一、实训目的

通过项目投资决策评价指标及应用实训项目训练，帮助同学们系统理解投资评价指标的内容、计算及应用，引导同学们思考项目投资决策的依据、衡量标准及实际应用。

二、实训基础知识

对项目投资的评价通常使用投资决策评价指标。投资决策评价指标是指用于衡量和比较投资项目的可行性，以便据以进行方案决策的定量化标准和尺度。从财务评价的角度，投资决策评价指标有两类：一类是静态指标，即没有考虑时间价值因素的指标，主要包括静态投资回收期、投资收益率等；另一类是动态指标，即考虑了时间价值因素的指标，包括净现值、净现值率、内含报酬率等。

（一）静态评价指标

静态评价指标是指不考虑时间价值的因素，把不同时点的资金收付看成是等效的评价指标。在进行项目投资评估决策中静态评价指标一般只起到辅助性作用。

1. 静态投资回收期

静态投资回收期简称回收期 (PP)，是指以投资项目经营净现金流量抵偿原始投资所需要的全部时间。投资回收期一般以年为单位，是一种使用很久的传统投资评价指标。

(1) 每年现金净流量相等。如果原始投资一次支出且每年的营业现金净流量 (NCF) 相等，则投资回收期可按下列公式计算：

$$不包含建设期的投资回收期 = \frac{初始投资额}{每年的现金净流量} \tag{6-3}$$

$$包含建设期的投资回收期 = 不包含建设期的投资回收期 + 建设期 \tag{6-4}$$

(2) 每年现金净流量不相等。如果每年的现金净流量不相等，或者初始投资是分几年投入的，那么计算回收期要根据每年年末尚未回收的投资额加以确定，第 n 年的现金流出量等于第 n 年的现金流入量这个原理计算。

式 (6-4) 经过推导变为

$$包含建设期的投资回收期 = 第(T-1) + \frac{第(T-1)年累计现金净流量的绝对值}{第T年的现金净流量} \tag{6-5}$$

式中：T 表示项目累计现金净流量为正的第 1 年的年数，$T-1$ 表示累计现金净流量为负的最后 1 年的年数。

2. 投资收益率

投资收益率 (ROI) 又称投资报酬率，是指达产期正常年份的年平均收益占投资总额的百分比。这种方法计算简单，应用范围较广。它在计算时使用会计报表上的数据，以及普通会计的收益和成本观念，其计算公式为

$$投资收益率 = \frac{年平均收益}{投资总额} \times 100\% \tag{6-6}$$

（二）动态评价指标

动态评价指标是指充分考虑资金时间价值的分析评价方法，亦称贴现评价方法或折现评价方法。实务中，用来分析评价项目可行性的评价指标主要是动态评价指标。

1. 净现值

净现值 (NPV) 是指特定投资方案未来现金流入量的现值与未来现金流出量的现值之间的差额。其计算公式为：

$$NPV = \sum_{t=0}^{n} NCF_t \times \frac{1}{(1+r)^t} \tag{6-7}$$

其中，NCF_t 为第 t 年的现金净流量，r 为选定的折现率，n 为项目周期。

净现值是正指标。采用净现值指标决策的依据：如果投资项目方案的净现值大于等于 0，那么该项目具有财务可行性；如果投资项目方案的净现值小于 0，那么该项目不具有财务可行性；如果几个项目方案的投资额相同，净现值都大于 0，那么净现值最大的方案

为最优方案。

净现值指标的优点是综合考虑了资金时间价值、项目计算期内的全部现金净流量和投资风险；其缺点是无法从动态的角度直接反映投资项目的实际收益率水平，现金流量的测定和贴现率的确定比较困难且计算比较繁琐。

2. 净现值率

净现值率 (NPVR)，是指投资项目的净现值占初始投资现值总和的百分率。净现值率的基本计算公式为

$$\text{NPVR} = \frac{\text{项目净现值}}{\text{初始投资现值总和}} \times 100\% \tag{6-8}$$

净现值率是一个贴现的相对评价指标，可以从动态角度反映项目投资的资金投入与产出之间的关系；其缺点与净现值相似，无法从动态的角度直接反映投资项目的实际收益率水平，现金流量的测定和贴现率的确定比较困难。

3. 现值指数

现值指数 (PI) 又称获利指数，是指项目未来现金流入量现值总和与初始投资现值的比率。现值指数的基本计算公式为

$$\text{PI} = \frac{\text{项目现金流入量现值总和}}{\text{初始投资现值}} \times 100\% \tag{6-9}$$

现值指数和净现值率的关系表达式如下：

$$\text{现值指数} = 1 + \text{净现值率} \tag{6-10}$$

4. 内含报酬率

内含报酬率 (IRR) 又称内部收益率，是指项目投资实际可望达到的收益率。实质上，它是能使项目未来现金流入量现值等于未来现金流出量现值的贴现率，或者说是使项目净现值为 0 的贴现率。内含报酬率的基本计算公式为

$$\text{NPV} = \sum_{t=0}^{n} \text{NCF}_t \times \frac{1}{(1 + \text{IRR})^t} \tag{6-11}$$

净现值、净现值率和现值指数虽然都考虑了资金的时间价值，可以说明投资项目方案高于或低于某一特定的投资报酬率，但是没有揭示项目方案本身可以达到的具体报酬率是多少。内含报酬率是根据项目方案产生的现金流量计算，结果是方案本身的投资报酬率。内含报酬率相对应其他三个指标最大的优势是可以从动态的角度直接反映投资项目的报酬水平，同时又不受既定贴现率高低的影响，比较客观；其缺点是计算过程十分复杂，尤其当经营期大量追加投资资金时，有可能导致多个内含报酬率出现，或偏高或偏低，缺乏实际指导意义。

5. 贴现指标之间的关系

如果 i 为某企业设定的标准贴现率，净现值、净现值率、现值指数和内含报酬率各指标之间存在如下的关系：

当 NPV>0 时，NPVR>0，PI>1，IRR>i；

当 NPV = 0 时，NPVR = 0，PI = 1，IRR = i；

当 NPV<0 时，NPVR<0，PI<1，IRR<i；

以上四个贴现指标都会受到建设期长短、投资方式以及各年净现金流量的数量特征的影响，净现值是绝对数指标，其余三个是相对数指标。

（三）单一独立投资项目的财务可行性评价

在只有一个投资项目可供选择的情况下：若项目符合决策条件，则接受项目；若不符合决策条件，则放弃项目。因此，在决策中需要利用评价指标分析该项目是否具有财务可行性，从而做出接受或拒绝该项目的决策。

1. 判断项目方案是否完全具备财务可行性的条件

如果某一投资项目方案的所有评价指标均处于可行区间，即同时满足下列条件时，则可以断定该投资项目方案完全具备可行性。这些条件如下：

(1) 净现值 (NPV)≥0；

(2) 净现值率 (NPVR)≥0；

(3) 获利指数 (PI)≥1；

(4) 内含报酬率 (IRR)≥基准贴现率 i；

(5) 包含建设期的静态投资回收期≤项目计算期的一半；

(6) 不包含建设期的静态投资回收期≤经营期的一半；

(7) 投资收益率 (ROI)≥基准投资收益率 (i_0)。

2. 判断项目方案是否完全不具备财务可行性的条件

如果某一投资项目的评价指标均处于不可行区间，即同时满足下列条件时，则可以断定该投资项目完全不具备可行性，应该彻底放弃该投资方案。这些条件如下：

(1) 净现值 (NPV)<0；

(2) 净现值率 (NPVR)<0；

(3) 获利指数 (PI)<1；

(4) 内含报酬率 (IRR)<基准贴现率 i；

(5) 包含建设期的静态投资回收期>项目计算期的一半；

(6) 不包含建设期的静态投资回收期>经营期的一半；

(7) 投资收益率 (ROI)<基准投资收益率 (i_0)。

3. 判断项目方案是否基本具备或基本不具备财务可行性的条件

当静态投资回收期或投资收益率的分析评价结果与净现值等主要指标的分析评价结果发生冲突时，应当以主要指标的结果为准，从而确定该项目可行或者不可行。

如果在分析评价过程中发现某项目的主要指标处于可行区间，如 NPV≥0，NPVR≥0，PI≥1，IRR≥i，但是次要指标或辅助指标处于不可行区间，如包含建设期的静态投资回收期>项目计算期的一半，不包含建设期的静态投资回收期>经营期的一半，投资收益率

(ROI)＜基准投资收益率 (i_0)，则可以判定该项目基本上具有财务可行性。

如果在分析评价过程中发现某项目的主要指标处于不可行区间，如 NPV＜0，NPVR＜0，PI＜1，IRR＜i 的情况，即使包含建设期的静态投资回收期≤项目计算期的一半，不包含建设期的静态投资回收期≤经营期的一半，投资收益率 ROI≥基准投资收益率 i_0，则可断定该项目基本上不具有财务可行性。

（四）多个互斥项目方案的比较决策

互斥方案是指互相关联、互相排斥的项目方案，即一组项目方案中的各个方案之间可以相互代替，采纳项目方案组中的某一个方案，就会自动排斥这组方案中的其他方案。项目投资中多个互斥方案的比较决策方法主要包括净现值法、净现值率法、差额投资内部收益率法、年等额净回收额法和计算期统一法。

1. 净现值法

净现值法是指通过比较所有已具备财务可行性投资项目方案的净现值指标的大小来选择最优方案的方法。该方法适用于原始投资额相同且项目计算期相等的多方案比较决策。在此方法下，净现值最大的方案最优。

2. 净现值率法

净现值率法是指通过比较所有已具备财务可行性投资项目方案的净现值率指标的大小来选择最优方案的方法。

3. 差额投资内部收益率法

差额投资内部收益率法是指在两个原始投资额不同方案的差量现金净流量（用 ΔNFC 表示）的基础上，计算出差额内部收益率（用 ΔIRR 表示），并将其与行业基准折现率进行比较，进而判断项目方案优劣的方法。该方法适用于原始投资额不相同，但项目计算期相同的多方案比较决策。当差额内部收益率指标大于或等于基准收益率或设定折现率时，原始投资额大的方案较优；反之，则原始投资额小的方案为优。

4. 年等额净回收额法

年等额净回收额法是指通过比较所有的投资项目方案的年等额净回收额（用 NA 表示）指标的大小来选择最优方案的决策方法。在年等额净回收额法下，年等额净回收额最大的项目方案最优。该方法适用于原始投资额不相同，特别是项目计算期不同的多方案比较决策。在此方法下，某项目方案的年等额净回收额等于该项目方案净现值与相关回收系数的乘积或等于该项目方案净现值与年金现值指数的商。其计算公式为

$$某项目方案年等额净回收额 = 该项目方案净现值 \times 回收系数 = \frac{该项目方案净现值}{年金现值指数} \quad (6\text{-}12)$$

5. 计算期统一法

计算期统一法是指通过对计算期不相等的多个互斥方案选定一个共同的计算分析期，以满足时间可比性的要求，进而根据调整后的评价指标来选择最优方案的方法。该方法包

括方案重复法和最短计算期法两种具体处理方法。

三、经典实训资料

实训资料一　项目投资决策应用

M 项目无建设期，原始投资 2 100 万元，计算期 3 年，每年的现金净流量是 1000 万元，每年的净收益是 300 万元。假设企业选择的贴现率是 10%，基准投资收益率是 8%。

根据题意计算分析如下：

NPV = 386.9 万元＞0；

NPVR = 0.18＞0；

PI = 1.18＞1；

IRR≈20%＞10%；

静态投资回收期 = 2.1 年；

ROI = 14.29%。

通过主要指标的结果可以断定该项目具有财务可行性。

实训资料二　项目投资决策应用

X 公司拟投资一项新能源汽车开发项目，经营期限 10 年，资本成本 14%。假设该项目的初始现金流量发生在期初，营业现金流量均发生在投产后各年末。该项目现值指数大于 1。

要求：小组讨论当该项目现值指数大于 1 时，引起净现值、项目内含报酬率、折现回收期、会计报酬率的变化。

根据题意分析如下：

现值指数是指未来现金净流量现值与原始投资额现值之比。当现值指数大于 1 时，未来现金净流量现值大于 0，意味着未来现金净流量现值补偿了原始投资额现值后还有剩余；内含报酬率是指能够使未来现金净流量现值等于原始投资额现值的折现率，未来现金净流量现值大于 0，意味着内含报酬率大于 14%；会计报酬率是指年平均净利润与原始投资额之比，当未来现金净流量现值补偿了原始投资额现值后还有剩余，意味着会计报酬率大于 14%；折现回收期是指在考虑资金时间价值的情况下，未来现金净流量的现值等于原始投资额现值时所经历的时间，现未来现金净流量现值补偿了原始投资额现值后还有剩余，意味着首折现回收期小于 10 年。

 习题与案例

一、单项选择题

1. 下列选项中，不属于投资项目现金流出量的是（　　）。

A. 固定资产投资　　　　　　B. 折旧与摊销

C. 无形资产投资　　　　　　D. 新增经营成本

2. 下列选项中,不会影响年金净流量大小的是 (　　)。

A. 每年的现金净流量　　　　　　B. 折现率

C. 原始投资额　　　　　　　　　D. 投资的实际收益率

3. Q 公司准备投资一个项目,目前有 3 个方案可供选择。A 方案:期限为 10 年,净现值为 80 万元;B 方案:期限为 8 年,年金净流量为 15 万元;C 方案:期限为 10 年,净现值为 -5 万元。该公司要求的最低收益率为 10%,则该公司应选择的方案是 (　　)。[已知:$(P/A,10\%,10)=6.1446$]

A. A 方案　　　　　　　　　　　B. B 方案

C. C 方案　　　　　　　　　　　D. 无法判断

4. 下列关于现值指数优点的说法中,错误的是 (　　)。

A. 反映了投资效率

B. 适用于寿命期相同、原始投资额现值不同的独立方案决策

C. 反映了投资项目可能达到的收益率

D. 考虑了原始投资额与获得收益之间的比率关系

5. R 公司拟建一条新的生产线,用于生产一种新型的电视机,据预测,投产后每年可以获得 160 万元的收入。同时新型号的电视机的上市会冲击该公司的老产品,使得老产品电视机每年的额销售收入由原来的 100 万元下降到 80 万元,则与新建生产线相关的现金流量为 (　　)。

A. 20 万元　　　　　　　　　　　B. 140 万元

C. 160 万元　　　　　　　　　　　D. 180 万元

6. P 投资项目的年营业收入为 40 万元,年经营付现成本为 20 万元,年折旧额为 8 万元,所得税率为 25%,该项目的每年经营现金净流量为 (　　)。

A. 9 万元　　　　　　　　　　　B. 15 万元

C. 17 万元　　　　　　　　　　　D. 23 万元

7. M 项目的经营期为 5 年,预计投产第 1 年和第 2 年流动资产需用额分别为 60 万元和 80 万元,两年相应的流动负债融资额分别为 35 万元和 50 万元。则第 2 年需要垫支的营运资本为 (　　)。

A. 5 万元　　　　　　　　　　　B. 15 万元

C. 25 万元　　　　　　　　　　　D. 30 万元

8. S 公司正在考虑处置一台旧设备,该设备于 3 年前以 52 万元购入,税法规定折旧年限为 5 年,按直线法计提折旧,预计净残值为 2 万元,目前可按 25 万元价格出售,假设所得税率为 25%,则处置该设备对本期现金流量的影响是 (　　)。

A. 增加 25.75 万元　　　　　　　B. 增加 25 万元

C. 减少 1.5 万元　　　　　　　　D. 减少 6 万元

9. 在原始投资额不同且项目寿命期不同的独立投资方案比较决策时,以各独立方案的获利程度作为评价标准,一般采用的评价指标是 (　　)。

A. 现值指数　　　　　　　　　　B. 内含收益率

C. 净现值　　　　　　　　　　　D. 动态回收期

10. 已知 N 投资项目的原始投资额为 100 万元，投资期为 2 年，投产后第 1～3 年每年的 NCF 等于 25 万元，第 4～10 年每年的 NCF 等于 20 万元。则该项目包括投资期的静态回收期为（　　）年。

A. 4.25　　　　　　　　　　　　B. 6.25

C. 4　　　　　　　　　　　　　D. 5

11. T 公司有 A、B 两个承接不同类型项目的项目组，A 项目组资本成本 8%，B 项目组资本成本 12%，WXR 公司资本成本 10%。下列项目中，T 公司可以接受的项目是（　　）。

A. 报酬率为 5% 的 A 类项目　　　B. 报酬率为 9% 的 A 类项目

C. 报酬率为 8% 的 B 类项目　　　D. 报酬率为 11% 的 B 类项目

12. G 公司预计污水处理设备报废时的净残值为 3500 元，税法规定的净残值为 5000 元，该公司适用的所得税税率为 25%，则该设备报废引起的预计现金净流量为（　　）元。

A. 5375　　　　　　　　　　　　B. 4625

C. 3875　　　　　　　　　　　　D. 3125

13. 下列关于投资项目财务评价指标的表述中，错误的是（　　）。

A. 内部报酬率反映了投资项目实际可能达到的报酬率

B. 投资回收期法是一种较为保守的方法

C. 可以用净现值法对初始投资额现值不同的独立投资方案进行比较和评价

D. 如果获利指数大于 1，则净现值大于 0

14. 下列说法中，不正确的是（　　）。

A. 当净现值大于 0 时，获利指数小于 1

B. 当净现值大于 0 时，说明该方案可行

C. 当净现值为 0 时，说明此时的折现率为内含报酬率

D. 净现值是未来现金净流量的现值与原始投资额现值之差

15. B 方案所需投资额为 20 万元，每年现金流量分别为 2 万元、4 万元、8 万元、12 万元、2 万元，投资回收期为（　　）年。

A. 6　　　　　　　　　　　　　B. 3.5

C. 3.33　　　　　　　　　　　　D. 3

16. 不适合在财务可行性评价中计算净现值作为折现率的一项是（　　）。

A. 投资者希望获得的预期最低投资报酬率

B. 市场利率

C. 投资项目的内部报酬率

D. 企业平均资本成本率

17. 下列说法中，不正确的是（　　）。

A. 内含报酬率是能够使未来现金流入量现值等于未来现金流出量现值的折现率

B. 内含报酬率是方案本身的投资报酬率

C. 内含报酬率是使方案净现值等于 0 的折现率

D. 内含报酬率是使方案现值指数等于 0 的折现率

18. 下列项目中，当折现率与内含报酬率相等时，则有 (   )。

A. 净现值小于 0　　　　　　　　B. 净现值等于 0

C. 净现值大于 0　　　　　　　　D. 净现值不确定

19. 下列属于投资决策评价指标数值越小越好的一项是 (   )。

A. 净现值　　　　　　　　　　　B. 内含报酬率

C. 净现金流量　　　　　　　　　D. 投资回收期

20. 若有两个投资方案，原始投资额不相同，彼此相互排斥，各方案的项目计算期不同，进行选优可以采用的方式是 (   )。

A. 年金净流量法　　　　　　　　B. 净现值法

C. 内含报酬率法　　　　　　　　D. 现值指数法

二、多项选择题

1. 下列属于现金流入量的选项有 (   )。

A. 收现销售收入　　　　　　　　B. 固定资产折旧

C. 回收垫支的营运资本　　　　　D. 固定资产残值变价收入

2. 影响投资项目净现值大小的因素有 (   )。

A. 投资项目各年的现金净流量　　B. 投资项目的有效年限

C. 投资者要求的最低收益率　　　D. 投资项目本身的收益率

3. 影响项目回收期长短的因素有 (   )。

A. 投资项目的初始投资额

B. 项目建设期各年现金净流量的分布状况

C. 投资项目产生的年平均收益

D. 投资项目投产后的前若干年每年的现金净流量

4. 下列关于评价投资项目的静态回收期法的说法中，正确的有 (   )。

A. 它忽略了货币时间价值

B. 它需要一个主观上确定的最长的可接受回收期作为评价依据

C. 它不能测度项目的盈利性

D. 它考虑了回收期满以后的现金流量

5. W 公司拟于 2021 年投资生产一种新型产品，下列属于与该投资项目有关的现金流量的有 (   )。

A. 需购置价值为 28 万元的生产流水线，同时垫支 25 万元的营运资本

B. 2019 年公司曾支付 8 万元的咨询费，聘请相关专家对该项目进行可行性论证

C. 利用公司现有的库存材料，目前市场价值 15 万元

D. 利用公司现有的闲置厂房，如将其出租可获租金收入 50 万元，但公司规定不得出租

6. 在投资项目决策的评价标准中，需要以预先设定的折现率为计算依据的有 (   )。

A. 净现值　　　　　　　　　　　B. 投资回收期

C. 现值指数   D. 内部收益率

7. F 公司拟投资一个 102 000 元的项目，无建设期，投产后预计每年现金收入 100 000 元，每年付现成本 60 000 元，预计有效期 5 年，按直线法计提折旧，期满残值收入 2000 元，所得税税率为 25%，则 (　　)。

A. 该项目年经营现金净流量为 35 000 元

B. 该项目年经营现金净流量为 50 000 元

C. 该项目会计收益率为 14.71%

D. 该项目投资回收期为 2.91 年

8. 下列关于互斥投资方案决策的表述中，正确的有 (　　)。

A. 两项目原始投资额不同但期限相同，采用净现值较高的项目

B. 两项目原始投资额不同但期限相同，采用年金净流量较高的项目

C. 两项目原始投资额相同但期限不同，采用年金净流量较高的项目

D. 两项目原始投资额相同但期限不同，采用净现值较高的项目

9. 下列项目中，属于提高某一投资项目净现值的途径有 (　　)。

A. 提高产品的销售单价   B. 降低产品的单位变动成本

C. 增加折旧   D. 提高所采用的折现率

10. 下列关于独立投资方案决策的表述中，正确的有 (　　)。

A. 两项目原始投资额不同但期限相同，采用现值指数较高的项目

B. 两项目原始投资额不同但期限相同，采用内含收益率较高的项目

C. 两项目原始投资额相同但期限不同，采用年金净流量较高的项目

D. 两项目的原始投资额和期限都不相同，采用内含收益率较高的项目

11. 下列项目中，属于投资管理的基本要求的有 (　　)。

A. 认真进行市场调查，及时捕捉投资机会

B. 建立科学的投资决策程序，认真进行投资项目的可行性分析

C. 及时足额地筹集资金，保证投资项目的资金供应

D. 认真分析风险与收益的关系，适当控制投资风险

12. 在考虑所得税影响的情况下，下列可用于计算营业现金净流量的算式表述中，正确的有 (　　)。

A. 税后净利 + 非付现成本

B. 营业收入 - 付现成本 - 所得税

C. (营业收入 - 付现成本) × (1 - 所得税税率)

D. 营业收入 × (1 - 所得税税率) + 非付现成本 × 所得税税率

13. 下列属于净现值指标缺点的有 (　　)。

A. 所采用的折现率不易确定

B. 不适宜于原始投资额不相等的独立投资方案的比较决策

C. 不能对寿命期不同的投资方案进行直接决策

D. 没有考虑投资的风险性

14. 在单一方案决策过程中，与净现值评价结论完全一致的评价指标有 (　　)。

A. 现值指数　　　　　　　　　B. 年均净现值

C. 投资回收期　　　　　　　　D. 内含报酬率

15. 下列属于项目投资决策评价贴现指标的有 (　　)。

A. 净现值　　　　　　　　　　B. 年均净现值

C. 现值指数　　　　　　　　　D. 内含报酬率

16. 下列属于初始现金流量的有 (　　)。

A. 固定资产投资　　　　　　　B. 营运资金垫支

C. 原有固定资产变价收入　　　D. 营业成本

17. 下列指标在计算时需要事先估计资本成本的有 (　　)。

A. 内含报酬率　　　　　　　　B. 净现值

C. 现值指数　　　　　　　　　D. 投资回收期

18. 下列属于在投资项目决策中采用内含报酬率法优点的有 (　　)。

A. 能够反映投资项目可能达到的报酬率

B. 计算简单

C. 易于被高层决策人员所理解

D. 能够反映各独立投资方案的获利水平

19. 当一个投资项目的现值指数小于 1 时，则该投资项目 (　　)。

A. 各年利润小于 0，项目不可行

B. 该项目的投资报酬率小于 0，项目不可行

C. 该项目的投资报酬率小于预期投资回报率，项目不可行

D. 该项目的净现值小于 0，项目不可行

20. 下列属于净现值法优点的有 (　　)。

A. 考虑了资金时间价值

B. 考虑了项目计算期的全部净现金流量

C. 考虑了投资风险

D. 可从动态上反应项目的实际投资收益率

三、判断题

1. 对内投资都是直接投资，对外投资不一定都是间接投资。　　　　　　　(　　)

2. 非付现成本主要有固定资产年折旧费用、长期资产摊销费用、资产减值损失以及垫支的营运资金摊销等。　　　　　　　　　　　　　　　　　　　　　　　(　　)

3. 当资产的变现价值和税法规定的残值不一致时，要考虑所得税的影响，如果变现价值大于税法规定的残值，就要考虑变现损失抵税，如果变现价值小于税法规定的残值，就要考虑变现收益纳税。　　　　　　　　　　　　　　　　　　　　　　　　(　　)

4. 年金净流量法是净现值法的辅助方法，在各方案原始投资额现值相同时，实质上就是净现值法。　　　　　　　　　　　　　　　　　　　　　　　　　　　(　　)

5. 现值指数是未来现金净流量现值与原始投资额现值之比，是一个相对数指标，它反映了投资效益。 （ ）

6. 在项目投资决策中，内含收益率的计算与项目设定的贴现率高低无关。 （ ）

7. 若一个风险投资项目的内含收益率大于投资者要求的收益率，则该项目可行。 （ ）

8. 全部投资均于建设起点一次性投入，建设期为 0，投产后每年的现金净流量相等，则静态投资回收期等于按内含收益率法确定的年金现值指数。 （ ）

9. 在进行项目投资决策时，要求以增量现金流量为基础进行评价决策，无须考虑原有项目的收入或获利水平。 （ ）

10. 采用内部收益率准则和净现值准则，对项目投资评价的结论总是一致的。 （ ）

11. 投资项目从整个经济寿命周期来看，大致可以分为投资期、营业期、终结期，现金流量的各个项目也可归属于各个时点阶段之中。 （ ）

12. 从投资企业的立场看，企业取得借款应视为项目相关现金流入，而归还借款和支付利息则应视为项目相关现金流出。 （ ）

13. 由于现值指数是用相对数来表示的，因此现值指数法优于净现值法。 （ ）

14. 某企业正在讨论更新现有的生产线，有两个备选方案 A 和 B，A、B 方案的原始投资不同，寿命期不同，A 方案的净现值为 400 万元，年均净现值为 100 万元，B 方案的净现值为 300 万元，年均净现值为 110 万元，据此可以认为 A 方案较好。 （ ）

15. 在投资决策时，必须认真分析风险与收益的关系，适当控制投资风险。 （ ）

16. 企业现有设备更新替换属于互斥投资。 （ ）

17. 净现值法和年均净现值法的适用情况是相同的。 （ ）

18. 若某一投资方案按 8% 的贴现率计算的净现值＞0，则该方案内含报酬率＜8%。（ ）

19. 由于利用内含报酬率法评价投资项目时，计算出的内含报酬率是方案本身的投资收益率，因此不需再估计投资项目的资本成本或要求的最低投资回报率。 （ ）

20. 项目投资中不需要考虑增值税的影响。 （ ）

四、计算分析题

H 公司的工业投资项目需要投资 350 万元，其中购置固定资产 300 万元，在建设期期初一次投入，垫支流动资金 50 万元，在建设期期末投入。该项目建设期 2 年，经营期 5 年，固定资产期满残值收入 30 万元，采用直线法计提折旧。项目投产后，预计年营业收入 180 万元，年付现成本 60 万元。假设 H 公司的资本成本率为 10%，所得税税率为 25%。

要求：

(1) 计算年折旧额；

(2) 计算年净利润；

(3) 计算年营业现金净流量；

(4) 计算终结现金净流量；

(5) 计算不包含建设期的静态投资回收期；

(6) 计算包含建设期的静态投资回收期。

五、综合训练

任务　完成 WXR 公司项目是否投资的决策

资料：WXR 公司生产的产品质量优良、价格合理，长期以来供不应求。为扩大生产能力，公司准备新建一条生产线，资本成本 10%，预算如下。

(1) 该生产线的原始投资额为 12.5 万元，分两年投入。第 1 年年初投入 10 万元，第二年年初投入 2.5 万元。第 2 年年末项目完工可以试投产使用，投产后第 1 年和第 2 年每年可生产产品 1000 台，每台销售价格为 300 元，每年可获销售收入 30 万元；第 3 年至第 5 年，每年可生产产品 1000 台，每台销售价格为 360 元，每年可获销售收入 36 万元；投资项目可使用 5 年，残值 2.5 万元，垫支流动资金 2.5 万元，该垫支的流动资金预计在项目结束时可全额收回。

(2) 该项目生产的产品总成本构成为：材料费用 20 万元，制造费用 2 万元，人工费用 3 万元，折旧费用 2 万元。

财务负责人通过对一系列数据计算分析后，净现值＞0，该项目可行。分析过程及结果如表 6-3、表 6-4、表 6-5 所示。

表 6-3　投资项目营业现金流量计算表　　　　　单位：万元

项　　　目	1	2	3	4	5
销售收入	30	30	36	36	36
付现成本	25	25	25	25	25
其中：材料费用	20	20	20	20	20
人工费用	3	3	3	3	3
制造费用	2	2	2	2	2
折旧费用	2	2	2	2	2
税前利润	3	3	9	9	9
所得税 (25%)	0.75	0.75	2.25	2.25	2.25
税后利润	2.25	2.25	6.75	6.75	6.75
现金流量	4.25	4.25	8.75	8.75	8.75

表 6-4　投资项目现金流量计算表　　　　　单位：万元

项　　　目	投资建设期			经　营　期				
	0	1	2	3	4	5	6	7
初始投资	-10	-2.5						
流动资金投资			-2.5					
营业现金流量				4.25	4.25	8.75	8.75	8.75
设备残值								2.5
流动资金回收								2.5
现金流量合计	-10	-2.5	-2.5	4.25	4.25	8.75	8.75	13.75

表 6-5　投资项目净现值计算表

单位：万元

项目期	现金流量	10% 折现率	现值
0	-10	1.0000	-10
1	-2.5	0.9091	-2.272 75
2	-2.5	0.8264	-2.066
3	4.25	0.7513	3.193 025
4	4.25	0.6830	2.902 75
5	8.75	0.6209	5.432 875
6	8.75	0.5645	4.939 375
7	13.75	0.5312	7.304
净现值	24.75		9.433 275

(3) 公司管理层意见：

① 经营副总认为在项目投资和使用期间，通货膨胀率大约在 10%，将对投资项目各有关方面产生影响；

② 基建处长认为由于受物价变动的影响，初始投资将增长 10%，投资项目终结后，设备残值也将增加到 37 500 元；

③ 生产处长认为受物价变动的影响，材料费用每年将增加 14%，人工费用也将增加 10%；

④ 财务处长认为扣除折旧后的制造费用每年将增加 4%，而折旧费用每年仍为 20 000 元；

⑤ 销售处长认为每年的销售收入将在去年的基础上上浮 10%，产量不变仍为 1000 台，受通货膨胀影响，投产后第 1 年的销售价格将从 300 元 / 台变为 330 元 / 台。

要求：个人完成或小组实训的方式，若小组实训，建议由学生扮演公司财务经理和会计人员，公司管理层等，完成项目是否投资的决策的工作任务。

根据上述资料，完成下述任务。

(1) 分析、确定影响 WXR 公司投资项目决策的各因素；

(2) 影响 WXR 公司投资项目的各因素，重新计算投资项目的现金流量、净现值等；

(3) 分析、计算结果，确定 WXR 公司项目投资决策；

(4) 探讨 WXR 公司投资决策中为什么要分析计算现金流量。

项目七　证券投资决策

学习目标

1. 理解证券投资的内容、特点，证券投资的收益、风险、策略和方法；

2. 通过债券投资实训、项目投资决策评价指标及应用实训，掌握债券和股票的价值、债券投资和股票收益率的计算及其在实际投资活动中的应用。

思维导图

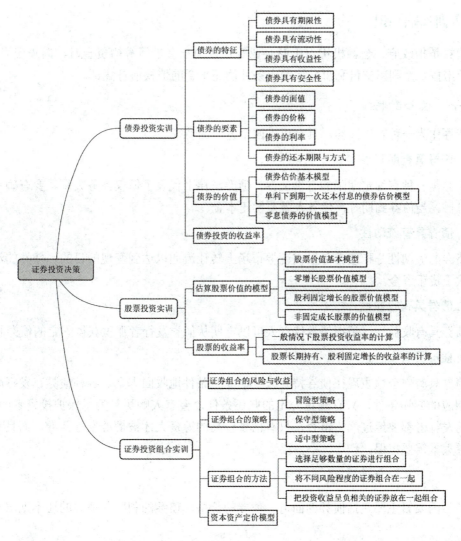

证券是某种经济权益凭证的统称，是证券持有者用来证明享有某种特定权益的法律凭证。证券的概念有广义与狭义之分，其中，广义的证券包括商品证券、货币证券和资本证券等；狭义的证券主要包括股票、债券和衍生产品等。在市场经济中，证券具有一般商品的共性，也有其特有的特征，具体包括证券的收益性、证券的风险性、证券的流动性、证券的期限性、证券的可分割性和证券的价值虚拟性。

任务一　债券投资实训

一、实训目的

通过债券投资实训项目训练，帮助同学们系统理解债券投资价值的计算与影响因素，引导同学们关注债券投资的具体业务，思考债券投资的成本、风险与收益。

二、实训基础知识

债券是指政府、金融机构、工商企业等直接向社会借债筹措资金时，向投资者发行，同时承诺按一定利率支付利息并按约定条件偿还本金的债权债务凭证。

（一）债券的特征

债券作为一种有价证券，具有以下四个方面的特征。

1. 债券具有期限性

债券是一种有约定期限的有价证券。债券法律上代表了债权债务关系，要有确定的还本付息日。当债券到期时，债务人就要偿还本金。

2. 债券具有流动性

债券的流动性是指债券可以在证券市场上转让流通以达到变现的目的。债券的流动性仅仅次于货币资金。

3. 债券具有收益性

债券具有收益性，是指债券持有人可以定期从债券发行者那里获得固定的债券利息。

4. 债券具有安全性

债券具有安全性表现在债券持有人到期能无条件地收回本金。各种债券在发行时都要规定相应的归还条件，只有满足一定的归还条件才会有人购买。为了保护投资者的利益，债券的发行者都要经过严格审查，只有信誉较高的筹资人才被批准发行债券，而且公司发行债券大多需要担保。

（二）债券的要素

债券的要素主要包括债券的面值、债券的价格、债券的利率和债券的还本期限与方式等方面。

1. 债券的面值

债券面值包括币种和票面金额。面值的币种可以是本国货币也可以是外币，这取决于发行者的需求和债券的种类。债券的发行者可根据资金市场情况和自己的需要情况选择合适的币种。债券的票面金额是债券到期时偿还债务的金额。

2. 债券的价格

债券价格是指债券发行时的价格。单从理论上来看，债券的面值就是债券的价格。但实际上，债券发行方基于某种原因或受到资金市场上的供求关系、利率变化、投机等因素的影响，债券的市场价格和债券的面值会有一定的差异。如果债券的发行价格高于面值，则称为溢价发行；如果债券的发行价格低于面值，则称为折价发行；如果债券发行价格和债券面值一致，则称为平价发行。

3. 债券的利率

债券利率是指债券利息与债券面值的比率。债券利率包含固定利率和浮动利率两种。债券利率通常是年利率，用债券面值和利率相乘可以算出年利息。影响债券利率的因素主要包括银行利率水平、债券发行者的资信状况、债券的偿还期限和资金市场的供求情况等。

4. 债券的还本期限与方式

债券还本期限是指从债券发行到归还本金之间的时间。债券还本期限长短不一，有的只有几个月，有的长达十几年，还本期限应在债券票面上注明。债券发行者必须在债券到期日偿还本金。债券还本期限的长短，主要取决于发行者对资金需求的时限、未来市场利率的变化趋势和证券交易市场的发达程度等因素。

（三）债券的价值

债券的价值或债券的内在价值是指进行债券投资时预期债券未来现金流入量的现值，即债券各期利息收入的现值加上债券到期偿还本金或出售的现值。只有债券的内在价值大于购买价格时，才值得购买。

1. 债券估价基本模型

典型的债券是固定利率、每年计算并支付利息、到期归还本金。按复利方式计算的债券价值的基本模型是：

$$V = F \times i \times (P/A, \ K, \ n) + F \times (P/F, \ K, \ n)$$
$$= I \times (P/A, \ K, \ n) + F \times (P/F, \ K, \ n) \tag{7-1}$$

其中：V 为债券价值；i 为债券票面利率；I 为债券利息；F 为债券面值；K 为市场利率或投资者要求的必要收益率；n 为付息总期数。

2. 单利下到期一次还本付息的债券估价模型

$$V = \frac{F \times (1 + i \times n)}{(1 + K)^n} = F \times (1 + i \times n) \times (P/F, \ K, \ n) \tag{7-2}$$

其中：V 为债券价值；i 为债券票面利率；F 为债券面值；K 为市场利率或投资者要求的必要收益率；n 为付息总期数。

3. 零息债券的价值模型

零息债券的价值模型是指到期只能按面值收回，计算期内不计利息，其模型是：

$$V = \frac{F}{(1+K)^n} = F \times (P/F,\ K,\ n) \tag{7-3}$$

其中：V 为债券价值；i 为债券票面利率；F 为债券面值；K 为市场利率或投资人要求的必要收益率；n 为付息总期数。

（四）债券投资的收益率

债券收益由债券的利息收益、资本利得和再投资收益构成。债券的利息收益是其面值与票面利率的乘积；资本利得是债券的价差收益；再投资收益是将分期收到的利息重新投资于同一项目，并取得与本金同等的利息收益率。

债券的收益率是指以特定价格购买债券并持有至到期日所能获得的收益率。它是使未来现金流量现值等于债券购入价格的折现率。

$$V = I \times (P/A,\ K,\ n) + F \times (P/F,\ K,\ n) \tag{7-4}$$

其中：V 为债券价值；i 为债券票面利率；I 为债券利息；F 为债券面值；K 为市场利率或投资者要求的必要收益率；n 为付息总期数。

我们需要求出公式中的 K，但是公式无法直接计算出收益率，只能采用内插法来计算，即先设定一个贴现率代入上式。如果计算出的 V 正好等于债券买价，则该贴现率即为收益率；如果计算出的 V 与债券买价不等，则须继续测试，再用插值法求出收益率。

三、经典实训资料

实训资料一　债券投资收益率决策

WXR 公司以 1900 元购买了一张面值为 2000 元的债券，票面利率为 10%，当前市场利率为 12%，期限为 5 年，按期支付利息，到期按面值收回本金。求债券的到期收益率。

根据题意计算分析如下：

$$1900 = 2000 \times 10\% \times (P/A,\ K,\ 5) + 2000 \times (P/F,\ K,\ 5)$$

(1) 当 $K = 12\%$ 时，

$$
\begin{aligned}
V &= 2000 \times 10\% \times (P/A,\ 12\%,\ 5) + 2000 \times (P/F,\ 12\%,\ 5) \\
&= 200 \times 3.605 + 2000 \times 0.567 \\
&= 1855(元)
\end{aligned}
$$

(2) 当 $K = 11\%$ 时，

$$
\begin{aligned}
V &= 2000 \times 10\% \times (P/A,\ K,\ 5) + 2000 \times (P/F,\ K,\ 5) \\
&= 200 \times 3.696 + 2000 \times 0.593 \\
&= 1925.2(元)
\end{aligned}
$$

利用插值法得

$$K = \frac{(12\% - 11\%) \times (1900 - 1925.2) + 11\% \times (1855 - 1925.2)}{1855 - 1925.2} = 11.36\%$$

通过计算分析可知，如果债券的购买价格为 1900 元，则债券的收益率为 11.36%。

实训资料二　债券投资价格决策

H 公司欲投资 B 公司的 5 年期债券，该债券到期还本，按年付息，面值为 1000 元，票面利率为 5%。已知当前市场利率为 8%。

要求：投资该债券是否可行？该债券在什么情况下可以投资？

根据题意计算分析如下：

$V = 1000 \times 5\% \times (P/A，8\%，5) + 1000 \times (P/F，8\%，5)$

$\quad = 50 \times 3.992 + 1000 \times 0.68$

$\quad = 199.6 + 680$

$\quad = 879.60(\text{元})$

投资该债券是否可行，需要判断双方成交价格是大于 879.60 元，还是小于 879.60 元。若双方小于 879.60 元成交，则债券可以投资，此时，可以获得一定投资收益，投资收益等于实际成交价格与 879.60 元的差额。反之，在当前条件下，则不可以投资。

债券是否需要投资，要判断债券的内在价值，即债券各期利息收入的现值加上债券到期偿还本金或出售的现值。只有在债券的内在价值大于购买价格时，才值得购买。

任务二　股票投资实训

一、实训目的

通过股票投资实训项目训练，帮助同学们理解股票投资的价值估值和影响因素，引导同学们关注股票投资的具体业务，思考股票投资的成本、风险与收益。

二、实训基础知识

股票是指股份公司发行的所有权凭证，是股份公司为筹集资金而发行给各个股东作为持股凭证，并借以取得股息和红利的一种有价证券。

股票的价值又称股票的内在价值，是进行股票投资所获得的现金流入的现值。股票带给投资者的现金流入包括股利收入和股票出售时的资本利得。股票的内在价值由一系列的股利和将来出售股票时售价的现值构成，通常当股票的市场价格低于股票内在价值时才适宜投资。

（一）估算股票价值的模型

1. 股票价值基本模型

假设投资者永远持有股票，将永远只能获取股利。所有获取股利的现值就是股票价值。

估价模型如下：

$$V = \sum_{t=1}^{n} \frac{d_t}{(1+K)^t} \tag{7-5}$$

其中：V 为股票的内在价值；d_t 为第 t 期的预期股利；K 为投资要求的必要收益率；n 为预计持有股票的期数。

当股票持有者不打算永久持有股票，那么现金流入就是股利和出售时的股价。

$$V = \sum_{t=1}^{n} \frac{d_t}{(1+K)^t} + \frac{V_n}{(1+K)^t} \tag{7-6}$$

其中：V 为股票内在价值；d_t 为第 t 期的预期股利；K 为投资要求的必要收益率；V_n 为未来出售时预计的股票价格；n 为预计持有股票的期数。

2. 零增长股票价值模型

零增长说明股利是固定不变的，就可以将其看成一个永续年金。

$$V = \frac{d}{K} \tag{7-7}$$

其中：V 为股票的内在价值；d 为每年固定股利；K 为投资要求的必要收益率。

3. 股利固定增长的股票价值模型

假设上年股利为 D_0，本年股利为 D_1，每年股利增长率为 g，且当 $K>g$ 时，则股票价值模型为

$$V = \frac{D_0(1+g)}{K-g} = \frac{D_1}{K-g} \tag{7-8}$$

4. 非固定成长股票的价值模型

实务中，公司股票的成长不是固定不变的，随着经济环境和经营策略不断变化，假设公司的股票在初创期里高速成长，在成熟阶段正常固定增长或固定不变，此时股票价值就要分段计算才能确定。

（二）股票的收益率

1. 一般情况下股票投资收益率的计算

一般情况下，企业进行股票投资可以取得股利，股票出售时也可以收回一定资金，只是股利不同于债券利息，股利是经常变动的，股票投资的收益率是使各期股利及股票售价的复利现值等于股票买价时的贴现率，即

$$V = \sum_{t=1}^{n} \frac{d_t}{(1+K)^t} + \frac{V_n}{(1+K)^n} \tag{7-9}$$

其中：V 为股票的买价；d_t 为第 t 期的股利；K 为收益率；V_n 为股票出售价格；n 为持有

股票的期数。

2.股票长期持有、股利固定增长的收益率的计算

由股利固定增长的股票价值模型 $V = \dfrac{D_1}{K-g}$ 可知，将公式移项整理求 K，可得到股利固定增长收益率的计算模型，即

$$K = \frac{D_1}{V} + g \tag{7-10}$$

三、经典实训资料

实训资料一　股票投资收益率的测算

E 公司于 2020 年 6 月 1 日投资 500 万元购买某种股票 100 万股，在 2021 年、2022 年和 2023 年的 5 月 30 日分得现金股利分别为 0.5 元、0.7 元和 0.8 元，并于 2023 年 5 月 30 日以每股 10 元的价格将股票全部出售，试计算该项投资的收益率。

根据题意计算分析如下：

用逐步测试法计算，先用 36% 的收益率进行测算：

$$V = \frac{50}{(1+36\%)^1} + \frac{70}{(1+36\%)^2} + \frac{1080}{(1+36\%)^3} = 503.95(万元)$$

由于 503.95 万元＞500 万元，再用 37% 测试：

$$V = \frac{50}{(1+37\%)^1} + \frac{70}{(1+37\%)^2} + \frac{1080}{(1+37\%)^3} = 493.8(万元)$$

然后用内插法计算得：

$$K = \frac{(500-503.95) \times (37\%-36\%) + 36\% \times (493.8-503.95)}{493.8-503.95} = 36.39\%$$

实训资料二　股票投资价格的测算

假设一切均是可控的，Q 公司欲投资 A 公司股票，该股票每年分配股利 1.5 元，必要收益率为 5%，预计年增长率为 2%，该股票价格为多少时适合购买？

要求：该股票什么情况下可以投资？

根据题意计算分析如下：

$$V = \frac{1.5 \times (1+2\%)}{5\%-2\%} = \frac{1.53}{3\%} = 51(元)$$

股票的价值又称股票的内在价值，是进行股票投资所获得的现金流入的现值。股票带给投资者的现金流入包括股利收入和股票出售时的资本利得。该股票要不要进行投资，实际操作中很复杂，需要结合当时的具体情况进行具体分析。在本实训中假设一切均是可控的，此时该股票投资可以采用股利固定增长的股票价值模型计算股票的价值。通过上面的计算可知，若股票价格小于 51 元，则股票可以投资；反之，则不可以投资。

任务三　证券投资组合实训

一、实训目的

通过证券投资组合实训项目训练，帮助同学们全面理解证券投资组合内容、方法和决策影响因素，加强同学们对证券投资组合的理解与应用，引导同学们思考证券组合投资对降低投资风险、平衡投资收益的影响。

二、实训基础知识

（一）证券组合的风险与收益

证券投资风险就其性质而言，可分为系统性风险和非系统性风险。证券投资的总风险等于系统性风险加上非系统性风险。

系统性风险又称为不可分散风险，是指由于外部不可抗力的因素引起的投资收益变动的不确定性。常见的系统性风险有政策风险、利率风险和购买力风险等。

非系统风险是指由内部自身因素引起的投资收益率变动的不确定性。由于一种或几种证券收益率的非系统性变动跟其他证券收益率的变动不存在系统的全面联系，可以通过证券投资多样化方式来规避非系统性风险，因此被称为可分散的风险。

投资者进行证券投资，就要求对承担的风险进行补偿，证券的风险越大，要求的收益率就越高。由于证券投资的非系统性风险可通过投资组合来抵消，投资者要求补偿的风险主要是系统性风险。因此证券投资组合的风险收益是投资者因承担系统性风险而要求的，超过资金时间价值的那部分额外收益。其计算公式为

$$R_p = \beta_p \times (K_m - R_f) \tag{7-11}$$

其中：R_p 为证券组合的风险收益率；β_p 为证券组合的 β 系数；K_m 为市场收益率，即证券市场上所有股票的平均收益率；R_f 为无风险收益率，一般用国债的利率来衡量。

（二）证券组合的策略

1. 冒险型策略

冒险型策略投资者主要选择投资高风险、高收益的成长型股票，他们认为只要投资组合是科学合理的，就能获取高于平均收益水平的收益，冒险型策略投资者更希望得到期望的收入，而对于低风险、低收益的股票从不考虑，主要表现为偏爱高风险，获取高收益。

2. 保守型策略

保守型策略投资者认为可分散风险是可以避免的，他们只追求市场平均收益，不追求收益最大化，更愿意保证资本的绝对安全，只能接受微弱的市场变化。因此，这些投资者会多样化地投资证券来分散全部非系统性风险，从而保证得到市场的平均收益。

3. 适中型策略

适中型策略投资者介于保守型策略与冒险型策略投资者之间，他们通常选择高质量的股票或债券组成投资组合。采用这种策略的投资者一般都需要有专业知识对证券进行分析。

（三）证券组合的方法

1. 选择足够数量的证券进行组合

可分散风险是可以避免的，但是当证券数量增加时，可分散风险会逐步减少，当证券数量足够多时，大部分可分散风险都能分散掉。随着证券数量增加，分散风险的效果越不明显。

2. 善于将不同风险程度的证券组合在一起

一部分的资金投资于风险大的证券，一部分资金投资于风险中等的证券，一部分资金投资于风险小的证券。将不同风险程度的证券组合在一起虽然不会获得太高的收益，但是也不会承担太大的风险。

3. 把投资收益呈负相关的证券放在一起组合

负相关股票是指一种股票的收益上升而另一种股票的收益下降的两种股票，把收益呈负相关的股票组合在一起，能有效分散风险。

（四）资本资产定价模型

资本资产定价模型认为一个资产的预期收益率与衡量该资产风险的 β 系数之间存在正相关关系。资本资产定价模型是证券投资的必要收益率等于无风险收益率加上风险收益率，其计算公式为

$$K_i = R_f + \beta_i(K_m - R_f) \tag{7-12}$$

其中：K_i 为第 i 种股票或证券组合的必要收益率；β_i 为第 i 种股票或证券组合的 β 系数；K_m 为市场收益率，证券市场上所有股票的平均收益率；R_f 为无风险收益率。

三、经典实训资料

实训资料一 资本资产定价模型决策

H 公司股票的 β 系数为 1.5，无风险利率为 4%，市场平均收益率为 8%，则该股票的必要收益率为多少时，投资者才会购买？

根据题意计算分析如下：

$K_i = R_f + \beta(K_m - R_f)$

$\quad = 4\% + 1.5 \times (8\% - 4\%)$

$\quad = 10\%$

只有 H 公司的股票的收益率达到或超过 10% 时，投资者才会购买。

实训资料二 如何进行投资选择？

假设你有 10 000 元，准备在 2022 年进行投资，有三种方案。

第一种方案：余额宝（货币基金），平均期限 30 天，年化收益率 2.066%；

第二种方案：1 年期储蓄存单，利率 2.175%；

第三种方案：五年期国债，利率 3.57%。

要求：讨论未来报酬率的预期在决策中的作用。

根据题意分析如下：

在货币市场上，第 2 年的持有期收益率取决于每月货币基金到期展期时的 30 天利率。1 年期储蓄存款将提供 2.175% 的持有期收益率。如果预计货币市场工具（如余额宝）的利率上涨，会远高于现在的 2.066%，超过 2.175%，则货币市场基金可能会有较高的年度持有期收益。5 年期国债提供每年 3.57% 的到期收益率，比 1 年期银行储蓄存款利率高出 1.395 个百分比，然而如果市场利率在这一年间上涨，超过 5 年期国债的年利率，则持有债券一年的持有期收益率有可能会小于 3.57%。在债券票面利率固定的前提下，市场利率上升，就会导致债券的相对收益率下降，这时候市场就会卖出债券投资收益更高的产品，债券需求降低，债券的价格下降；反之，市场利率下跌，债券的相对收益率就会上涨，债券的需求提高，债券的价格就上涨。所以，如果市场收益率在该期间内上涨至 3.57% 以上，则国债的价格就会下跌，从而产生资本损失，使得持有期收益率低于 3.57%。

习题与案例

一、单项选择题

1. K 公司股票的价格为 40 元，预计下一期的股利是 2 元，该股利将以每期大约 10% 的速度持续增长，K 公司股票的预期收益率为（   ）。

A. 5%   B. 10%

C. 15%   D. 20%

2. 假设股票的市场收益率为 15%，证券组合的 β_p 系数为 1.2，无风险收益率为 5%，那么该证券投资组合的风险收益率为（   ）。

A. 5%   B. 10%

C. 12%   D. 20%

3. K 公司股票的 β_p 系数为 1.2，无风险利率为 5%，市场平均收益率为 9%，则 K 公司股票的必要收益率为（   ）时，投资者才会购买。

A. 超过 9%   B. 超过 7.8%

C. 超过 9.8%   D. 超过 6%

4. 下列属于系统风险的一项是（   ）。

A. 决策失误   B. 新产品研制的失败

C. 战争   D. 管理不善

5. L 公司拟购买 A 企业发行的到期一次还本付息的债券，该债券面值为 1000 元，期限为 5 年，票面利率为 8%，不计复利，当前市场利率为 12%，该债券的价格 (　　) 时，L 公司才能购买。

A. 低于 793.8 元　　　　　　　　B. 高于 793.8 元

C. 低于 1000 元　　　　　　　　D. 低于 1200 元

6. K 公司拟购买 C 企业发行的无息债券，该债券面值为 1000 元，期限为 5 年，票面利率为 11%，当前市场利率为 12%，该债券的价格 (　　) 时，K 公司才能购买。

A. 低于 567 元　　　　　　　　B. 高于 567 元

C. 低于 1000 元　　　　　　　　D. 低于 1100 元

7. L 公司以 950 元从 F 企业购买一张债券面值为 1000 元，票面利率为 10%，期限为 5 年，按期支付利息，到期按面值收回本金。债券的到期收益率为 (　　)。

A. 10%　　　　　　　　　　　　B. 11%

C. 11.36%　　　　　　　　　　　D. 12%

8. W 公司以 900 元从 H 企业购买一张债券面值为 1000 元，票面利率为 10%，期限为 5 年，单利计息，到期还本付息。该债券的到期收益率为 (　　)。

A. 10%　　　　　　　　　　　　B. 9%

C. 9.58%　　　　　　　　　　　D. 11%

9. Q 公司拟投资购买并永久持有 P 公司股票，该股票每年分配股利 5 元，必要收益率为 10%，该股票价格为 (　　) 时适合购买。

A. 20 元　　　　　　　　　　　B. 30 元

C. 40 元　　　　　　　　　　　D. 50 元

10. Z 公司拟投资购买持有 B 公司股票，该股票每年分配股利 5 元，必要收益率为 10%，预计年增长率为 2%，该股票价格只有 (　　) 时适合购买。

A. 低于 50 元　　　　　　　　　B. 低于 63.75 元

C. 低于 55.5 元　　　　　　　　D. 低于 60 元

11. 与短期投资相比，企业进行长期投资的目的是为了 (　　)。

A. 分散所有风险　　　　　　　　B. 分散系统性风险

C. 获得长期稳定的投资收益　　　D. 充分利用闲置资金

12. 实际投资时，如果有价证券的投资期望收益率等于无风险收益率，则 β 系数 (　　)。

A. 等于 0　　　　　　　　　　　B. 等于 1

C. 小于 1　　　　　　　　　　　D. 大于 1

13. 证券组合投资实际上是投资者将资金同时投放于 (　　)。

A. 股票　　　　　　　　　　　　B. 债券

C. 基金　　　　　　　　　　　　D. 以上 A、B、C 等多种证券

14. 下列属于能够更好地避免投资者购买力风险的证券是 (　　)。

A. 国库券　　　　　　　　　　　B. 普通股股票

C. 公司债券　　　　　　　　　　D. 优先股股票

15. 下列属于在证券交易中违约风险最大的证券是 (　　)。

A. 国库券   B. 公司债券

C. 普通股股票   D. 地方政府债券

16. 下列属于投资者在进行证券投资时可以接受最高价格的一项是 (   )。

A. 内在价值   B. 风险价值

C. 当前市价   D. 票面价值

17. 零成长股票实际上是所投资股票的 (   ) 增长率为零。

A. 销售收入   B. 净利润

C. 资产总额   D. 股利

18. 下列项目中，属于股票真实价值的是 (   )。

A. 股票的买价   B. 股票的卖价

C. 股票的内在价值   D. 股票的分红

19. 下列项目中，市盈率实际上是每股股价与 (   ) 的比值。

A. 每股净资产   B. 每股收益

C. 每股净分红   D. 每股净销售收入

20. 下列项目中，市净率实际上是每股股价与 (   ) 的比值。

A. 每股净资产   B. 每股收益

C. 每股净分红   D. 每股净销售收入

二、多项选择题

1. 下列项目中，属于证券特征的有 (   )。

A. 收益性   B. 风险性

C. 流动性   D. 价值虚拟性

2. 下列关于证券投资的意义描述中，正确的有 (   )。

A. 分散投资渠道，降低投资风险   B. 利用闲置资金，用于资本增值

C. 保障企业正常的生产经营运转   D. 提高资产的流动性

3. 下列关于债券的说法中，不正确的有 (   )。

A. 债券代表了债权债务关系   B. 债券的流动性一般低于股票的流动性

C. 债券必须按照票面面值发行   D. 债券的价值是指债券未来现金流入量的现值

4. 证券投资风险就其性质而言可分为 (   )。

A. 系统性风险   B. 非系统性风险

C. 不可分散风险   D. 不可多样化风险

5. 下列关于保守型策略的说法中，正确的有 (   )。

A. 能分散掉全部可分散风险   B. 不需要高深的证券投资专业知识

C. 证券投资管理费较低   D. 收益不高，风险也不大

6. 下列项目中，属于股票带给投资者现金流入的有 (   )。

A. 股利收入   B. 股票出售时的资本利得

C. 购买股票的投资   D. 购买股票支付的其他费用

7. 下列项目中，属于影响债券收益率因素的有（　　）。

A. 债券期限
B. 债券票面利率
C. 购买价格
D. 债券面值

8. 下列项目中，属于影响股票内在价值因素的有（　　）。

A. 预期股利
B. 未来出售时预计的股票价格
C. 预计持有股票的期数
D. 投资人要求的必要收益率

9. 在资本资产定价模型下会影响证券投资的必要收益率的因素有（　　）。

A. 无风险收益率
B. 风险收益率
C. β 系数
D. 购买价格

10. 下列项目中，属于企业可以通过多元化投资予以分散的风险有（　　）。

A. 竞争失败
B. 技术革新
C. 社会经济衰退
D. 市场利率上升

11. 下列项目中，属于投资者初次进行证券投资的投资程序有（　　）。

A. 开户
B. 委托买卖
C. 清算交割
D. 过户

12. 下列项目中，属于我国 A 股、基金、债券的基本交易规则的有（　　）。

A. 较高价格买进申报优先于较低价格买进申报
B. 较低价格卖出申报优先于较高价格卖出申报
C. 买卖方向、价格相同的，先申报者优先于后申报者
D. 先后顺序按交易主机接受申报的时间确定

13. 下列项目中，属于投资者要进行证券投资时必须开立的账户有（　　）。

A. 证券账户
B. 资金账户
C. 股票账户
D. 银行账户

14. 下列说法中，正确的有（　　）。

A. 债券到期时间越长，利率风险越小
B. 违约风险是指借款人无法按时还本付息的风险
C. 债券的利率风险是指由于利率变动而使投资者遭受损失的风险
D. 国库券没有违约风险和利率风险

15. 下列项目中，属于投资者进行债券投资决策方法的有（　　）。

A. 当债券价值大于或等于当前市场价格时，值得投资
B. 当债券价值小于或等于当前市场价格时，值得投资
C. 当债券价值小于当前市场价格时，不应投资
D. 当债券价值大于当前市场价格时，不应投资

16. 下列项目中，属于固定利率债券比浮动利率债券风险大的有（　　）。

A. 违约风险
B. 利息率风险
C. 购买力风险
D. 变现力风险

17. 下列项目中，属于股票投资缺点的有（　　）。

A. 求偿权居后　　　　　　　　B. 价格不稳定

C. 收入不稳定　　　　　　　　D. 购买力风险大

18. 下列项目中，属于股票投资优点的有（　　）。

A. 投资收益高　　　　　　　　B. 流动性差

C. 拥有经营控制权　　　　　　D. 能降低购买力风险

19. 下列项目中，属于股票计算模型的有（　　）。

A. 零增长股票的价值模型　　　B. 股利固定增长的股票价值模型

C. 非固定成长股票的价值模型　D. 资本资产定价模型

20. 下列项目中，属于投资者进行股票投资获得的投资收益有（　　）。

A. 持有期间的股利收入　　　　B. 股票买卖价差

C. 持有期间的利息收入　　　　D. 证券买卖价差

三、判断题

1. 股票、债券、基金都是有价证券。　　　　　　　　　　　　　　　（　　）

2. 债券收益性是指债券持有人可以定期从债券发行者那里获得固定的债券利息。（　　）

3. 证券投资的流动性与风险性不成正比。　　　　　　　　　　　　（　　）

4. 风险从大到小的排列顺序为：金融证券、公司证券、政府证券。　（　　）

5. 系统性风险可以通过持有证券资产的多元化来抵销，也称为可分散风险。（　　）

6. 当证券种类足够多时，几乎可以把所有的系统风险分散掉。　　　（　　）

7. 当 β 系数等于零时，表明投资无风险。　　　　　　　　　　　（　　）

8. 证券都可能存在违约风险。　　　　　　　　　　　　　　　　　（　　）

9. 股票的风险越大，要求的收益率就越高。　　　　　　　　　　　（　　）

10. 在市场利率较低时，长期债券的价值远低于短期债券；在市场利率较高时，长期债券的价值远高于短期债券。　　　　　　　　　　　　　　　　　　　（　　）

11. 证券是指各类记载并代表一定权利的法律凭证的统称，用以证明持券人有权依其所持证券记载的内容取得应有的权益。　　　　　　　　　　　　　　　（　　）

12. 投资者进行证券投资的目的是为了获利。　　　　　　　　　　　（　　）

13. 股票投资能增加投资者的购买力风险。　　　　　　　　　　　　（　　）

14. 证券期限越长，利息率风险越小，期限性风险也越小。因此，长期债券的利率要低于短期债券的利率。　　　　　　　　　　　　　　　　　　　　　（　　）

15. 零成长股票价值的计算非常适合计算普通股股票的价值。　　　　（　　）

16. 股票是有限责任公司发给股东作为入股凭证并借以取得股息的一种有价证券。（　　）

17. 记名股票可以随时将股票买卖、转让而获得现金。　　　　　　　（　　）

18. 股票之所以有价格，可以买卖，是因为它能给持有人定期带来收入。（　　）

19. 股利是公司从其税后利润中分配给股东的，是公司对股东投资的一种报酬。（　　）

20. 当股票价值大于当前股票价格时，股票值得投资；反之，股票不值得投资。（　　）

四、计算分析题

Y公司计划利用一笔闲置资金投资购买股票。现有A公司股票和B公司股票可供选择。Y公司准备只投资收益高的股票。已知A公司股票的市价为9元/股，上一年股利为0.15元/股，预计以后每年增长6%；B公司股票的市价为7元/股，上一年股利为0.60元/股，股利分配政策为固定股利政策。Y公司希望投资必要报酬率达到8%。

要求：

(1) 利用股票估价模型，分别计算A、B公司的股票价值。

(2) 代Y公司做出股票投资决策。

五、综合训练

任务一　证券投资组合风险收益评估实训

叶老板2022年年初准备投资购买股票，现有甲、乙、丙三家公司可供选择，甲、乙、丙三家公司的有关资料如下。

(1) 2022年年初甲公司已发放的每股股利为4元，股票每股市价为18元；预期甲公司未来2年内股利固定增长率为15%，在此以后转为零增长。

(2) 2022年年初乙公司已发放的每股股利为1元，股票每股市价为6.8元；预期乙公司股利将持续增长，年固定增长率为6%。

(3) 2022年年初丙公司已发放的每股股利为2元，股票每股市价为8.2元；预期丙公司未来2年内股利固定增长率为18%，在此以后转为固定增长，年固定增长率为4%。

假定目前无风险收益率为8%，市场上所有股票的平均收益率为16%，甲、乙、丙三家公司股票的 β 系数分别为2、1.5和2.5。

已知：$(P/F, 24\%, 1) = 0.806\,5$，$(P/F, 24\%, 2) = 0.650\,4$，$(P/F, 28\%, 1) = 0.781\,3$，$(P/F, 28\%, 2) = 0.610\,4$。

要求：

(1) 根据资本资产定价模型，分别计算甲、乙、丙三家公司股票的必要收益率；

(2) 分别计算甲、乙、丙三家公司的股票价值；

(3) 通过计算股票价值并与股票市价相比较，判断甲、乙、丙三家公司股票是否应当购买；

(4) 假设按照40%、30%和30%的比例投资购买甲、乙、丙三家公司股票构成投资组合，计算该投资组合的 β 系数和组合的必要收益率。

任务二　评估公司股票价值

假设你是一名财务分析师，应邀评估某公司建设新项目对公司股票价值的影响。

(1) 公司本年度净收益为500万元，每股支付现金股利1.5元，新项目投入使用后，净收益第1年、第2年均增长2%，第3年增长4%，第4年及以后将保持这一净收益水平。

(2) 该公司一直采用固定支付率的股利政策，并打算今后继续实行该政策。

(3) 公司的 β 系数为1，如果将新项目考虑进去，β 系数将提高到1.5。

(4) 无风险收益率(国库券收益率)为3%，市场要求的收益率为7%。

(5) 公司股票目前市价为 18 元 / 股。

假设利用股利贴现模型，同时考虑风险因素进行股票价值的评估。该公司的一位高管提出，如果采用该模型，则股利越高，股价越高，所以公司应改变原有的股利政策，提高股利支付率。

要求：

(1) 参考固定股利增长模型，分析这位董事的观点是否正确。

(2) 分析股利增加对可持续增长率和股票的账面价值有何影响。

(3) 评估公司股票价值。

项目八　营运资金管理

学习目标

1. 理解营运资金的内容、营运资金管理的原则、信用政策的内容和方法；

2. 通过现金管理实训，应收账款管理实训，存货管理实训的学习，掌握最佳现金持有量、最佳存货持有量、应收账款机会成本的计算及其在实际工作中的应用。

思维导图

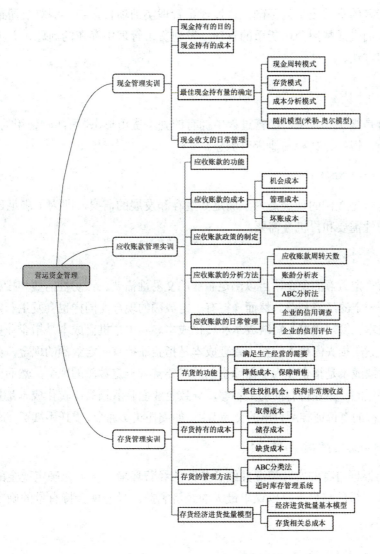

营运资金有狭义和广义之分，广义的营运资金是指在企业生产经营活动中占有在流动资产上的资金，即一个企业流动资产的总额；狭义的营运资金是指流动资产减流动负债后的余额。营运资金包括流动资产和流动负债两个方面，其中：流动资产是指可以在一年或超过一年的一个营业周期内变现或耗用的资产，流动资产具有占用时间短、周转快、易变现等特点，企业拥有较多的流动资产，可在一定程度上降低财务风险；流动负债是指在一年或者超过一年的一个营业周期内必须偿还的债务。营运资金具有来源多样性、波动性、短期性、变动性、易变性的特点。

任务一　现金管理实训

一、实训目的

以公司持有的货币数量为基础，通过现金管理实训项目训练，测算公司最佳现金持有量，帮助同学们灵活掌握公司货币的管理，发现货币管理中存在的问题，并提出解决问题的创新思路和方法。

二、实训基础知识

货币资金是指企业在生产经营过程中拥有的处于货币形态、可随时使用的那部分资金，包括库存现金、银行存款和其他货币资金。

（一）现金持有的目的

企业持有一定数额的现金是为了满足其生存和发展的需要，即为了满足日常活动交易性需要、预防性需要和投机性需要。

（二）现金持有的成本

企业持有一定数额的现金，可以满足企业的交易性需要、预防性需要和投机性需要，从而给企业带来一定的经济利益。然而，持有一定数额的现金，同样也会发生一定的成本，主要包括机会成本、管理成本、短缺成本和转化成本。其中，机会成本是指企业执行某一方案而放弃其他方案所损失的最大收益；管理成本是指企业持有一定数额的现金，会发生一定的管理费用；短缺成本是指企业为了保障企业的需要持有一定数额的现金，然而由于外部环境的急剧变化等原因，企业持有的现金不够，导致企业面临着损失；转化成本是指企业用现金购买或出售持有的有价证券所付出的交易费用，如委托买卖佣金、委托手续费、证券过户费等。

（三）最佳现金持有量的确定

企业应当根据自身的实际情况并结合外部的经营环境，合理地确定现金的持有量，寻找最佳现金持有量的临界点，以谋求最大的经济利益。最佳现金持有量的确定可以从以下四个方面考虑。

1. 现金周转模式

现金周转模式是以现金周转期来确定最佳现金持有量的模式。它是现金从投入生产经营到最终再转化为现金的一个全过程。其计算公式如下：

$$现金周转期 = 存货周转期 + 应收账款周转期 - 应付账款周转期 \tag{8-1}$$

$$现金周转率 = \frac{360}{现金周转期} \tag{8-2}$$

$$最佳现金持有量 = \frac{年现金总需求量}{现金周转率} \tag{8-3}$$

2. 存货模式

现金持有量的存货模式又称鲍莫尔模型，是美国经济学家威廉·鲍莫尔 (William Baumol) 提出的。威廉·鲍莫尔认为现金的管理与存货的管理是一致的，所以借用了存货的经济批量模型来确定企业最佳现金持有量。存货模式将现金视为一项特殊的存货，假定企业的现金流入和流出稳定并且可以预测，在需要现金时可以通过出售有价证券迅速变现取得。存货模式中与持有现金有关的成本有机会成本、转化成本、管理成本和短缺成本。其计算公式如下：

$$TC(Q) = \frac{Q}{2 \times K} + \frac{T}{Q \times F} \tag{8-4}$$

$$Q = \sqrt{\frac{2 \times T \times F}{K}} \tag{8-5}$$

其中：K 表示有价证券的机会成本率；F 表示出售有价证券换回现金的交易成本；Q 表示每次有价证券转化为现金的数量；T 表示一定时期的现金总需求。

3. 成本分析模式

企业持有现金，存在着一定的成本。成本分析模式是根据持有现金所存在的成本，分析预测总成本最低时现金持有量的一种方法。运用成本分析模式确定最佳现金持有量时，只考虑因持有一定数额的现金而产生的机会成本、管理成本和短缺成本，不考虑转化成本。在成本分析模式下，最佳现金持有量就是持有现金而产生的机会成本与短缺成本之和最小时的现金持有量。在成本分析模式下应分析机会成本、管理成本、短缺成本。

4. 随机模型（米勒－奥尔模型）

企业在不同的环境中生存和发展，对现金的持有量是不确定的，现金的流入和现金的流出都有很大的随机性。财务专家米勒 (M.Miller) 和奥尔 (D.Orr) 设计了一个在现金流入、流出不稳定情况下确定最佳现金持有量的模型。

（四）现金收支的日常管理

企业持有一定数额的现金，会承担一定的成本，影响企业的获利能力。因此，尽可能地减少现金闲置，加快现金的周转速度，提高现金的使用效率，对促进企业发展有着至关重要的作用。实务中，企业提高现金使用效率的方法主要包括加速现金回收、推迟现金支付和力争现金流入与流出同步。

三、经典实训资料

实训资料一　成本法测算现金持有量

W 公司现有甲、乙、丙、丁四种现金持有方案，有关成本资料如表 8-1 所示。

要求：确定现金持有量备选方案。

表 8-1　持有现金成本项目明细对比表

项目	甲	乙	丙	丁
现金持有量	100 000	200 000	300 000	400 000
机会成本率	10%	10%	10%	10%
短缺成本	48 000	25 000	10 000	5 000
管理成本	3 000	3 000	3 000	3 000

根据题意分析如下：

计算分析过程及结果如表 8-2 所示。

表 8-2　不同现金持有量的成本对比表

方案及现金持有量	机会成本	短缺成本	管理成本	相关总成本
甲 (100 000)	10 000	48 000	3 000	61 000
乙 (200 000)	20 000	25 000	3 000	48 000
丙 (300 000)	30 000	10 000	3 000	43 000
丁 (400 000)	40 000	5 000	3 000	48 000

通过比较分析可知，丙方案的相关总成本最低，因此，W 公司选择持有 300 000 元现金的丙方案，即最佳现金持有量为 300 000 元。

实训资料二　现金周转模式测算现金持有量

R 公司预计全年需要现金 1440 万元，预计应收账款周转期为 80 天，应付账款周转期为 90 天，存货周转期为 60 天。要求：计算该企业的最佳现金持有量。

根据题意计算分析如下：

$$现金周转期 = 80 + 60 - 90 = 50（天）$$

$$最佳现金持有量 = \frac{1440}{360} \times 50 = 200（万元）$$

任务二　应收账款管理实训

一、实训目的

以公司存在的应收账款为基础，通过应收账款管理实训项目训练，理解应收账款的功能，掌握应收账款的成本及其计算，帮助同学们灵活掌握公司应收账款的管理，发现应收账款管理中存在的问题，并提出解决问题的创新思路和方法。

二、实训基础知识

应收账款是指企业对外销售商品、提供劳务等应向购货单位或接受劳务单位收取的债权。应收账款作为企业扩大销售和盈利的一项信用投资，也会发生一定的成本。因此，企业需要在应收账款所增加的盈利和所增加的成本之间做出权衡。

（一）应收账款的功能

企业执行赊销政策，采用应收账款的目标是扩大企业的销售额度、增加企业的利润，同时也可以减少企业存货的压力。因此，应收账款主要有扩大销售和减少存货两个方面的功能。

（二）应收账款的成本

企业持有应收账款一方面可以增加收入，另一方面会发生一定的成本。应收账款的成本主要有机会成本、管理成本、坏账成本。

1. 机会成本

应收账款的机会成本是指企业执行赊销政策导致资金投放在应收账款上而丧失投放到其他领域的最大收益。应收账款的机会成本取决于两个因素，一个是赊销业务所需的资金，另一个是资金成本率，其计算公式为

$$应收账款机会成本 = 赊销业务所需的资金 \times 资金成本率 \tag{8-6}$$

其中：

$$应收账款平均余额 = \frac{年赊销额}{360} \times 平均收账天数$$
$$= 平均每日赊销额 \times 平均收账天数 \tag{8-7}$$

这里的平均收账天数是应收账款的周转天数；

$$赊销业务所需的资金 = 应收账款平均余额 \times 变动成本率 \tag{8-8}$$

$$持有应收账款的机会成本 = \frac{年赊销额}{360} \times 平均收账天数 \times 变动成本率 \times 资金成本率 \tag{8-9}$$

2. 管理成本

应收账款的管理成本是指在企业进行应收账款管理时所增加的额外费用。应收账款的管理成本主要包括调查顾客信用状况的费用、收集各种信息的费用、账簿的记录费用、收账费用等。其中主要考虑收账费用，赊销额越大，应收账款越多，收账费用越高。

3. 坏账成本

应收账的坏账成本是指在赊销期间，由于各方面原因的影响，导致应收账款无法收回而发生的损失。实务中，赊销期越长，发生坏账的可能性就越大；赊销数量越大，应收账款越多，坏账成本越高。

（三）应收账款政策的制定

应收账款政策是指企业对应收账款投资进行规划与控制而确立的基本原则与行为规范，主要包括信用标准、信用条件和收账政策三部分。信用标准是指客户获得企业提供的商业信用所应具备的基本要求，即客户达到什么条件，企业才给予多少额度的赊销额。信用条件是指企业接受客户信用订单时所提出的付款要求，主要包括信用期限、折扣期限及现金折扣等。收账政策是指客户信用条件违反时企业采取的收账措施。企业采取积极的收账政策，可以减少应收账款和坏账损失，但会使收账成本增加；企业采取消极的收账政策，将会增加应收账款和坏账损失，但会使收账成本降低。

（四）应收账款的分析方法

实施信用政策时，企业应当监督和控制每一笔应收账款额和应收账款总额。

1. 应收账款周转天数

应收账款周转天数或平均收账期是衡量应收账款管理状况是否良好的一种方法。应收账款周转天数的计算方法为：将期末在外的应收账款除以该期间的平均日赊销额。

2. 账龄分析表

账龄分析表是将企业的应收账款划分为未到信用期的应收账款和以 30 天为间隔的逾期应收账款，这是衡量应收账款管理状况是否良好的另一种方法。

3. ABC 分析法

ABC 分析法又称重点管理法，是现代经济管理中广泛应用的一种"抓重点、照顾一般"的管理方法。它将企业的所有欠款客户按其金额的多少进行分类排队，然后分别采用不同的收账策略的一种方法。

（五）应收账款的日常管理

企业建立信用政策标准后，还应当加强对应收账款的日常管理工作，对客户进行必要的信用调查和信用评价，以确定是否同意客户赊欠货款。

1. 企业的信用调查

信用调查是指企业收集和整理反映客户信用状况的有关资料的工作。信用调查是企业应收账款日常管理的基础，是正确评价客户信用状况的前提。企业对顾客进行信用调查主要有直接调查法和间接调查法。

2. 企业的信用评估

企业对客户的信用资料进行收集后，需要对这些信用资料进行分析、评价。企业一般采用 5C 评估法和信用评估法。其中，5C 评估法是重点分析影响客户信用的品德、能力、资本、抵押品和条件这五个方面的一种评估方法。信用评分法是对一系列财务比率和信用情况指标进行评价而后进行加权平均，得出顾客的综合信用分数，并以此进行信用评估的一种方法。

三、经典实训资料

实训资料一　X公司的ABC收款分析法

X公司2021年应收账款逾期金额为3000万元，欠款客户为50家，为了及时收回逾期货款，企业采用ABC分析法来加强应收账款回收的监控。具体数据及分析如表8-3所示。

表8-3　欠款客户ABC分类法情况表

顾客	逾期金额/万元	逾期期限	逾期金额所占比重/%	类别
A	900	5个月	30	
B	600	7个月	20	
C	300	6个月	10	A
小计	1800		60	
D	270	3个月	9	
E	210	2个月	7	
F	180	2个月	6	
G	120	50天	4	B
H	90	40天	3	
小计	870		29	
I	60	30天	2.31	
J	40	28天	1.54	
⋮	⋮	⋮	⋮	C
小计	330		11	
合计	3 000		100	

根据题意分析如下：

由上表可知，应收账款逾期金额在300万元及以上的有3家，占客户总数的6%，逾期总额为1800万元，占应收账款逾期金额总额的60%，将其划入A类，这类客户作为催款的重点对象。应收账款逾期金额在90万～270万元的客户有5家，占客户总数的10%，其逾期总额870万元，占应收账款逾期金额总数的29%，将其划入B类。欠款在90万元以下的客户有42家，占客户总数的84%，但其逾期金额仅占应收账款逾期金额总额的11%，将其划入C类。

对这三类不同的客户，应采取不同的收款策略，如对A类客户，可以发出措辞较为严厉的信件催收，或派专人催收，或委托收款代理机构处理，甚至可通过法律解决；对B类客户则可以多发几封信函催收，或打电话催收；对C类客户只需要发出通知其付款的信函即可。

实训资料二　应收账款周转天数计算

R公司2021年12月底的应收账款为5000万元，信用期为90天，2021年第4季度的赊销情况：10月份为1200万元，11月份为1500万元，12月份为1900万元。

要求：计算应收账款的平均日销售额、周转天数、平均逾期天数

根据题意计算分析如下：

$$应收账款的平均日赊销额 = \frac{1200 + 1500 + 1900}{92} = 50(万元/天)；$$

$$应收账款的周转天数 = \frac{5000}{50} = 100(天)$$

$$应收账款的平均逾期天数 = 100 - 90 = 10(天)。$$

任务三　存货管理实训

一、实训目的

以公司存货数据为基础，通过存货管理实训项目训练，帮助同学们系统掌握存货管理的原则与方法，掌握存货管理的取得成本、储存成本、缺货成本的计算，引导同学们尝试运用存货管理方法测算存货的最佳持有量。

二、实训基础知识

存货是指企业在日常经营活动中持有以备出售的产品、商品，在生产过程或提供劳务过程中耗用的材料、物料等。加强对企业存货管理是保障企业生产经营活动正常开展的必要条件。

（一）存货的功能

1. 满足生产经营的需要

企业在日常活动中需要一定数量的存货来满足生产经营周转。对于连续生产的企业来说，在供应、生产和销售环节上都需要存货。由于信息不对称，企业很难保证在需要的时候就有足够的存货储备，且在数量上和时间上保持绝对的平衡。因此，有了必要的存货储备，就有了应对意外情况的保障，可以避免停工待料，从而保证生产的连续进行。

2. 降低成本、保障销售

企业在存货的管理中，如果大批量地购进原料、燃料动力等，则可以获得一定的价格优惠，又可以减少采购次数、降低采购管理费、提高利润。

3. 抓住投机机会，获得非常规收益

实务中，企业持有一定数量的存货储备，可以获得市场上的投资机会。当市场上的产品价格出现大幅度上升时，企业可以把手中的存货储备抛售，从而获得投机收益。

（二）存货持有的成本

企业持有一定数量的存货，必然会发生相关的成本费用，主要包括存货的取得成本、

储存成本和缺货成本。

1. 取得成本

取得成本是指企业为取得某种存货而发生相关支出的总和，通常又分为订货成本和采购成本。

(1) 订货成本。订货成本是指为订购货物而发生的费用，如办公费、差旅费、邮资、电报电话费、运输费等。订货成本中有一部分与订货次数无关，如常设采购机构的基本开支等，称为固定订货成本；另一大部分与订货次数有关，如差旅费、邮资等，称为变动订货成本。因此，企业为降低订货成本，就需要加大批量、减少订货次数。

(2) 采购成本。采购成本是指由货物的采购费用和运杂费用构成的成本，采购成本随采购数量的增加而增加，它们之间成正比例关系，因此企业采购货物时不但要考虑采购数量，而且要权衡价格。对于相同质量、相同价格的货物，还应比较运输距离的远近，以达到采购成本最低。

2. 储存成本

储存成本是指企业为保存存货而发生的相关成本费用，包括存货占用资金所计算的利息、仓库费用、保险费用、存货破损和变质损失等。储存成本也可以分为固定成本和变动成本。

3. 缺货成本

缺货成本是指企业由于存货储备不足引起供应中断而造成的损失，从而给企业的生产和销售带来的损失。因此，企业必须储备一定数量的存货，以满足生产经营的需要。

（三）存货的管理方法

存货的管理方法是指企业对存货进行管理所采用的方法。常用的方法有 ABC 分类法和适时库存管理系统。

1. ABC 分类法

ABC 分类法就是按一定的标准把企业存货划分为 A、B、C 三类，并按照重要程度进行分类管理的方法。企业不可能、也没有必要对所有存货都严加管理。ABC 分类管理就是基于这一考虑提出的一种方法，其目的在于使企业分清主次、突出重点，以提高存货资金管理的整体效果。

2. 适时库存管理系统

适时库存管理系统又称零库存管理，是指企业事先与供应商和客户协调好，供应商在规定的时间内供货，客户在规定的时间内运走商品，企业不保留存货的管理系统。

（四）存货经济进货批量模型

经济进货批量是指能够使企业一定时期内存货的相关总成本达到最低点的进货量。根据对存货成本的分析可知，决定存货经济进货批量的成本因素主要包括变动性进货费用、变动性储存成本以及缺货成本。

1. 经济进货批量基本模型

经济进货批量基本模型有严格的假设条件，具体包括以下六个方面。

(1) 企业一定时期的进货总量可以较为准确地予以预测；

(2) 存货的耗用或者销售比较均衡；

(3) 存货的价格稳定，且不存在数量折扣，进货日期完全由企业自行决定，并且每当存货量降为零时，下一批存货马上就到；

(4) 仓储条件及所需现金不受限制；

(5) 不允许出现缺货情形；

(6) 所需存货市场供应充足，不会因买不到所需存货而影响其他方面。

2. 存货相关总成本

在经济进货批量模型下，企业不允许缺货，每当存货下降至零时，下一批订货就会到达企业，不存在缺货成本。因此，存货相关总成本只有进货费用和储存成本两项。

假设 A 为存货全年总的进货数量，Q 为每次进货批量，那么 $\dfrac{A}{Q}$ 就是全年总的进货批次；假设 B 为一次进货费用，那么 $\dfrac{A}{Q} \times B$ 就是存货全年总的相关进货费用；全年平均的存货占用量为 $\dfrac{Q}{2}$，假设 C 为单位存货一年的变动储存成本，那么 $\dfrac{Q}{2} \times C$ 就是相关储存成本；假设 P 为进货单价、N 为进货次数，T_C 为存货相关总成本。

存货相关总成本的计算公式如下：

$$存货相关总成本 = 相关进货费用 + 相关存储成本$$

由计算公式分析可知，当相关进货费用与相关储存成本相等时，存货相关总成本达到最低，此时的进货量就是经济进货批量。其计算公式为

$$经济进货批次量 \quad Q = \sqrt{\frac{2 \times A \times B}{C}} \tag{8-10}$$

$$经济进货批量的存货相关总成本 \quad T_C = \sqrt{2 \times A \times B \times C} \tag{8-11}$$

$$年度最佳进货批次 \quad N = \frac{A}{Q}$$

三、经典实训资料

实训资料一 最佳订货批量模型

W 公司每年需耗用 M 材料 450 件，单位材料年存储成本 200 元，平均每次订货费用为 1800 元，M 材料全年平均单价为 2400 元。假定不考虑其他因素。

要求：

(1) 计算 M 材料的经济订货批量；

(2) 计算 M 材料年度最佳订货批次；

(3) 计算 M 材料的相关订货成本；

(4) 计算 M 材料的相关储存成本；

(5) 计算 M 材料经济订货批量平均占用资金。

根据题意计算分析如下：

(1) M 材料的经济订货批量 $= \sqrt{\dfrac{2 \times 450 \times 1800}{200}} = 90$ (件)；

(2) M 材料年度最佳订货批次 $= \dfrac{450}{90} = 5$ (次)；

(3) M 材料的相关订货成本 $= 5 \times 1800 = 9000$ (元)；

(4) M 材料的相关储存成本 $= \dfrac{90}{2} \times 200 = 9000$ (元)；

(5) M 材料经济订货批量平均占用资金 $= 2400 \times \dfrac{90}{2} = 108\,000$ (元)。

实训资料二　存货管理的目的

根据上述实训资料一的已知条件，讨论 W 公司为什么要对存货进行管理。

根据题意分析如下：

加强对企业存货管理是保障企业生产经营活动正常开展的必要条件，加强存货管理有以下三个方面的目的。

(1) 满足生产经营的需要。

企业在日常活动中开展经营业务，需要一定数量的存货来满足生产经营周转。对于连续生产的企业来说，在供应、生产和销售环节上都需要存货。由于信息不对称，企业很难保证在需要的时候就有足够的存货储备，且在数量上和时间上保持绝对的平衡。因此，有了必要的存货储备，就有了应对意外情况的保障，可以避免停工待料，保证了生产的连续进行。

(2) 降低成本，保障销售。

企业在存货的管理中，如果大批量地购进原料、燃料动力等，则可以获得一定的价格优惠，又可以减少采购次数，降低采购管理费，提高利润。

(3) 抓住投机机会，获得非常规收益。

企业持有一定数量的存货储备，当市场上产品价格变化不定时，就会出现因价格涨落而进行投机的机会。

 习题与案例

一、单项选择题

1. 与企业为应对紧急情况而需要保持的现金余额无关的一项是 (　　)。

A. 企业愿意承担风险的程度　　　B. 企业临时举债能力的强弱

C. 企业销售水平　　　D. 企业对现金流量预测的可靠程度

2. 与现金的持有量成正比例关系的一项是 (　　)。

A. 管理成本　　　　　　　　　B. 企业持有现金放弃的再投资收益

C. 固定性转换成本　　　　　　D. 短缺成本

3. 在现金持有量的成本分析模式和存货模式中均需要考虑的因素是 (　　)。

A. 管理成本　　　　　　　　　B. 转换成本

C. 短缺成本　　　　　　　　　D. 机会成本

4. R 公司销售商品，年赊销额为 5000 万元，信用条件为 (2/10，1/20，n/40)，预计将会有 60% 客户享受 2% 的现金折扣，30% 的客户享受 1% 的现金折扣，其余的客户均在信用期付款，则企业应收账款平均收账天数为 (　　)。

A. 14　　　　　　　　　　　　B. 15

C. 16　　　　　　　　　　　　D. 无法计算

5. W 公司年赊销额 500 万元 (一年按 360 天计算)，应收账款周转率为 10 次，变动成本率 60%，资金成本率 8%，则 W 公司的应收账款机会成本为 (　　) 万元。

A. 2.4　　　　　　　　　　　　B. 30

C. 3.6　　　　　　　　　　　　D. 4.2

6. 下列项目中，属于企业在制定或选择信用标准时不需要考虑的因素是 (　　)。

A. 预计可以获得的利润　　　　B. 同行业竞争对手的情况

C. 客户资信程度　　　　　　　D. 企业承担违约风险的能力

7. 下列反映客户经济实力与财务状况优劣的选项中，属于客户偿付债务的最终保证的是 (　　)。

A. 信用品质　　　　　　　　　B. 偿付能力

C. 资本　　　　　　　　　　　D. 抵押品

8. Y 公司 2021 年应收账款总额为 8000 万元，当年必要现金支付总额为 5000 万元，应收账款收现以外的其他稳定可靠的现金流入总额为 3000 万元，则 Y 公司 2021 年应收账款收现保证率为 (　　)。

A. 70%　　　　　　　　　　　B. 20%

C. 25%　　　　　　　　　　　D. 50%

9. 下列不属于存货变动性储存成本的是 (　　)。

A. 存货的变质损失　　　　　　B. 储存存货仓库的折旧费

C. 存货的保险费用　　　　　　D. 存货占用资金的应计利息

10. T 公司全年耗用 F 材料 2400 千克，每次的订货成本为 1600 元，每千克 F 材料年储备成本 12 元，单位缺货成本为 4 元，则经济进货批量情况下的平均缺货量为 (　　) 千克。

A. 1200　　　　　　　　　　　B. 600

C. 300　　　　　　　　　　　D. 400

11. 下列不属于企业现金支出管理措施的是 (　　)。

A. 推迟支付应付款　　　　　　B. 提前支付应付款

C. 以汇票代替支票　　　　　　D. 争取现金收支同步

12. 下列关于存货管理方法的表述中，不正确的是 (   )。

A. 存货的管理方法包括 ABC 分类法和适时库存管理系统

B. 适时库存管理系统可以减少对库存的需求，但不能消除对库存的需求

C. 适时库存管理系统集开发、生产、库存和分销于一体，可以大大提高企业的运营管理效率

D. ABC 分类法是把企业种类繁多的存货，依据其重要程度、价值大小或者资金占用等标准分为三类

13. 在使用存货模型进行最佳现金持有量的决策时，假设持有现金的机会成本率为 5%，与最佳现金持有量对应的交易成本为 6000 元，则企业的最佳现金持有量为 (   ) 万元。

A. 20   B. 22

C. 24   D. 无法计算

14. 下列关于现金周转期的说法中，错误的是 (   )。

A. 现金周转期一般小于存货周转期和应收账款周转期之和

B. 现金周转期是处于公司支付现金与收到现金之间的这段时间

C. 拖延应付账款支付时间可以缩短现金周转期

D. 产品生产周期的延长会缩短现金周转期

15. 下列项目中，属于在 5C 信用评价系统中"资本"的是 (   )。

A. 如果申请人当期的现金流不足以还债，申请人在短期和长期内可以使用的财务资源反映了负债的保障程度

B. 偿债能力

C. 申请人的诚实和正值，反映了申请人在过去还款中体现的还款能力

D. 影响申请者还款能力和还款意愿的经济资源

16. 下列项目中，不属于企业营运资金特点的是 (   )。

A. 来源具有多样性   B. 数量具有波动性

C. 实物形态具有一致性和易变现性

D. 周转具有短期性

17. 在应收账款保理过程中，供应商不想让客户知道自己因流动资金不足而转让应收账款，此时应采取 (   ) 方法。

A. 明保理   B. 暗保理

C. 折扣保理   D. 到期保理

18. 下列与存货有关的成本费用中，属于决策无关成本的是 (   )。

A. 常设采购机构的办公室租赁费

B. 采购员的差旅费

C. 存货贷款资金应计利息

D. 存货的保险费

19. 下列关于账龄分析表的表述中，错误的是 (   )。

A. 可以按 ABC 法对顾客进行账龄分析

B. 可以按照应收账款总额进行账龄分析

C. 计算应收账款周转天数比账龄分析表更能揭示应收账款变化趋势

D. 当每个月销售额变化很大时，账龄分析表可能发出错误信号

20. 下列项目中，其变动不会引起放弃现金折扣的信用成本率变动的是 (　　)。

A. 信用期延长　　　　　　　　B. 折扣期延长

C. 现金折扣率降低　　　　　　D. 折扣期与信用期等量延长

二、多项选择题

1. 与固定资产投资相比，属于公司流动资产投资特点的有 (　　)。

A. 投资回收期短　　　　　　　B. 流动性强

C. 具有并存性　　　　　　　　D. 具有波动性

2. 与长期负债筹资相比，属于公司流动负债特点的有 (　　)。

A. 速度快　　　　　　　　　　B. 弹性大

C. 成本低　　　　　　　　　　D. 风险小

3. 下列项目中，属于公司为满足交易动机所持有现金的有 (　　)。

A. 偿还到期债务　　　　　　　B. 派发现金股利

C. 在银行维持补偿性余额　　　D. 缴纳税款

4. 公司基于投机动机的现金持有量往往与 (　　) 有关。

A. 企业对待风险的态度

B. 企业临时举债能力的强弱

C. 企业在金融市场的投资机会

D. 企业销售水平

5. 下列项目中，属于公司运用存货模式确定最佳现金持有量所依据假设的有 (　　)。

A. 所需现金只能通过银行借款取得

B. 预算期内现金总需求量可以预测

C. 现金支出过程比较稳定

D. 证券利率及固定性交易费用可以知悉

6. 下列项目中，属于利用邮政信箱法和银行业务集中法进行现金回收管理共同优点的有 (　　)。

A. 缩短票据邮寄时间　　　　　B. 缩短票据结算时间

C. 减少收账人员　　　　　　　D. 缩短票据停留时间

7. 下列项目中，属于公司现金支出管理方法的有 (　　)。

A. 合理利用现金浮游量　　　　B. 推迟支付应付款

C. 采用汇票付款　　　　　　　D. 改进工资支付方式

8. 下列项目中，属于应收账款功能的有 (　　)。

A. 促进销售　　　　　　　　　B. 减少存货

C. 增加现金　　　　　　　　　D. 减少借款

9. 下列项目中，属于应收账款信用条件的有 (　　)。

A. 信用期限　　　　　　　　　　B. 折扣期限

C. 现金折扣率　　　　　　　　　D. 收账政策

10. 下列项目中，属于对信用标准进行定量分析能够解决的问题有（　　）。

A. 扩大销售收入　　　　　　　　B. 具体确定客户的信用等级

C. 确定坏账损失率　　　　　　　D. 降低销售成本

11. 下列关于保守融资策略表述中，正确的有（　　）。

A. 收益与风险较低　　　　　　　B. 资本成本较低

C. 长期资金小于永久性资产　　　D. 最小限度地使用短期融资

12. 下列关于公司运用成本模型确定最佳现金持有量的表述中，正确的有（　　）。

A. 现金持有量越大，机会成本越大

B. 现金持有量越大，机会成本越小

C. 最佳现金持有量是使机会成本和短缺成本之和最小的现金持有量

D. 在一定范围内，现金的管理成本和现金持有量之间没有明显的比例关系

13. 下列项目中，属于集团企业资金集中管理模式的有（　　）。

A. 拨付备用金模式　　　　　　　B. 结算中心模式

C. 统收统支模式　　　　　　　　D. 财务公司模式

14. 下列项目中，属于影响公司存货经济订货批量的因素有（　　）。

A. 存货全年总需求量　　　　　　B. 一次订货成本

C. 每日耗用量　　　　　　　　　D. 每日送货量

15. 下列项目中，属于商业信用的有（　　）。

A. 短期借款　　　　　　　　　　B. 应付职工薪酬

C. 预收货款　　　　　　　　　　D. 长期借款

16. 下列关于短期借款的规定会导致企业实际利率高于名义利率的是（　　）。

A. 信贷额度　　　　　　　　　　B. 贴现法

C. 银行要求保留补偿性余额　　　D. 收款法

17. 下列关于短期借款的规定会导致企业实际利率等于名义利率的是（　　）。

A. 信贷额度　　　　　　　　　　B. 贴现法

C. 银行要求保留补偿性余额　　　D. 收款法

18. 下列关于商业信用筹资优点的表述中，正确的有（　　）。

A. 企业有较大的机动权　　　　　B. 商业信用容易获得

C. 商业信用筹资成本较低　　　　D. 受外部环境影响较小

19. 下列项目中，关于资金集中管理在各个集团的具体运用具有统一性的是（　　）。

A. 资金集中　　　　　　　　　　B. 内部结算

C. 投资管理　　　　　　　　　　D. 外汇管理

20. 下列项目中，属于公司营运资金特点的是（　　）。

A. 来源具有多样性　　　　　　　B. 数量具有波动性

C. 周转具有短期性　　　　　　　D. 实物形态具有变动性和易变现性

三、判断题

1. 公司持有的现金总额就是各种动机所需的现金余额之和。 （　）

2. 现金与有价证券的变动性转换成本与证券交易次数有关，属于决策相关成本。（　）

3. 现金浮游量是指企业实际现金余额与最佳现金持有量之差。 （　）

4. 偿付能力是决定是否给予客户信用的首要因素。 （　）

5. 公司通过信用调查和严格信用审批制度，可以解决账款遭到拖欠甚至拒付的问题。

（　）

6. 存货具有降低进货成本的功能。 （　）

7. 存货进价又称进货成本，是指存货本身的价值，等于采购单价与采购数量的乘积。

（　）

8. 现金与有价证券转换时发生的证券过户费属于变动性转换成本。 （　）

9. 在有数量折扣的经济进货批量模式下，需要考虑的相关成本包括进货成本、变动性进货费用和变动性储存成本。 （　）

10. 公司营运资金越多，则企业的风险越大，收益率越高。 （　）

11. 应付金额确定的流动负债是指那些要根据企业生产经营状况，到一定时期或具备一定条件时才能确定的流动负债，或应付金额需要估计的流动负债，如应交税费、应付产品质量担保债务等。 （　）

12. 应付金额确定的流动负债是指那些根据合同或法律规定到期必须偿付、并有确定金额的流动负债。 （　）

13. 应收账款在生产经营中，主要有增加销售和减少存货的作用。 （　）

14. 公司将资金投放于应收账款而放弃其他投资项目可能带来的收益，该收益是应收账款的机会成本。 （　）

15. 在 ABC 分析法中，催款的重点对象是 B 类客户。 （　）

16. 应收账款保理是企业将逾期的应收账款，在满足一定条件的情况下，转让给保理商，以获得流动资金支持，加快资金的周转。 （　）

17. 资金来源有效期与资产有效期的匹配，只是一种战略性的观念匹配，而不要求实际金额完全匹配。 （　）

18. 信用等级，如果采用三类九等，则 AA 为信用最优等级，CC 为信用最低等级。 （　）

19. 企业在营运资金的管理过程中，竭尽所能降低资金的使用成本。 （　）

20. 不考虑其他因素，如果企业临时融资能力较强，则其预防性需求的现金持有量一般较低。 （　）

四、计算分析题

1. M 公司是一个商业贸易公司。由于目前的收账政策过于严厉，不利于扩大销售，且收账费用较高，M 公司正在研究修改现行的收账政策。现有 A 和 B 两个放宽收账政策的备选方案，有关数据如表 8-4 所示。

表 8-4　A 方案和 B 方案放宽收账政策的数据资料表

项　　目	现行收账政策	A 方案	B 方案
年销售额 /（万元 / 年）	2400	2600	2700
收账费用 /（万元 / 年）	40	20	10
所有账户的平均收账期	2 个月	3 个月	4 个月
所有账户的坏账损失率	2%	2.5%	3%

已知：M 公司的销售毛利率为 20%，应收账款投资要求的最低报酬率为 15%。坏账损失率是指预计年度坏账损失和销售额的百分比。假设不考虑所得税的影响。

要求：通过计算分析回答是否改变现行的收账政策？如果要改变，应选择 A 方案还是 B 方案？

2. H 公司甲材料的年需要量为 3600 千克。销售企业规定：客户每批购买量不足 900 千克的，按照单价为 8 元 / 千克计算；每批购买量 900 千克以上、1800 千克以下的，价格优惠 3%；每批购买量 1800 千克以上的，价格优惠 5%。已知每批进货费用 25 元，单位材料的年储存成本 2 元。要求：计算实行商业折扣时的最佳经济进货批量。

五、综合训练

任务　存货管理实训

情景：A 公司原本将收到一笔投资资金，突然公司老总接到一个电话，投资方的第二笔资金泡汤，还勒令三个月内该公司必须扭亏为盈，否则公司就将被投资人卖掉。管理层经过分析发现扭亏为盈的关键在存货上，但采购、销售、仓库、财务对存货的多少和订货方式意见不一，公司老总该怎么解决这个问题呢？存货，留多少最好？

资料：假设某公司每年需外购零件 6000 千克，该零件单位价格为 12 元，单位储存变动成本 20 元，一次订货成本 24 元，单位缺货成本 120 元，企业目前建立的保险储备量是 40 千克。建立保险储备时，最小增量为 10 件。在交货期内的需要量及其概率如表 8-5 所示。（计算结果保留整数）

表 8-5　交货期内的需要量及其概率统计表

需要量（千克）	概　率
40	0.10
50	0.20
60	0.40
70	0.20
80	0.10

要求：

(1) 计算经济订货量以及年最优订货次数。

(2) 按企业目前的保险储备标准，存货水平为多少时应补充订货？

(3) 企业目前的保险储备标准是否恰当？

(4) 按合理保险储备标准，企业的再订货点为多少？

项目九 收益分配管理

 学习目标

1. 理解股利分配理论、股利分配政策、股票分割与股票回购的内容；

2. 通过股利及股利分配政策实训、股票分割与股票回购实训，掌握股利分配理论与方法、股票分割与股票回购的动机及其在实际工作中的应用。

 思维导图

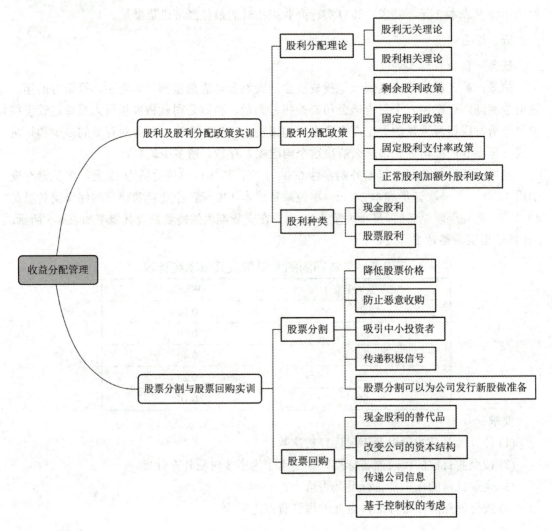

收益分配是一项复杂的工作，它关系着国家、企业、职工、债权人等各方面的利益；同时，收益分配也是一项政策性很强的工作，国家相关的法律法规规定，企业必须严格按照国家的相关法律法规和制度进行收益分配活动。企业形成的收益经过一系列的收益分配活动，形成了债权人的利息收入、政府的税收收入、投资者的投资收益和企业的留存收益等。

任务一　股利及股利分配政策实训

一、实训目的

通过股利及股利分配政策实训项目训练，加深同学们对股利及股利政策相关知识的认知与理解，借助现代化工具对股利的计算和应用，结合公司的相关数据，运用股利理论分析和解决实际财务管理问题，提高同学们运用理论知识发现问题、分析问题和解决问题的能力，开发和培育同学们的创新思维和实战能力。

二、实训基础知识

（一）股利分配理论

企业在某一会计年度的利润分配，会受到很多因素的影响，如企业面临的外部环境、企业的发展战略、发展规划、资金链状况等。一套股利分配方案的确定，既要考虑企业的股利政策，又要考虑董事会对股利分配理论的理解。所谓股利分配理论，是指人们对股利分配的客观规律的科学认识与总结，其核心问题是股利分配政策与公司价值的关系问题。

1. 股利无关理论

股利无关理论是指公司价值和股票价格的变动与股利的分配与否、分配多少没有关系的理论。股利无关理论是建立在完全资本市场理论之上的，包括以下四个方面的假设：市场具有强式效率、不存在个人所得税、不存在筹资费用、公司的投资决策与股利决策无关。

2. 股利相关理论

股利相关理论是指公司价值和股票价格的变动与股利的分配与否、分配多少有密切关系的理论。支持股利相关理论的学者认为企业的股利政策会影响公司价值和股票价格，股利相关理论主要有以下四种观点。

(1)"手中鸟"理论。支持"手中鸟"理论的专家学者认为企业实现的净利润应该更多地分给投资者，利润留存作为再投资的本钱会给投资者带来预期收益的不确定性，随着时间的推移再投资的风险会不断加大，进而会导致投资者的既得利益受到损失。

(2)信号传递理论。支持信号传递理论的学者认为在市场经济条件下会存在信息不对称的情况，公司可以通过股利政策向市场传递有关公司未来营利能力、发展能力的信息，从而会影响公司的股价和市场价值。

(3)所得税差异理论。支持所得税差异理论的学者认为，就目前的税收政策来看，获得资本利得收益涉及的所得税税率较低，甚至是免税的，而获得股利收入的所得税税率较高。由于不同的股利政策涉及的所得税税率以及纳税时间是存在差异的，因此支付股利较低的政策更有助于实现投资者收益最大化目标。

(4) 代理理论。支持代理理论的学者认为股利政策有助于缓解管理者与股东之间的代理冲突，即股利政策是协调股东与管理者之间代理关系的一种约束机制。

综上所述，公司的股利政策与公司的价值和股价有密切的关系，股利政策会直接或间接地影响公司的价值和股价。至于执行何种股利政策，公司应当结合自身的发展战略、所处的内外环境、股东的意愿等因素综合考虑，制定适合公司长远发展的股利政策。

（二）股利分配政策

股利分配政策是指企业遵循法律法规的规定，明确是否发放股利、发放多少股利以及何时发放股利的方针和对策。企业所处的环境不同，管理要求不同，其股利分配政策也不相同。

股利分配政策的关键是确定支付股利与留用利润的比例，即股利支付比率。在企业财务管理中，常用的股利分配政策包括以下四种类型。

1. 剩余股利政策

剩余股利政策是指企业未来有良好的投资机会时，可以根据企业设定的最佳资本结构确定未来投资所需的权益资金，首先最大限度地使用留存利润来满足投资方案所需的权益资金，然后将剩余的利润作为股利发放给投资者的政策。在剩余股利政策下，企业优先满足投资的需要，投资后有剩余的利润就发放给投资者，如果没有剩余的利润，就不发放给投资者。

2. 固定股利政策

固定股利政策表现为每股股利支付额固定的形式。其基本特征是，不论经济情况如何，也不论企业经营好坏，都不降低股利的发放额，并将企业每年的每股股利支付额稳定在某一特定水平上保持不变，只有企业管理当局认为企业的营利确已增加，而且未来的营利足以支付更多的股利时，企业才会提高每股股利支付额。

3. 固定股利支付率政策

固定股利支付率政策是将每年营利的某一固定百分比作为股利分配给股东。实行这一政策的企业认为，只有维持固定股利支付率，才能使股利与公司营利紧密结合，体现多盈多分、少盈少分、不盈不分的原则，这样才算真正做到公平的对待每一股东。

4. 正常股利加额外股利政策

正常股利加额外股利政策介于固定股利政策与固定股利支付率政策之间的一种股利政策。其特征是企业一般每年都支付较低的固定股利，当盈利增长较多时，再根据实际情况加付额外股利，即当企业盈余较低或现金投资较多时，可维护较低的固定股利，而当企业盈利有较大幅度增加时，则加付额外股利。

（三）股利种类

企业通常以多种形式发放股利，股利支付形式一般有现金股利、股票股利、财产股利和负债股利，其中最为常见的是现金股利和股票股利。

1. 现金股利

现金股利是指企业以现金的方式向股东支付股利，也称为红利。现金股利是企业最常见的，也是最易被投资者接受的股利支付方式。企业支付现金股利，除了要有累计的未分配利润外，还要有足够的现金。

2. 股票股利

股票股利是指应分给股东的股利以额外增发股票形式来发放。以股票作为股利，一般都是按在册股东持有股份的一定比例来发放的，对于不满一股的股利仍采用现金发放。

三、经典实训资料

实训资料一　剩余股利政策

2021 年 WXR 公司执行剩余股利政策，其目标资本结构是资产负债率等于 60%，不考虑其他因素。

要求：

(1) 如果 2021 年的税后利润为 1000 万元，在没有增发新股的情况下，企业可以从事的最大投资额度是多少？

(2) 如果企业下一年拟投资 2000 万元，企业将支付股利额度是多少？

根据题意计算分析如下：

(1) 企业最大的投资支出 $= \dfrac{1000}{1-60\%} = 2500$(万元)。

(2) 企业支付股利 $= 1000 - 2000 \times (1 - 60\%) = 200$(万元)。

实训资料二　股票股利对所有者权益的影响

F 公司对外发行普通股 200 万股，面值为 1 元。2021 年发放股票股利前，股东权益情况如表 9-1 所示。

表 9-1　F 公司发放股票股利前的股东权益情况表　　　　　　　　单位：万元

项　　目	金　额
普通股股本	200
盈余公积	40
资本公积	40
未分配利润	200
股东权益合计	480

假定该公司宣布发放 10% 的股票股利，即发放 20 万股普通股股票。如该股票当时市价 10 元，发放股票股利以市价计算。要求：计算发放股票股利后的所有者权益项目金额。

根据题意计算分析如下：

未分配利润划出的资金为 $10 \times 200 \times 10\% = 200$（万元）；

普通股股本增加为 $1 \times 200 \times 10\% = 20$（万元）；

资本公积增加为 $200 - 20 = 180$（万元）。

经过数据汇总可知，发放股票股利后，企业股东权益各项目数据如表 9-2 所示。

表 9-2　F 公司发放股票股利后的股东权益情况表　　　　　单位：万元

项　　目	金　　额
普通股股本	220
盈余公积	40
资本公积	220
未分配利润	0
股东权益合计	480

通过计算可知，发放股票股利，不会对企业股东权益总额产生影响，但会发生资金在各股东权益项目之间的再分配。

实训资料三　固定股利支付率政策

L 企业采取固定股利支付率政策分配股利，2021 年税后净利润为 10 000 万元，按 10% 提取法定盈余公积金，按 5% 提取任意盈余公积金，股利支付率为 40%。

要求：

(1) 计算当年发放的股利总额和留存收益；

(2) 简要说明固定股利支付率政策。

根据题意计算分析如下：

(1) 当年发放的股利总额 $= 10\ 000 \times 40\% = 4\ 000$（万元）；

留存收益 $= 10\ 000 - 4\ 000 = 6\ 000$（万元）。

(2) 固定股利支付率政策是指企业确定一个固定的股利占盈余的比例，并且每年按这一固定比例支付股利给股东的一种股利政策。这种股利政策与剩余股利政策顺序相反，它是先考虑股利的派发，后考虑留存收益。固定股利支付率越高，企业留存收益越少。

任务二　股票分割与股票回购实训

一、实训目的

通过股票分割与股票回购实训项目训练，加深同学们对股票分割和股票回购相关知识的认知与理解，结合公司的相关数据，解决实际工作中涉及股票分割与股票回购的问题，提高同学们运用理论知识发现问题、分析问题和解决问题的能力，开发和培育同学们的创新思维和实战能力。

二、实训基础知识

（一）股票分割

股票分割也称拆股，是指将一股股票拆分成多股股票的行为。股票分割只会增加发行在外的股票总数，但不会对公司的资本结构产生任何影响。股票分割与股票股利相似，都是在股东权益总额不变的情况下增加股份的数量。股票分割有以下五个方面的作用。

1. 降低股票价格

股票分割就是将一股股票分割成若干股股票的行为，股票分割会增加普通股的总体数量，而公司的股东权益总额却没有变化，从而导致普通股每股市价降低。因此，通过股票分割可以达到降低股价的作用。

2. 防止恶意收购

股票分割使得公司普通股数量增加，流通在外的普通股分散在很多小股东手中，由于信息不对称以及中小股东持股的目的不统一，增加了恶意收购的难度，在一定程度上可以防止对本公司股票的恶意收购，因此股票分割可以达到防止恶意收购的作用。

3. 吸引中小投资者

股票分割后，股价降低了，在其他条件不变的情况下，交易同等数量该股票所需资金量会减少，这样可以引入更多中小资金规模的参与者，从而促进股票的流通和交易。因此，股票分割可以达到吸引投资者的作用。

4. 传递积极信号

通常股票分割是在公司股价上升到一定幅度的时候进行的，是公司具有竞争力的体现，也是公司获利能力强的体现。因此，股票分割可以向投资者传递公司发展前景良好的信息，达到了传递积极信号的作用。

5. 股票分割可以为公司发行新股做准备

公司股票价格太高，会使许多潜在的投资者力不从心而不敢轻易对公司的股票进行投资。在新股发行之前，利用股票分割降低股票价格，可以促进新股的发行。

（二）股票回购

股票回购是指上市公司出资将其发行在外的普通股购买回来予以注销或作为库存股的一种资本运作方式。公司不得随意收购本公司的股份，只有在满足相关法律规定的情形下才允许股票回购。

股票回购的方式主要包括公开市场回购、要约回购和协议回购三种。其中，公开市场回购是指公司在公开交易市场上以当前市价回购股票；要约回购是指公司在特定期间向股东发出的以高出当前市价回购股票，即公司在特定期间向股东发出的以高于当前市价的某一价格回购既定数量股票的要约；协议回购则是指公司以协议价格直接向一个或几个主要股东回购股票。

股票回购的动机主要有以下四个方面。

1. 现金股利的替代品

现金股利政策会对公司产生未来的派现压力，而股票回购不会。当公司有富余资金时，通过回购股东所持股票将现金分配给股东，这样股东就可以根据自己的需要选择继续持有股票或出售获得现金。

2. 改变公司的资本结构

无论是现金回购还是举债回购股份，都会提高公司的财务杠杆水平，改变公司的资本结构。公司认为权益资本在资本结构中所占比例较大时为了调整资本结构可以进行股票回购，从而在一定程度上降低整体资金成本。

3. 传递公司信息

由于信息不对称和预期差异，证券市场上的公司股票价格可能被低估，而过低的股价将会对公司产生负面影响。一般情况下，投资者会认为股票回购是公司认为其股票价值被低估而采取的应对措施。

4. 基于控制权的考虑

控股股东为了保证其控制权，往往采取直接或间接的当时回购股票，从而巩固既有的控制权。另外，股票回购使流通在外的股份数变少，股价上升，从而可以有效地防止敌意收购。

股票回购对上市公司的影响主要表现在以下三个方面。

1. 影响后续发展

股票回购需要大量资金支付，容易造成资金紧张，降低资产流动性，进而影响公司的后续发展。

2. 损害公司长期利益

股票回购无异于股东退股和公司资本的减少，可能会使公司的发起人股东更注重创业利润的实现，不仅在一定程度上削弱了对债权人利益的保护，而且忽视了公司的长远发展，损害了公司的根本利益。

3. 股票回购容易导致公司操纵股价

公司回顾股票使得发行在外的股票数量减少，股权集中在少数人手中，导致股权过度集中，损害小股东利益。另外，公司回购股票容易导致大股东利用内幕进行炒作，人为地操纵股价，加剧公司行为的非规范化，甚至游离在法律边缘，给公司造成严重的损失。

三、经典实训资料

实训资料一　股票股利与股票分割对比

M 公司累计对外普通股 2000 万股，每股面值 2.5 元。在 2021 年年末资产负债表上的股东权益账户情况如表 9-3 所示。

表 9-3　M 公司 2021 年年末股东权益账户分布情况　　　　单位：万元

普通股本	5 000
资本公积	3 000
盈余公积	1 000
未分配利润	2 000
股东权益合计	11 000

要求：

(1) 假设股票市价为 5 元，该公司宣布发放 10% 的股票股利，即现有股东每持有 10 股即可获赠 1 股普通股。发放股票股利后，股东权益有何变化？每股净资产是多少？

(2) 假设该公司按照 1 : 2 的比例进行股票分割。股票分割后，股东权益有何变化？每股净资产是多少？

根据题意计算分析如下：

(1) 发放股票股利后股东权益情况如表 9-4 所示。

表 9-4　M 公司发放股利后股东权益变动情况　　　　单位：万元

普通股股本	5 500
资本公积	3 500
盈余公积	1 000
未分配利润	1 000
股东权益合计	11 000

$$每股净资产 = \frac{11\,000}{2\,000 + 200} = 5(元 / 股)$$

(2) 股票分割后，普通股股数由 2000 万股变成 4000 万股。股东权益情况如表 9-5 所示。

表 9-5　M 公司股票分割后股东权益情况　　　　单位：万元

普通股本	5 000
资本公积	3 000
盈余公积	1 000
未分配利润	2 000
股东权益合计	11 000

$$每股净资产 = \frac{11\,000}{2\,000 + 2} = 2.75(元 / 股)$$

实训资料二　K 上市公司的股票回购

K 上市公司流通在外的普通股股数为 800 万股，税后净利润为 2 400 万元，股票市价为每股 15 元，假设 K 上市公司的市盈率保持不变，当回购股票的 20%，股票市场价格是多少？

要求：

(1) 计算每股收益；

(2) 计算市盈率；

(3) 计算回购后每股收益；

(4) 计算回购后股票市场价格；

(5) 简述股票回购对股东的意义。

根据题意计算分析如下：

(1) 每股收益 $= \dfrac{税后利润}{股数} = \dfrac{2400}{800} = 3(元 / 股)$；

(2) 市盈率 $= \dfrac{市价}{每股收益} = \dfrac{15}{3} = 5$；

(3) 回购后每股收益 $= \dfrac{税后利润}{普通股股数 \times (1-回购百分比)} = \dfrac{2400}{800 \times (1-20\%)} = 3.75(元 / 股)$；

(4) 回购后股票市场价格 $= 3.75 \times 5 = 18.75(元 / 股)$；

(5) 通过股票回购，股东往往可以从股票价格的上涨中获得资本利得。在不考虑税收和交易成本的情况下，股票回购为股东带来的资本利得等于发放的现金股利。因此，股票回购常被看成是现金股利的一种替代方式。

 习题与案例

一、单项选择题

1. 下列关于股利支付形式的说法中，不正确的是 (　　)。

A. 财产股利和负债股利实际上是现金股利的替代

B. 发放股票股利会引起股东权益内部结构发生变化

C. 以公司所拥有的其他公司的债券支付股利，属于支付负债股利

D. 发放股票股利可能导致资本公积增加

2. 在净利润与现金流量不够稳定时，对公司和股东都有利的股利政策是 (　　)。

A. 剩余股利政策　　　　　　　　B. 固定或稳定增长的股利政策

C. 固定股利支付率政策　　　　　D. 低正常股利加额外股利政策

3. 下列项目中，属于法律对收益分配超额累积利润限制的主要原因是 (　　)。

A. 避免损害少数股东权益　　　　B. 避免资本结构失调

C. 避免股东避税　　　　　　　　D. 避免经营者从中牟利

4. 在确定收益分配政策时需考虑股东因素，其中股东要求支付较多股利是基于 (　　) 的原因。

A. 稳定收入考虑　　　　　　　　B. 避税考虑

C. 控制权考虑　　　　　　　　　D. 筹资能力

5. 公司在向投资者分配收入时，本着平等一致的原则，按照投资者投资额的比例进行分配，不允许任何一方随意多分多占，这体现了收益分配的 (　　)。

A. 依法分配原则　　　　　　　　B. 分配与积累并重原则

C. 兼顾各方利益原则　　　　　　D. 投资与收入对等原则

6. W 公司确定今年不发放股利，董事 H 提出，当前市场的信息是不对称的，建议发放股利以向市场传递有关公司未来获利能力的信息，从而提高公司的股价，这种观点属于 (　　)。

A. "手中鸟" 理论　　　　　　　　B. 信号传递理论

C. 所得税差异理论　　　　　　　D. 代理理论

7. 下列项目中，所确定的价格属于最低销售价格的是 (　　)。

A. 完全成本加成定价法　　　　　B. 保本点定价法

C. 目标利润法　　　　　　　　　D. 变动成本定价法

8. 按照剩余股利政策，Q 公司目前流通在外的普通股股数为 1000 万股，该公司在 2021 年的税后利润为 1000 万元，2022 年拟投资 1500 万元，且该公司想要维持目前 50% 的负债比率。那么 2021 年年末股利分配时，Q 公司发放的每股现金股利为 (　　) 元。

A. 0.5　　　　　　　　　　　　　B. 0.25

C. 1　　　　　　　　　　　　　　D. 0.75

9. 企业所有者获得投资收益的多少取决于 (　　)。

A. 企业盈利状况及利润分配政策　B. 企业风险状况

C. 企业投资规模　　　　　　　　D. 企业的股利支付率水平

10. 按照剩余股利政策，假定 P 公司的最佳资本结构是权益资金 60%，债务资金 40%，明年计划投资 1000 万元，该公司本年的净利润是 900 万，法定盈余公积的计提比例是 10%，那么本年应该留存的利润是 (　　) 万元。

A. 540　　　　　　　　　　　　　B. 510

C. 690　　　　　　　　　　　　　D. 600

11. 下列项目中，能够增加普通股股票发行在外股数，但不会改变公司资本结构的行为是 (　　)。

A. 增发普通股　　　　　　　　　B. 发放现金股利

C. 股票回购　　　　　　　　　　D. 股票分割

12. 下列关于股票回购的说法中，不正确的是 (　　)。

A. 股票回购是现金股利的一种替代方式

B. 股票回购不改变公司的资本结构

C. 股票回购可减少流通在外的股票数量，提高每股收益

D. 股票回购若用大量资金支付回购成本，容易造成资金紧张，资产流动性变差，影响公司的后续发展

13. 下列关于股利分配理论的说法中，正确的是 (　　)。

A. 税差理论认为当股票资本利得税与股票交易成本之和大于股利收益税时，应用高

现金股利支付率政策

B. 税差理论认为当股票资本利得税与股票交易成本之差大于股利收益税时，应用高现金股利支付率政策

C. 税差理论认为当股票资本利得税与股票交易成本之和小于股利收益税时，应用高现金股利支付率政策

D. 税差理论认为当股票资本利得税与股票交易成本之和大于股利收益税时，应用低现金股利支付率政策

14. 下列关于股利分配理论的说法中，错误的是（　　）。

A. 客户效应理论认为边际税率较高的投资者偏好低现金股利支付率的股票

B. 客户效应理论认为边际税率较低的投资者偏好高现金股利支付率的股票

C. 客户效应理论认为对于高收入阶层和风险偏好投资者，应采用高现金股利支付率政策

D. 客户效应理论认为边际税率较高的投资者偏好少分现金股利、多留存。

15. 下列关于股利分配理论的说法中，正确的是（　　）。

A. "手中鸟"理论认为由于股东偏好未来预期资本利得胜过当期股利收益，应采用高现金股利支付率政策

B. "手中鸟"理论认为由于股东偏好未来预期资本利得胜过当期股利收益，应采用低现金股利支付率政策

C. "手中鸟"理论认为由于股东偏好当期股利收益胜过未来预期资本利得，应采用低现金股利支付率政策

D. "手中鸟"理论认为由于股东偏好当期股利收益胜过未来预期资本利得，应采用高现金股利支付率政策

16. 下列关于股利分配理论的说法中，正确的是（　　）。

A. 代理理论认为债权人为保护自身利益，希望企业采取高股利支付率政策

B. 代理理论认为解决控股股东和中小股东之间的代理冲突，应采用高现金股利支付率政策

C. 代理理论认为实施少分多留的政策，有利于抑制经理人员随意支配自由现金流的代理成本

D. 代理理论认为实施少分多留的政策，有利于满足股东取得股利收益的愿望

17. 下列项目中，属于公司采用固定股利支付率政策时通常应考虑的理由是（　　）。

A. 稳定股票市场价格　　　　　　　B. 维持目标资本结构

C. 保持较低资本成本　　　　　　　D. 使股利与公司盈余紧密配合

18. M 公司以持有的 N 公司股票作为股利支付给股东，这种股利属于（　　）。

A. 现金股利　　　　　　　　　　　B. 负债股利

C. 财产股利　　　　　　　　　　　D. 股票股利

19. 下列项目中，属于在净利润和市盈率不变的情况下，公司实行股票反分割导致结果的是（　　）。

A. 每股收益上升　　　　　　　　　B. 每股面额下降

C. 每股市价下降　　　　　　　D. 每股净资产不变

20. 实施股票分割和股票股利产生的效果相似，它们都会（　　）。

A. 降低股票每股面值　　　　　B. 减少股东权益总额

C. 降低股票每股价格　　　　　D. 改变股东权益结构

二、多项选择题

1. 下列关于固定股利支付率政策的说法中，正确的有（　　）。

A. 体现了多盈多分、少盈少分、无盈不分的股利分配原则

B. 从企业支付能力的角度看，这是一种不稳定的股利政策

C. 比较适用于那些处于稳定发展阶段且财务状况也较稳定的公司

D. 在该政策下，容易使公司面临较大的财务压力

2. 下列项目中，属于在目标利润定价法下需要考虑的因素有（　　）。

A. 预期目标利润　　　　　　　B. 产品销售量

C. 产品成本　　　　　　　　　D. 适用税率

3. 下列关于利润分配制约因素的说法中，正确的有（　　）。

A. 资本保全约束规定公司可以用实收资本或资本公积发放股利，其目的在于维持企业资本的完整性

B. 如果企业的资产有较强的流动性，现金来源较宽裕，则公司具有较强的股利支付能力

C. 在通货膨胀时期，企业一般采用偏紧的利润分配政策

D. 具有控制权的股东往往主张限制股利的支付

4. 下列项目中，属于上市公司会采取偏紧股利政策的有（　　）。

A. 投资机会较多　　　　　　　B. 筹资能力较强

C. 资产流动性能较好　　　　　D. 通货膨胀

5. 下列项目中，属于先确定股利的数额，后确定留存收益的数额的是（　　）。

A. 剩余股利政策　　　　　　　B. 固定或稳定增长的股利政策

C. 固定股利支付率政策　　　　D. 低正常股利加额外股利政策

6. 下列项目中，属于股利相关理论的是（　　）。

A. "手中鸟"理论　　　　　　　B. 信号传递理论

C. 代理理论　　　　　　　　　D. 所得税差异理论

7. 下列项目中，按照我国《公司法》的规定可以进行股票回购的是（　　）。

A. 减少公司注册资本

B. 与持有本公司股份的其他公司合并

C. 将股份用于员工持股计划或者股权激励

D. 将股份用于转换上市公司发行的可转换为股票的公司债券

8. 下列项目中，属于发放股票股利可能导致的结果的是（　　）。

A. 股东权益内部结构发生变化　　B. 股东权益总额发生变化

C. 每股收益下降　　　　　　　D. 股份总额发生变化

9. 下列项目中，属于财产股利的支付方式的是（　　）。

A. 其他公司的债券　　　　　　　　B. 其他公司的股票

C. 应付票据　　　　　　　　　　　D. 现金

10. 下列项目中，属于股票股利和股票分割相同点的是（　　）。

A. 会导致普通股股数增加

B. 当市盈率与收益总额不变时，都会导致每股收益和每股市价下降

C. 股东权益总额不变

D. 会导致股东权益内部结构变化

11. 下列关于公司采用剩余股利政策决策时应注意的事项有（　　）。

A. 资本结构是长期有息负债和所有者权益的比率

B. 资本结构是负债总额和所有者权益的比率

C. 分配股利的现金问题是营运资金管理问题

D. 分配股利的现金问题是长期资本筹集的问题

12. 下列项目中，属于固定股利政策优点的有（　　）。

A. 保持理想的资本结构，使加权平均资本成本最低

B. 有利于树立公司良好的形象，增强投资者对公司的信心

C. 有利于公司股票价格保持稳定或上升

D. 固定的股利有利于投资者安排股利收入和支出

13. 下列项目中，属于公司股利政策法律限制因素的有（　　）。

A. 资本保全的限制　　　　　　　　B. 企业积累的限制

C. 净利润的限制　　　　　　　　　D. 无力偿付的限制

14. 下列项目中，属于公司股利政策股东限制因素的有（　　）。

A. 稳定的收入　　　　　　　　　　B. 避税

C. 举债能力　　　　　　　　　　　D. 控制权的稀释

15. 下列项目中，属于公司股利政策的公司限制因素的有（　　）。

A. 盈余的稳定性　　　　　　　　　B. 公司的流动性

C. 投资机会　　　　　　　　　　　D. 债务需要

16. 下列关于公司股利政策的说法中，正确的有（　　）。

A. 成长中的公司倾向于采取高股利支付率政策

B. 盈余稳定的公司倾向于采取高股利支付率政策

C. 举债能力强的公司倾向于采取高股利支付率政策

D. 股东边际税率较高的公司倾向于采取高股利支付率政策

17. Y 公司拟按 1 股换 2 股的比例进行股票分割，分割前后保持不变的项目有（　　）。

A. 每股收益　　　　　　　　　　　B. 净资产

C. 资本结构　　　　　　　　　　　D. 股权结构

18. H 公司目前普通股 400 万股，每股面值 1 元，股东权益总额 1400 万元。如果按 2 股换成 1 股的比例进行股票反分割，下列项目中，说法错误的有（　　）。

A. 甲公司每股面值 0.5 元

B. 甲公司股本 200 万元

C. 甲公司股东权益总额 700 万元

D. 甲公司股数 200 万股

19. U 公司盈利稳定，有多余现金，拟进行股票回购用于将来奖励本公司职工，股票回购产生的影响有 (   )。

A. 每股收益提高   B. 每股面额下降

C. 资本结构变化   D. 自由现金流减少

20. 下列项目中，说法正确的有 (   )。

A. 在除息日之前，股利权从属于股票

B. 从除息日开始，新购入股票的人不能分享本次已宣告发放的股利

C. 在股权登记日之前持有或买入股票的股东才有资格领取本期股利，在当天买入股票的股东没有资格领取本期股利

D. 自除息日起的股票价格中不包含本次派发的股利

三、判断题

1. 上市公司发放股利有利于长期持股的个人股东获得纳税方面的好处。 (   )

2. 股利无关论的假定条件之一是不存在任何公司或个人所得税。 (   )

3. 股票分割不仅有利于促进股票流通和交易，而且有助于提高投资者对公司股票的信心。 (   )

4. 税法规定：纳税人发生年度亏损，可以用下一纳税年度的所得弥补；下一年度的所得不足以弥补的，可以逐年延续弥补，但延续弥补期最长不得超过 5 年。这里的亏损是指会计的亏损，即净利润为负值。 (   )

5. 采用固定或稳定增长股利政策公司财务压力较小，有利于股票价格的稳定与上涨。

(   )

6. 股票回购会改变公司的资本结构，而股票分割后股东权益总额及其内部结构都不会发生任何变化。 (   )

7. 发放股票股利不会对公司的资产总额、负债总额及所有者权益总额产生影响，但会发生资金在各所有者权益项目间的再分配。 (   )

8. 如果公司的投资机会多，对资金的需求量大，那么它就很可能会考虑采用高股利支付水平的分配政策。 (   )

9. 股票分割会降低股票价格，在一定程度上加大了对公司股票恶意收购的难度，同时还可以为公司发行新股做准备。 (   )

10. 固定股利支付率政策，体现了多盈多分、少盈少分、无盈不分的股利分配原则，这里的盈是指企业留存的盈余，所以固定股利支付率政策使得净利润与发放的股利紧密的结合。 (   )

11. 现金股利是公司以现金支付的股利，它是股利支付的主要方式。 (   )

12. 股票股利是公司以增发股票作为股利支付方式。 （　　）

13. 财产股利是公司以增发股票作为股利支付方式。 （　　）

14. 负债股利是以公司应付票据等作为股利支付方式。 （　　）

15. 股利宣告日是指有权领取本期股利的股东其资格登记截止日期。 （　　）

16. 采用固定或稳定增长股利政策公司财务压力较小，有利于股票价格的稳定与上涨。

（　　）

17. 股票回购会改变公司的资本结构，而股票分割后股东权益总额及其内部结构都不会发生任何变化。 （　　）

18. 在除息日以后购买股票的股东才能领取本次股利，而在除息日之前购买股票的股东，则不能领取本次股利。 （　　）

19. 限制性股票模式只对公司的业绩目标进行考核，不要求股价的上涨，因此比较适合业绩稳定型的上市公司及其集团公司、子公司。 （　　）

20. 通货膨胀时期公司股利政策往往偏松。 （　　）

四、计算分析题

K 公司 2020 年度的税后利润为 1200 万元，该年分配股利 600 万元，2022 年拟投资 1000 万元引进一条生产线以扩大生产能力，该公司目标资本结构为自有资金占 80%，借入资金占 20%。该公司 2021 年度的税后利润为 1300 万元。

要求：

(1) 如果 K 公司执行的是固定股利政策，并保持资金结构不变，则 2022 年度该公司为引进生产线需要从外部筹集多少自有资金？

(2) 如果 K 公司执行的是固定股利支付率政策，并保持资金结构不变，则 2022 年度该公司为引进生产线需要从外部筹集多少自有资金？

(3) 如果 K 公司执行的是剩余股利政策，则 2021 年度公司可以发放多少现金股利？

五、综合训练

任务 W 公司本年度实现净利润 40 万元，假定 W 公司宣布按市价发放 10% 的股票股利，现有股东每持 10 股可得 1 股股票股利，有关资料如下。

(1) 在发放股票股利前，股东权益情况如表 9-6 所示。

表 9-6　发放股票股利前股东权益情况　　　　　　　　单位：万元

项　　目	金　额
股本 (面值 1 元，已发行 200 000 股)	20
资本公积	40
未分配利润	200
股东权益合计	260

(2) 该股票当前市价为 20 元 / 股，M 股东持有 20 000 股普通股。假设发放股票股利后市盈率 (每股市价 / 每股收益) 和盈利总额不变。

要求：

(1) 确定按市价发放股票股利后股东权益各项目的金额；

(2) 计算发放股票股利前每股收益；

(3) 计算发放股票股利后每股收益、每股市价、该股东的持股比例和所持股票总价值，分析发放股票股利对该股东的影响。（每股收益和每股市价结果保留四位小数，所持股票总价值结果取整数。）

项目十　全　面　预　算

学习目标

1. 理解全面预算的内容、预计利润表和预计资产负债表的编制原理和方法；
2. 通过预算编制方法实训、预算编制实训，掌握营业预算的相关内容。

思维导图

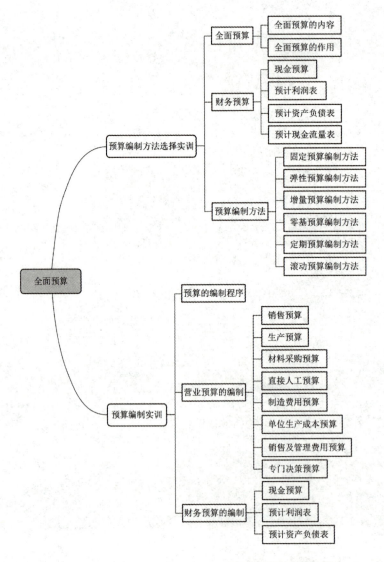

预算是一种可以执行和控制经济活动的最为具体的计划，是对目标的具体化，是将企业活动导向预定目标的有力工具。数量化和可执行性是预算的最主要特征。实务中，只有经过预算，对企业未来的经济活动进行有预见性的安排，才能够应对未来有可能发生的不确定性事项，降低风险，提高财务目标的效果。

任务一　预算编制方法选择实训

一、实训目的

通过预算编制方法选择实训项目训练，帮助同学们理解全面预算的理论与方法，掌握各种预算编制方法的优点、缺点和适用范围，针对企业的实际需求选择预算编制方法。

二、实训基础知识

预算是指企业在预测、决策的基础上，以数量和金额的形式反映企业未来一定时期内经营活动、投资活动、财务活动等的具体计划，是为实现企业目标而对各种资源和企业活动进行的详细安排。

（一）全面预算

全面预算是指企业为了实现其生产经营目标，将企业各个部门的经营活动进行规划，形成的一套反映企业预期经营活动的实施方案，财务预算是全面预算的核心内容。

1. 全面预算的内容

全面预算是对企业各个部门的经营活动进行规划而形成的一套反映企业预期经营活动的实施方案。全面预算通常包括经营预算、资本支出预算和财务预算三个部分。

(1) 经营预算。经营预算是指企业为了满足日常经营活动的需要而进行的预算，包括销售预算、生产预算、直接材料预算、直接人工预算、制造费用预算、销售及管理费用预算等。企业首先应根据市场需求及自身的生产能力，制定企业销售预算，销售预算是全面预算的起点。

(2) 资本支出预算。资本支出预算是指企业为满足生产需要而进行的长期投资预算，如固定资产的构建、扩建、改造等，资本支出预算常需要长期筹资预算相配合。

(3) 财务预算。财务预算是指一系列专门反映企业未来一定预算期内的预计财务状况和经营成果，以及现金收支等价值指标的各种预算。在全面预算中，财务预算的综合性最强，是预算的核心内容；而财务预算使用的各类指标又依赖于经营预算和资本支出预算。

2. 全面预算的作用

全面预算作为一种综合管理方法，通过将管理决策数量化实现财务管理功能，在企业的经营管理活动中发挥着重要作用，主要包括以下四个方面：

(1) 明确企业经营目标。

(2) 协调好各方面的关系。

(3) 控制经济活动。

(4) 考核评价业绩。

（二）财务预算

在企业全面预算体系中，财务预算对企业的预算执行具有指导标杆的作用。财务预算包括现金预算、预计利润表、预计资产负债表和预计现金流量表。

1. 现金预算

现金预算又称现金收支预算，是指反映企业在预算期内全部现金流入和现金流出，以及由此预计的现金收支所产生的结果的预算。现金预算是以销售预算、生产预算、成本与费用预算、预计资本支出预算为基础编制的，它是财务预算的核心。

2. 预计利润表

预计利润表是指反映和控制企业在预算期内损益情况和盈利水平的预算，它是在汇总销售预算、各项成本费用预算、资本支出预算等资料的基础上编制的。

3. 预计资产负债表

预计资产负债表是指反映企业预算期末财务状况的总括性预算，它是依据当前的实际资产负债表和全面预算中的其他预算所提供的资料编制而成的。

4. 预计现金流量表

预计现金流量表是指反映企业一定期间现金流入与现金流出情况的一种财务预算，它是从现金的流入和流出两个方面，揭示企业一定期间经营活动、投资活动和筹资活动所产生的现金流量。

（三）预算编制方法

预算构成一个完整的管理体系，有其成熟的预算编制方法。常见的预算编制方法主要包括固定预算法与弹性预算法、增量预算法与零基预算法、定期预算法与滚动预算法。

1. 固定预算编制方法

固定预算又称静态预算，是指根据企业在预算期内正常的、可实现的某一既定业务量水平为基础来编制的预算。固定预算一般适用于费用项目固定或者变化很小的预算、数额比较稳定的预算。

固定预算编制容易、工作量小，可以根据企业上期数据直接填列，节约了预算编制的工作量。但是，固定预算存在两个方面的缺陷：一是预算编制过于呆板，由于编制预算的业务量基础是实现假定的某个业务量，因此在这种方法下，不论预算期内业务量水平实际可能发生哪些变动，都只按事先确定的某一个业务量水平作为编制预算的基础；二是可比性差，当实际的业务量与编制预算所依据的业务量发生较大差异时，有关预算指标的实际数与预算数会因业务量基础不同而失去可比性。

2. 弹性预算编制方法

弹性预算是指按照成本（费用）习性分类的基础上，根据量、本、利之间的依存关系，考虑整个计划期间业务量可能发生的变动而编制出一套适应多种业务量的费用预算，以便分别反映在不同业务量的情况下所应支出的成本费用水平。

弹性预算方法是为了弥补固定预算方法的缺陷而产生的，它克服了固定预算业务量固定、费用项目固定的不足。编制弹性预算所依据的业务量可以是生产量、销售量、机器工时、材料消耗量和直接人工工时等。弹性预算具有预算范围宽、可比性强的优点。弹性预算一般适用于与预算执行单位业务量有关的成本（费用）、利润等预算项目。

实务中，弹性预算的编制既可以采用公式法，也可以采用列表法。

(1) 公式法。公式法是假设成本和业务量之间存在线性关系，成本总额、固定成本、业务量和单位变动成本之间的变动关系可以表示为

$$Y = a + bx \tag{10-1}$$

其中，Y 表示成本总额，a 表示不随业务量变动而变动的那部分固定成本，b 表示单位变动成本，x 表示业务量。

公式法的优点是在一定范围内预算可以随业务量变动而变动，可比性和适应性强，编制预算的工作量相对较小；缺点是按公式法进行成本分解比较麻烦，对每个费用子项目甚至细目逐一进行成本分解，工作量很大。

(2) 列表法。列表法是通过列表的方式，将与各种业务量对应的预算数列示出来的一种弹性预算编制方法。

列表法的优点是可以直接从表中查得各种业务量下的成本费用预算，不用再另行计算；缺点是编制工作量较大，由于预算数不能随业务量变动而任意变动，因此其弹性不足。

3. 增量预算编制方法

增量预算是指以基期成本费用水平为基础，结合预算期业务量水平及有关降低成本的措施，通过调整有关费用项目而编制预算的方法。增量预算以过去的费用发生水平为基础，主张不需在预算内容上作较大的调整，其编制遵循以下三个方面的假设：

(1) 企业现有业务活动是合理的，不需要进行调整；

(2) 企业现有各项业务的开支水平是合理的，在预算期予以保持；

(3) 企业以现有业务活动和各项活动的开支水平，确定预算期各项活动的预算数。

4. 零基预算编制方法

零基预算的全称为以零为基础的编制计划和预算方法，是指在编制费用预算时，不考虑以往会计期间所发生的费用项目或费用数额，而是一切以零为出发点，从实际需要逐项审议预算期内各项费用的内容及开支标准是否合理，在综合平衡的基础上编制费用预算的方法。零基预算一般要经过以下三个步骤。

首先，企业内部各级部门的员工，根据企业的生产经营目标，详细讨论计划期内应该发生的费用项目，并对每一费用项目编写一套方案，提出费用开支的目的以及需要开支的费用数额。

其次，划分不可避免费用项目和可避免费用项目。在编制预算时，对不可避免费用项目必须保证资金供应；对可避免费用项目，则需要逐项进行成本与效益分析，尽量控制将可避免项目纳入预算当中。

最后，划分不可延缓费用项目和可延缓费用项目。在编制预算时，应根据预算期内可供支配的资金数额在各费用之间进行分配，优先安排不可延缓费用项目的支出，再根据需要按照费用项目的轻重缓急确定可延缓项目的开支。

零基预算编制方法具有以下四个方面的优点。

(1) 不受现有费用项目的限制；

(2) 不受现行预算的束缚；

(3) 能够调动各方面节约费用的积极性；

(4) 有利于促使各基层单位精打细算，合理使用资金。

5. 定期预算编制方法

定期预算是指在编制预算时以不变的会计期间（如日历年度）作为预算期的一种编制预算的方法。这种方法的优点是能够使预算期间与会计期间相对应，便于将实际数与预算数进行对比，也有利于对预算执行情况进行分析和评价。这种方法的缺点是固定以 1 年为预算期，在执行一段时期之后，往往使管理人员只考虑剩下来的几个月的业务量，缺乏长远打算，导致一些短期行为的出现。

6. 滚动预算编制方法

滚动预算又称连续预算，是指在编制预算时将预算期与会计期间脱离开，随着预算的执行不断地补充预算，逐期向后滚动，使预算期始终保持为一个固定长度（一般为 12 个月）的一种预算方法。

滚动预算的基本做法是使预算期始终保持为 12 个月，每过 1 个月或 1 个季度，立即在期末增列 1 个月或 1 个季度的预算，逐期往后滚动。因为在任何一个时期都使预算保持为 12 个月的时间长度，所以又称连续预算或永续预算。这种预算能使企业各级管理人员对未来始终保持整整 12 个月时间的考虑和规划，从而保证企业的经营管理工作能够稳定而有序地进行。

滚动预算的编制采用长期计划、短期安排的方法进行，就是在基期编制预算时，先按年度分季，并将其中第 1 季度按月划分，建立各月的明细预算数字，以便监督预算的执行，其他 3 个季度的预算可以粗略一些，只列各季总数。第 1 季度结束后，再将第 2 季度的预算按月细分，第 3、4 季度以及增列的下一年度的第 1 季度的预算只列出各季度的总数，如此类推。采用这种方法编制的预算有利于管理人员对预算资料作经常性的分析研究，并根据当时预算的执行情况及时加以调整。

三、经典实训资料

实训资料　M 公司的全面预算方法

韦总经营一家 M 销售公司，生意做得不错，市场占有率不断提升，有了一定的资本积累。M 公司采用增量预算法进行公司年度预算。然而，最近韦总经常发现钱不够用，有些项目费用都超出了原计划的金额，现金流出现很大的压力使韦总焦头烂额。

问题：M 公司出现这种状况的原因是什么，如何解决。

根据题意分析如下：

M 公司出现各项费用明显超支的原因是多方面的，从公司预算的角度看，公司采用增量预算方法，不符合 M 公司的实际情况，M 公司原先预算的基数和费用比例不符合公司的实际经营开支，存在一定的盲目性，脱离了公司的实际情况。M 公司可以采用零基预算法，根据公司的实际情况，重新分析论证进行预算，确定哪些费用开支是合理的，哪些费用开支是不合理的，将不合理的费用及比例去掉，保留合理的费用项目及比例。

任务二　预算编制实训

一、实训目的

通过预算编制实训项目训练，帮助同学们根据全面预算的理论与方法，结合企业的实际需求，有序地编制销售预算、生产预算、采购预算等。

二、实训基础知识

（一）预算的编制程序

企业预算的编制涉及经营管理的各个部门，只有执行团队参与预算的编制，才能使预算成为他们自愿努力完成的目标。

企业预算的编制经过以下程序。

(1) 企业决策机构根据长期规划，利用本、量、利分析等工具，提出企业一定时期的总目标，并下达规划指标；

(2) 基层成本控制人员自行草编预算，使预算能较为可靠、较符合实际；

(3) 各部门汇总部门预算，并初步协调本部门预算，编制出销售、生产、财务等预算；

(4) 预算委员会审查、平衡各预算，汇总出公司的总预算；

(5) 经过总经理批准，审议机构通过或者驳回修改预算；

(6) 将主要预算指标报告给董事会或上级主管单位，讨论通过或者驳回修改；

(7) 将批准后的预算下达给各部门执行。

（二）营业预算的编制

营业预算是企业日常营业活动的预算，企业的营业活动涉及供、产、销等各个环节及业务。营业预算包括销售预算、生产预算、直接材料预算、直接人工预算、制造费用预算、产品成本预算、销售费用预算和管理费用预算等。

1. 销售预算

销售预算是指在销售预测的基础上，根据企业年度目标利润确定的预计销售量、销售单价和销售收入等参数编制的，用于规划预算期销售活动的一种业务预算。在编制过程中，应根据年度内各季度市场预测的销售量和单价，确定预计销售收入，并依据各季现销收入与收回前期的应收账款反映现金收入额，以便为编制现金收支预算提供资料。根据销售预测确定的销售量和销售单价确定各期销售收入，并根据各期销售收入和企业信用政策，确定每期的销售现金流量，这是销售预算的两个核心问题。实务中，销售预算是编制全面预算的起点。

2. 生产预算

生产预算是规划预算期生产数量而编制的一种业务预算，它是在销售预算的基础上编制的，并可以作为编制材料采购预算和生产成本预算的依据。生产预算的要点是确定预算期的产品生产量和期末结存产品数量，前者为编制材料预算、人工预算、制造费用预算等提供基础，后者是编制期末存货预算和预计资产负债表的基础。其计算公式为

$$预计生产量 = 预计销售量 + 预计期末结存量 - 预计期初结存量 \qquad (10-2)$$

3. 材料采购预算

材料采购预算是为了规划预算期材料消耗情况及采购活动而编制的，用于反映预算期各种材料消耗量、采购量、材料消耗成本和材料采购成本等计划信息的一种业务预算。实务中，企业材料采购预算依据预计产品生产量和材料单位耗用量，确定生产需要耗用量，再根据材料的期初、期末结存情况，确定材料采购量，最后根据采购材料的付款，确定现金支出情况。其计算公式为

$$某种材料耗用量 = 产品预计生产量 \times 单位产品定额耗用量 \qquad (10-3)$$
$$某种材料采购量 = 某种材料耗用量 + 该种材料期末结存量 - 该种材料期初结存量 \quad (10-4)$$

4. 直接人工预算

直接人工预算是一种既反映预算期内人工工时消耗水平，又规划人工成本开支的业务预算，这项预算是根据生产预算中的预计生产量以及单位产品所需的直接人工小时和单位小时工资率进行编制的。实务中，企业往往要雇用不同工种的人工，必须按工种类别分别计算不同工种的直接人工小时总数；然后将算得的直接人工小时总数分别乘以各工种的工资率，再进行合计，即可求得预计直接人工成本的总数。其计算公式为

$$某种产品直接人工总工时 = 单位产品定额工时 \times 该产品预计生产量 \qquad (10-5)$$
$$某种产品直接人工总成本 = 单位工时工资率 \times 该种产品直接人工工时总量 \qquad (10-6)$$

5. 制造费用预算

制造费用预算是反映生产成本中除直接材料、直接人工以外的一切不能直接计入产品制造成本的预算。实务中，企业应当按成本习性将制造费用划分为固定费用和变动费用，分别编制变动制造费用预算和固定制造费用预算。编制制造费用预算时，应以计划期的一定业务量为基础来规划各个费用项目的具体预算数字。另外，在制造费用预算表下还要附

有预计现金支出表，以方便编制现金预算。

变动制造费用分配率的计算公式为

$$某项目变动制造费用分配率 = \frac{该项目变动制造费用预算总额}{业务量预算总数} \qquad (10\text{-}7)$$

6. 单位生产成本预算

单位生产成本预算是反映预算期内各种产品生产成本水平的一种业务预算。单位生产成本预算是在生产预算、直接材料消耗及采购预算、直接人工预算和制造费用预算的基础上编制的，通常应反映某个产品的单位生产成本，其计算公式为

$$单位产品预计生产成本 = 单位产品直接材料成本 +$$
$$单位产品直接人工成本 + 单位产品制造费用 \qquad (10\text{-}8)$$

以单位产品成本预算为基础，还可以确定期末结存产品成本，其计算公式为

$$期末结存产品成本 = 期初结存产品成本 + 本期产品生产成本 - 本期销售产品成本 \quad (10\text{-}9)$$

7. 销售及管理费用预算

销售及管理费用预算是指以价值形式反映整个预算期内为销售产品和维持一般行政管理工作而发生的各项目费用支出预算。该预算与制造费用预算一样，需要划分固定费用和变动费用列表，其编制方法也与制造费用预算相同。

8. 专门决策预算

专门决策预算又称资本支出预算，是指与项目投资决策相关的专门预算，它往往涉及长期建设项目的资金投放与筹集，且经常跨越多个年度。

（三）财务预算的编制

财务预算是企业预算的核心内容，属于企业的综合性预算，包括现金预算、利润表预算和资产负债表预算。

1. 现金预算

现金预算是指以业务预算和专门决策预算为依据编制的反映预算期内预计现金收入与现金支出，以及为满足理想现金余额而进行现金投融资的预算。现金预算由期初现金余额、现金收入、现金支出、现金余缺、现金投放与筹措五部分组成，其计算公式为

$$期初现金余额 + 现金收入 - 现金支出 = 现金余缺 \qquad (10\text{-}10)$$

期末现金余额的计算公式为

$$期末现金余额 = 现金余缺 + 现金筹措 (现金不足时)$$
$$= 现金余缺 - 现金投放 (现金多余时) \qquad (10\text{-}11)$$

2. 预计利润表

预计利润表用来综合反映企业在计划期的预计经营成果，是企业最主要的财务预算表之一。编制预计利润表的依据是各业务预算、专门决策预算和现金预算。

3. 预计资产负债表

预计资产负债表用来反映企业在计划期末预计的财务状况，它的编制需以计划期开始日的资产负债表为基础，结合计划期间各项业务预算、专门决策预算、现金预算和预计利润表进行编制。它是编制全面预算的终点。

三、经典实训资料

实训资料一　H公司预算编制

已知：H公司2021年10~12月实际销售额分别为3 500 000元、4 000 000元和5 000 000元，预计2022年1月份销售额为4 600 000元。每月销售收入中有60%于当月收现，30%于次月收现，10%于第三个月收讫，不存在坏账。

假定H公司销售的产品在流通环节只需缴纳消费税，税率为10%，并于销售当月以货币资金缴纳。H公司2021年12月末货币资金余额为8000元，应付账款余额为450 000元（需在2022年1月份付清），不存在其他应收、应付款项。

2022年1月份有关项目预计资料如下：采购材料800 000元（当月付款80%）；工资及其他支出750 000元（用现金支付）；制造费用780 000元（其中折旧等非付现费用为420 000元）；销售费用和管理费用90 000元（用货币资金支付）；预交所得税171 000元；购买设备1 780 000元（用货币资金支付）。货币资金不足时，通过向银行借款解决。2022年1月末货币资金余额要求不低于9000元。

根据上述资料，计算该企业2022年1月份的下列预算指标：

(1) 经营性现金流入；

(2) 经营性现金流出；

(3) 资本性现金支出；

(4) 现金余缺；

(5) 应向银行借款的最低金额；

(6) 1月末应收账款余额。

根据题意分析计算如下：

(1) 经营性现金流入 $= 4\,000\,000 \times 10\% + 5\,000\,000 \times 30\% + 4\,600\,000 \times 60\% = 4\,660\,000$（元）；

(2) 经营性现金流出 $= (800\,000 \times 80\% + 450\,000) + 750\,000 + (780\,000 - 420\,000) + 90\,000 + 4\,600\,000 \times 10\% + 171\,000 = 2\,921\,000$（元）；

(3) 资本性现金支出 $=$ 购买设备现金支出 $= 1\,780\,000$（元）；

(4) 现金余缺 $= 8000 + 4\,660\,000 - 2\,921\,000 - 1\,780\,000 = -33\,000$（元）；

(5) 应向银行借款的最低金额 $= 33\,000 + 9000 = 42\,000$（元）；

(6) 1月末应收账款余额 $= 5\,000\,000 \times 10\% + 4\,600\,000 \times 40\% = 2\,340\,000$（元）。

实训资料二　现金预算编制

资料：N公司准备编制2021年12月的现金收支计划。已知：

(1) 月初现金余额有8000元；

(2) 月初应收账款 40 000 元，预计月内可收回 80%；

(3) 本月销货 500 000 元，预计月内收款比例为 50%；

(4) 月初应付账款余额 50 000 元，须在月内全部付清；

(5) 本月采购材料 80 000 元，预计月内付款 70%；

(6) 月内以现金支付工资 18 400 元；

(7) 本月制造费用等间接费用付现 16 000 元；

(8) 其他经营性现金支出 9000 元；

(9) 购买设备支付现金 200 000 元；

(10) 当公司现金不足时，可向银行借款，借款金额为 1000 元的倍数，现金多余时可购买有价证券；

(11) 月末现金余额不低于 5000 元。

要求：

(1) 计算 N 公司的经营现金收入；

(2) 计算 N 公司的经营现金支出；

(3) 计算 N 公司的现金余缺；

(4) 确定 N 公司的最佳资金筹措或运用数额；

(5) 确定 N 公司的月末现金余额。

根据题意计算分析如下：

(1) 经营现金收入 = 40 000 × 80% + 500 000 × 50% = 282 000(元)

(2) 经营现金支出 = 50 000 + 80 000 × 70% + 18 400 + 16 000 + 9000 = 149 400(元)

(3) 现金余缺 = 8 000 + 282 000 − (149 400 + 200 000) = −59 400(元)

(4) 确定最佳资金筹措或运用数额为：银行借款数额 = 5 000 + 60 000 = 65 000(元)

(5) 月末现金余额 = 65 000 − 59 400 = 5 600(元)

 习题与案例

一、单项选择题

1. 企业在预测、决策的基础上，用数量和金额以表格的形式反映企业未来一定时期内经营、投资、筹资等活动的具体计划，为实现企业目标而对各种资源和企业活动所做的详细安排指的是 (　　)。

A. 投资　　　　　　　　　　　B. 筹资

C. 预算　　　　　　　　　　　D. 分析与评价

2. 下列项目中，属于财务预算的是 (　　)。

A. 销售预算　　　　　　　　　B. 资金预算

C. 直接材料预算　　　　　　　D. 直接人工预算

3. 与企业资金收支、财务状况或经营成果等有关的预算是 (　　)。

A. 经营预算　　　　　　　　　　B. 专门决策预算

C. 财务预算　　　　　　　　　　D. 生产预算

4. 下列项目中，不属于经营预算内容的是 (　　)。

A. 销售预算　　　　　　　　　　B. 生产预算

C. 制造费用预算　　　　　　　　D. 资本支出预算

5. 根据预算期内正常的、最可实现的某一业务量水平为固定基础来编制预算的方法称为 (　　)。

A. 零基预算法　　　　　　　　　B. 定期预算法

C. 静态预算法　　　　　　　　　D. 滚动预算法

6. 下列项目中，不是在生产预算的基础上编制的是 (　　)。

A. 直接人工预算　　　　　　　　B. 直接材料预算

C. 管理费用预算　　　　　　　　D. 产品成本预算

7. M 公司要预估本年第 2 季度车间生产数量，现已知第 1 季度末的产成品还有库存 150 件，预计第 2 季度能够销售 300 件，第 2 季度末产成品剩余 100 件，则预计第 2 季度的生产量为 (　　) 件。

A. 250　　　　　　　　　　　　B. 350

C. 50　　　　　　　　　　　　 D. 550

8. 下列关于零基预算的说法中，不正确的是 (　　)。

A. 有助于增加预算编制透明度，有利于进行预算控制

B. 不受现有项目的限制

C. 不受历史期经济活动中的不合理因素的影响

D. 可能导致无效费用开支

9. 下列关于企业预算的说法中，正确的是 (　　)。

A. 数量化和可执行性是预算最主要的特征

B. 预算管理委员会对企业预算的管理工作负总责

C. 财务管理部门审批公司预算管理制度、政策

D. 总预算包括经营预算、专门决策预算和财务预算

10. 下列项目中，不属于预算作用的是 (　　)。

A. 它是业绩考核的重要依据

B. 可以实现企业内部各个部门之间的协调

C. 通过规划、控制和引导经济活动，使企业经营达到预期目标

D. 可以将资源分配给获利能力相对较高的相关部门

11. 下列关于企业采用列表法编制弹性预算的说法中，不正确的是 (　　)。

A. 不管实际业务量多少、不必经过计算即可找到与业务量相近的预算成本

B. 混合成本中的阶梯成本和曲线成本可按其性态计算填列，不必修正

C. 评价和考核实际成本时往往需要使用插值法计算实际业务量的预算成本

D. 便于在一定范围内计算任何业务量的预算成本

12. 下列关于全面预算的说法中，正确的是 ( )。

A. 全面预算可以用唯一的数量指标来表达

B. 预算审计可以采用全面审计或者抽样审计

C. 企业预算管理委员会应当对预算执行单位的预算调整报告进行审核分析

D. 年度预算经批准后不可以调整

13. S 公司编制预算时考虑到本年度生产量增长 10%，所以制造费用就在去年 50 万的基础上编制为 50×(1 + 10%) = 55(万元)，S 公司采用的预算编制方法属于 ( )。

A. 固定预算　　　　　　　　　B. 弹性预算

C. 增量预算　　　　　　　　　D. 零基预算

14. 在企业直接人工预算中，属于预计产量数据来源的是 ( )。

A. 制造费用预算　　　　　　　B. 生产预算

C. 直接材料预算　　　　　　　D. 销售预算

15. 下列项目中，属于固定预算法的是 ( )。

A. 使预算期始终保持为一个固定长度的预算方法

B. 不以基期成本费用水平为基础的预算方法

C. 以不变的预算期间作为预算期的预算方法

D. 以预算期正常的、最可实现的某一业务量水平为固定基础来编制预算的方法

16. 下列项目中，对公司预算管理工作负总责的是 ( )。

A. 财务管理部门　　　　　　　B. 预算管理委员会

C. 董事会　　　　　　　　　　D. 各职能部门

17. L 公司在资金预算中出现了现金结余，且超过了公司规定额度的期末现金余额，单纯从财务预算调剂现金余缺的角度看，L 公司不适合采用的措施是 ( )。

A. 偿还部分借款利息　　　　　B. 抛售短期有价证券

C. 偿还部分借款本金　　　　　D. 购入短期有价证券

18. 实务中，公司调整预算应当由预算执行单位逐级向 ( ) 提出报告。

A. 监事会　　　　　　　　　　B. 董事会

C. 股东会　　　　　　　　　　D. 企业预算管理委员会

19. 下列项目中，负责定期召开预算执行分析会议，全面掌握预算执行情况的部门是 ( )。

A. 预算管理委员会　　　　　　B. 预算执行单位

C. 财务管理部门　　　　　　　D. 董事会或经理办公会

20. F 公司只生产一种产品 K，每件产品消耗材料 10 千克。预计本期产量 155 件，下期产量 198 件，本期期初材料 310 千克，期末材料按下期产量用料的 20% 确定。本期预计材料采购量为 ( ) 千克。

A. 1464　　　　　　　　　　　B. 1860

C. 1636　　　　　　　　　　　D. 1946

二、多项选择题

1. 下列关于预算的特征与作用的说法中，正确的有（　　）。

A. 预算通过规划、控制和引导经济活动，使企业经营达到预期目标

B. 预算可以实现企业内部各个部门之间的协调

C. 预算是业绩考核的重要依据

D. 预算是数量化的并具有可执行性

2. 下列项目中，不属于全面预算体系最后环节的有（　　）。

A. 经营预算   B. 财务预算

C. 专门决策预算   D. 生产预算

3. 下列项目中，属于增量预算法基本假定的有（　　）。

A. 以现有业务活动和各项活动的开支水平确定预算期各项活动的预算数

B. 预算费用标准必须进行调整

C. 现有的各项业务开支水平都是合理的

D. 现有的业务活动是合理的

4. 下列项目中，属于滚动预算法优点的有（　　）。

A. 实现动态反映市场、建立跨期综合平衡

B. 强化预算的决策与控制职能

C. 能使预算期间与会计期间相对应

D. 便于将实际数与预算数进行对比

5. 与零基预算法相比，增量预算法的缺点有（　　）。

A. 编制工作量大   B. 可能会造成预算上的浪费

C. 不必要开支合理化   D. 无效费用得不到有效控制

6. 产品成本预算一般涉及的预算有（　　）。

A. 直接材料预算   B. 销售预算

C. 直接人工预算   D. 制造费用预算

7. 下列项目中，以专门决策预算为编制预算依据的有（　　）。

A. 产品成本预算   B. 预计资产负债表预算

C. 资金预算   D. 销售预算

8. 下列关于资金预算表中各项目的关系式表述中，不正确的有（　　）。

A. 现金收入 − 现金支出 = 现金余缺

B. 期初现金余额 + 现金收入 − 现金支出 = 现金余缺

C. 现金余缺 − 现金筹措（现金不足时）= 期末现金余额

D. 现金余缺 + 现金运用（现金多余时）= 期末现金余额

9. 下列项目中，属于企业全面预算按涉及预算期分类的有（　　）。

A. 长期销售预算   B. 资本预算

C. 长期预算   D. 短期预算

10. 下列项目中，属于企业全面预算按涉及内容分类的有（　　）。

A. 专门预算 　　　　　　　　　B. 利润表预算

C. 综合预算 　　　　　　　　　D. 资产负债表预算

11. 下列项目中，属于企业全面预算按涉及业务活动领域分类的有（　　）。

A. 投资预算 　　　　　　　　　B. 营业预算

C. 财务预算 　　　　　　　　　D. 资产负债表预算

12. 下列项目中，属于企业编制直接人工预算时会影响直接人工总成本的因素有（　　）。

A. 预计直接人工工资率 　　　　B. 预计产量

C. 预计车间辅助人员工资 　　　D. 预计单位产品直接人工工时

13. 下列项目中，属于企业以生产预算为编制基础的有（　　）。

A. 直接人工预算 　　　　　　　B. 销售预算

C. 变动制造费用预算 　　　　　D. 直接材料预算

14. 下列关于全面预算的表述中，正确的有（　　）。

A. 财务预算是关于采购、生产、销售业务的预算

B. 利润表预算和资产负债表预算为综合预算

C. 营业预算是关于采购、生产、销售业务的预算

D. 财务预算主要包括资产负债表预算、利润表预算和现金预算

15. 与增量预算编制方法相比，属于零基预算编制方法优点的有（　　）。

A. 编制工作量小 　　　　　　　B. 可以重新审视现有业务的合理性

C. 可以避免前期不合理费用项目的干扰

D. 可以调动各部门降低费用的积极性

16. 下列项目中，属于企业编制预计利润表依据的有（　　）。

A. 资金预算 　　　　　　　　　B. 专门决策预算

C. 经营预算 　　　　　　　　　D. 预计资产负债表

17. 下列项目中，属于对预计资产负债表中存货金额产生影响的有（　　）。

A. 生产预算 　　　　　　　　　B. 直接材料预算

C. 销售费用预算 　　　　　　　D. 产品成本预算

18. 公司财务管理部门应当利用财务报表监控预算的执行情况。为了促进公司完成预算的目标，需要及时提供财务信息给（　　）。

A. 预算执行单位 　　　　　　　B. 企业预算管理委员会

C. 董事会 　　　　　　　　　　D. 经理办公会

19. 对于预算执行单位提出的预算调整事项，公司在决策时应当遵循的要求有（　　）。

A. 预算调整事项不能偏离企业发展战略

B. 预算调整方案应当在经济上能够实现最优化

C. 预算调整重点应当放在预算执行中出现的重要的、非正常的、不符合常规的关键性差异方面

D. 预算调整重点应当放在预算执行中出现的非重要的、正常的、符合常规的关键性差异方面

20. 下列项目中，公司进行弹性预算编制时可以采用的方法有（　　）。

A. 公式法　　　　　　　　　B. 因素分析法

C. 销售百分比法　　　　　　D. 列表法

三、判断题

1. 一般将由经营预算、专门决策预算和财务预算组成的预算体系称为总预算。（　　）

2. 当现金余缺大于期末现金余额时，应将超过期末余额的多余现金进行投资；当现金余缺小于期末现金余额时，应筹措现金，且筹措的现金越多越好。（　　）

3. 零基预算法编制预算的准确性受企业管理水平和相关数据标准影响较大。（　　）

4. 如果采用弹性预算法，就可以根据各项成本同业务量的不同关系，采用不同方法确定实际业务量的预算成本，去评价和考核实际成本。（　　）

5. 生产预算是整个预算编制的起点，其他预算的编制都以生产预算作为基础。（　　）

6. 产品成本预算是销售预算、生产预算、直接材料预算、直接人工预算、制造费用预算、销售及管理费用预算的汇总。（　　）

7. 无论是可变制造费用还是固定制造费用，都是与产量呈线性关系的。（　　）

8. 专门决策预算又称为资本支出预算，一般预算的数据要纳入日常经营预算和资金预算。（　　）

9. 全面预算的编制涉及企业生产管理部门，只有执行人参与预算的编制，才能使预算成为他们自愿努力完成的目标。（　　）

10. 零基预算法的前提条件是现有的业务活动是企业所必需的，且原有的各项业务都是合理的。（　　）

11. 增量预算法适用于企业各项预算的编制，特别是不经常发生的预算项目或预算编制基础变化较大的预算项目。（　　）

12. 增量预算法的缺点是当预算期的情况发生变化时，预算数额会受到基期不合理因素的干扰，可能导致预算的不准确，不利于调动各部门达成预算目标的积极性。（　　）

13. 定期预算法是指在编制预算时，只根据预算期内正常可实现的某一固定的业务量水平作为唯一基础来编制预算的方法。（　　）

14. 滚动预算法又称动态预算法，是在成本性态分析的基础上，依据业务量、成本和利润之间的联动关系，按照预算期内相关的业务量水平计算其相应预算项目所消耗资源的预算编制方法。（　　）

15. 弹性预算法又称连续预算法或永续预算法，是在上期预算完成情况的基础上，调整和编制下期预算，并将预算期间逐期连续向后滚动推移，使预算期间保持一定的时期跨度。（　　）

16. 现金预算是整个预算的编制起点，其他预算的编制都以现金预算为基础。（　　）

17. 实务中，企业生产和销售很难做到同步同量，因此，需要储备一定量的产成品存货，以保证能在发生意外需求时按时供货，并可均衡生产，节省赶工的额外支出。（　　）

18. 直接材料预算是以生产预算为基础编制的，同时要考虑材料存货水平。（　　）

19. 现金预算的编制以资本预算为基础。（　　）

20. 现金预算的编制目的在于现金不足时筹措现金，现金多余时及时处理现金余额，并且提供现金收支的控制限额，发挥现金管理的作用。　　　　　　　　　　（　　）

四、计算分析题

1. K 公司为增值税一般纳税人，购销业务适用的增值税税率为 13%，假设只生产一种产品，相关预算资料如下。

资料一　预计每个季度实现的销售收入（含增值税）均以赊销方式售出，其中 60% 在本季度内收到现金，其余 40% 要到下一季度收讫，假定不考虑坏账因素。部分与销售预算有关的数据如表 10-1 所示。

表 10-1　销　售　预　算　　　　　　　　　　单位：万元

项　目	季　度			
	1	2	3	4
预计销售收入	*	800	880	*
增值税销项税额	*	104	D	*
预计含税销售收入	904	B	*	994.4
年初应收账款	166.4			
第1季度销售收现额	A	*		
第2季度销售收现额		C	*	
第3季度销售收现额			*	*
第4季度销售收现额				E
经营现金收入合计	*	*	*	994.4

说明：表中 * 表示省略的数据。

资料二　预计每个季度所需要的直接材料（含增值税）均以赊购方式采购，其中 40% 于本季度内支付现金，其余 60% 需要到下个季度付讫，假定不存在应付账款到期现金支付能力不足的问题。部分与直接材料采购预算有关的数据如表 10-2 所示。

表 10-2　直接材料预算　　　　　　　　　　单位：万元

项　目	季　度			
	1	2	3	4
预计材料采购成本	480	*	520	*
增值税进项税额	*	G	67.6	*
预计含税采购金额合计	F	542.4	587.6	598.9
年初应付账款	80			
第1季度采购支出额	*	*		
第2季度采购支出额			H	
第3季度采购支出额			235.04	*
第4季度采购支出额				*
材料采购现金支出合计	296.96	*	*	*

说明：表中 * 表示省略的数据。

要求：

(1) 根据资料一确定表 10-1 中 A、B、C、D、E 表示的数值。

(2) 根据资料二确定表 10-2 中 F、G、H 表示的数值。

(3) 根据资料一和资料二，计算预算年度应收账款和应付账款的年末余额。

五、综合训练

任务　全面预算的编制

A 公司生产和销售甲产品，该公司目前正在编制 2022 年的全面预算，有关资料如下。

资料一　2022 年 4 个季度的预计销售量分别为 800 件、1000 件、1200 件和 1000 件，预计销售单价 (含增值税，下同) 前 3 个季度为 65 元，第 4 个季度为 70 元。

资料二　上年末应收账款余额为 20 000 元，每季的销售中有 60% 能在当季收到现金，其余 40% 要到下季收讫。

资料三　预计 2022 年度甲产品期初存货量为 80 件，年末存货量为 100 件，无在产品存货，预计期末甲产品占下期销售量的比例为 10%。

资料四　生产甲产品只消耗 A 材料，消耗定额为 3 千克 / 件，材料采购单价为 4 元；A 材料年初存货量为 700 千克，年末存货量为 800 千克，预计期末存货量占下期生产需用量的比例为 20%；年初应付账款为 3000 元，材料采购的付现率为首期 60%，下期 40%。

要求 (计算过程保留整数)：

(1) 编制 2022 年销售预算如表 10-3 所示。

表 10-3　2022 年销售预算　　　　　　　　　　单位：元

项　目	季　度				
	1	2	3	4	全年
销售单价					
预计销售量 / 件					
预计销售收入					

(2) 编制 2022 年经营现金收入预算如表 10-4 所示。

表 10-4　2022 年经营现金收入预算　　　　　　单位：元

项　目	季　度				
	1	2	3	4	全年
销售收入					
期初应收账款					
第 1 季度经营现金收入					
第 2 季度经营现金收入					
第 3 季度经营现金收入					
第 4 季度经营现金收入					
经营现金收入合计					

(3) 编制 2022 年度生产预算如表 10-5 所示。

表 10-5　2022 年度生产预算

单位：件

项　　目	季　　度				
	1	2	3	4	全年
预计销售量					
预计期末存货量					
预计期初存货量					
预计生产量					

(4) 编制 2022 年直接材料需用量预算如表 10-6 所示。

表 10-6　2022 年直接材料需用量预算

项　　目	季　　度				
	1	2	3	4	全年
材料单耗 /（千克 / 件）					
预计生产量 / 件					
预计生产需用量 / 千克					

(5) 编制 2022 年直接材料采购预算如表 10-7 所示。

表 10-7　2022 年直接材料采购预算

单位：元

项　　目	季　　度				
	1	2	3	4	全年
材料采购单价 / 元					
预计材料生产需用量 / 千克					
预计期末材料存量 / 千克					
预计期初材料存量 / 千克					
预计本期采购量 / 千克					
材料采购成本 / 元					

(6) 编制 2022 年直接材料采购现金支出预算如表 10-8 所示。

表 10-8　2022 年直接材料采购现金支出预算

单位：元

项　　目	季　　度				
	1	2	3	4	全年
预计采购金额					
期初应付账款					
第 1 季度直接材料采购现金支出					
第 2 季度直接材料采购现金支出					
第 3 季度直接材料采购现金支出					
第 4 季度直接材料采购现金支出					
直接材料采购现金支出合计					

项目十一　财务控制

学习目标

1. 理解财务控制内容、特征、种类和方法，责任中心的类型和考核指标；

2. 通过财务控制认知实训，责任中心（成本中心、利润中心、投资中心）实训，掌握财务控制的原理与手段、责任中心的权责与效益衡量及其在实际工作中的应用。

思维导图

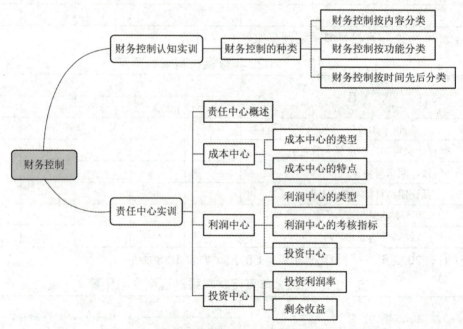

　　财务控制是指以企业财务决策、财务预算为依据，按照一定的程序和方法，确保企业内部机构和人员实现对企业资金的取得、投放、使用和分配过程的控制。财务控制是保证实现财务管理目标的关键。

　　财务控制借助责任预算、责任报告及业绩考核、内部转移价格等手段，通过价值指标将不同性质的业务综合起来监控，以不同岗位、部门和层次的不同经济业务为综合控制对象，是一种以日常现金流量为主要内容的全面控制。

任务一 财务控制认知实训

一、实训目的

以公司内部控制业务为基础，通过财务控制认知实训项目训练，帮助同学们系统掌握并灵活运用财务控制的理论与方法。

二、实训基础知识

实务中，财务控制可以按内容、功能、时间先后进行具体的分类。

1. 财务控制按内容分类

财务控制按内容可以分为一般控制和应用控制两类。

(1) 一般控制。一般控制也称环境控制，是指对企业财务活动赖以进行的内部环境所实施的总体控制，包括组织结构控制、人员控制、财务预算、业绩评价体系、财务记录等项的控制。

(2) 应用控制。应用控制也称业务控制，是指作用于企业财务活动的具体控制，包括业务处理程序中的批准与授权、审核与复核以及为保证资产安全而采取的限制措施等项的控制。

2. 财务控制按功能分类

财务控制按照功能可以分为预防性控制、侦查性控制、纠正性控制、指导性控制和补偿性控制。

(1) 预防性控制。预防性控制是指为减少风险、错弊和非法行为发生，或减少其发生机会而采取的一系列以防止为目的的控制活动。

(2) 侦查性控制。侦查性控制是指为及时识别已经存在的风险和已经发生的错弊和非法行为，或增强识别能力所进行的各项控制。

(3) 纠正性控制。纠正性控制是指对那些通过侦查性控制查出来的风险和错弊问题所进行的调整和纠正的控制活动。

(4) 指导性控制。指导性控制是为了实现有利结果而进行的控制。

(5) 补偿性控制。补偿性控制是针对某些环节的不足或缺陷而采取的控制措施。

3. 财务控制按时间先后分类

财务控制按时间先后可以分为事前控制、事中控制和事后控制三类。

(1) 事前控制。事前控制也称原因控制，是指企业在财务收支活动尚未发生之前，为防止企业财务资源在质和量上发生偏差而实施的控制。

(2) 事中控制。事中控制是指企业财务活动发生过程中，对财务收支活动所进行的控制。

(3) 事后控制。事后控制是指对财务活动的结果所进行的分析、评价控制。

三、经典实训资料

实训资料 张总的困惑

张总经营一家 P 公司，经过几年的发展，公司已具备了一定规模，然而，随着公司规模的不断扩大，管理上却出现了问题，如实际成本比计划成本明显偏高，财务预算与实际执行相差较大。在经营中，他总认为会有一定的利润，但结果往往与预期不符。

要求：找出张总困惑的原因，并提出解决问题的措施。

根据题意分析如下：

张总困惑的主要原因是财务控制缺失。由于公司规模扩大，按照经验对公司进行管理和执行财务控制渐渐失去了作用。建议张总根据公司的具体情况完善财务预算制度、建立健全财务控制制度，通过本、量、利分析，采用合理的预算方法和手段，完善公司全面预算和财务控制；同时，完善公司的财务控制手段，做到事前、事中和事后控制的有效衔接，实现有效的财务控制效果。

任务二 责任中心实训

一、实训目的

通过责任中心实训项目训练，帮助同学们灵活运用责任中心的理论与方法，强化对成本中心、利润中心和投资中心的管理。

二、实训基础知识

（一）责任中心概述

责任中心是指企业为了进行有效地控制及内部协调，将承担一定经济责任并享有一定权利和利益的企业内部单位划分为责任单位。建立责任中心是实行责任预算和责任会计的基础。

企业为了实行有效的内部协调与控制，通常按照统一领导、分级管理的原则，在其内部合理划分责任单位，明确各责任单位应承担的经济责任、应有的权利，促使各个责任单位尽其责任协同配合实现企业预算总目标。

责任中心具有以下五个方面的特征。

(1) 责任中心是一个责、权、利相结合的实体。每一个责任中心都要对一定的财务指标承担完成的责任；同时，责任中心被赋予与其所承担责任的范围与大小相适应的权利，并规定出相应的业绩考核标准和利益分配标准。

(2) 责任中心具有承担经济责任的条件。责任中心具有承担经济责任的条件主要有以下两个方面：一是责任中心要有履行经济责任中各条款的行为能力；二是责任中心一旦不能履行经济责任，能对其后果承担责任。

(3) 责任中心所承担的责任和行使的权利都应是可控的。每个责任中心只能对其职责范围内的成本、收入、利润和投资负责，这些内容必须是该中心所能控制的内容，在责任预算和业绩考评中也只应包括它们能控制的项目。可控是相对于不可控而言的，一般来说，责任层次越高，其可控范围越大。

(4) 责任中心具有相对独立的经营业务和财务收支活动。责任中心具有相对独立的经营业务和财务收支活动，是确定经济责任的客观对象，是责任中心得以存在的前提条件。没有独立的经营业务和财务收支活动，就不存在承担责任，也就不存在责任中心了，因此，责任中心应当有独立的经营业务和财务收支活动。

(5) 责任中心便于进行责任会计核算或单独核算。责任中心不仅要划清责任，而且要单独核算，划清责任是前提，单独核算是保证。只有划清责任又能进行单独核算的企业内部单位，才是真正意义上的责任中心。

（二）成本中心

成本中心是指不形成收入 (或不考核其收入) 只对成本或费用承担责任，而不对收入、利润或投资负责的责任单位。成本中心一般包括企业的供应部门、产品生产部门和管理部门等。成本中心分为技术性成本中心和酌量性成本中心。

从一般意义上来看，企业内部凡有成本发生、需要对成本负责并能对成本实施控制的责任单位，都可以设置为成本中心。在一个企业中，成本中心的应用范围最广，如从企业工厂到车间、班组都可以称为成本中心。成本中心由于层次规模不同，其控制和考核的内容也不尽相同，因此是一个逐级控制并层层负责的成本中心体系。

1. 成本中心的类型

成本中心分为技术性成本中心和酌量性成本中心。

(1) 技术性成本中心。技术性成本中心是指成本费用的发生额与业务量之间存在一定的数量依存关系，并且发生的数额通过技术分析可以相对可靠地估算出来的成本。如产品生产过程中发生的直接材料、直接人工、间接制造费用等，均属于技术性成本。

技术性成本的特点是这种成本的发生可以为企业提供一定的物质成果，投入量与产出量之间存在密切的联系。技术性成本也可以通过弹性预算予以控制。

(2) 酌量性成本中心。酌量性成本中心，是指该中心费用发生的总额与业务量之间不存在明确的或不具有一定数量依存关系的成本中心，需要采用非技术的方法 (如经验) 来估算其可能发生的成本额。如研究开发费用、广告宣传费用、职工培训费用等，就属于酌量性成本。

酌量性成本的特点是成本费用是否发生以及可能的发生额由管理者决策决定，主要是为企业提供一定的专业服务，一般不能直接产生可以用货币计量的成果。酌量性成本的控制应着重于预算总额的审批上。

2. 成本中心的特点

成本中心具有以下三个方面的特点。

(1) 成本中心只考核成本费用而不考核收益。这是因为成本中心不具有经营权和销售权，所以在其经济活动中不会形成收入。有的成本中心可能有少量的收入，从整体上来看，成本中心经济活动的目的决定了其投入与产出之间不存在密切的对应关系，因而，这些收入不作为主要的考核内容，也不必计算这些货币收入。

(2) 成本中心只对可控成本承担责任。成本费用依据责任主体是否可控分为可控成本和不可控成本。凡是责任中心能控制其发生及其发生数量的成本费用称为可控成本；凡是责任中心不能控制其发生及其发生数量的成本费用称为不可控成本，也称共同成本。

成本的可控与不可控是以特定的责任中心和特定的时期作为出发点的，这与责任中心所处管理层次的高低、管理权限及控制范围的大小和经营期间的长短有直接关系。如从一个企业来看，几乎所有的成本都可称为可控成本，而对企业内部各部门来说，则既有可控成本，又有不可控成本；通常较低层次的成本中心的可控成本一定是所属较高层次成本中心的可控成本，而较高层次的成本中心的可控成本不一定是较低层次成本中心的可控成本。

(3) 成本中心只对责任成本进行考核和控制。责任成本是以具体的责任单位为对象，以其承担的责任为范围所归集的成本，是各成本中心当期确定或发生的各项可控成本之和。它可分为预算责任成本和实际责任成本，对成本中心工作业绩的考核主要是将实际责任成本与预算责任成本进行比较，正确评价该中心的工作业绩。

成本中心的考核主要是将成本中心发生的实际责任成本同预算责任成本进行比较，从而判断成本中心业绩的好坏。成本中心的考核指标主要采用相对指标和比较指标，包括成本（费用）变动额和变动率两项指标，其计算公式为

$$成本（费用）变动额 = 实际责任成本（费用） - 预算责任成本（费用） \qquad (11\text{-}1)$$

$$成本（费用）变动率 = \frac{成本（费用）变动额}{预算责任成本（费用）} \times 100\% \qquad (11\text{-}2)$$

在对预算责任成本（费用）考核时，如果实际产量与预算产量不一致，应按弹性预算的方法先行调整预算指标，其计算公式为

$$预算责任成本（费用） = 实际产量 \times 单位预算责任成本 \qquad (11\text{-}3)$$

（三）利润中心

利润中心是指拥有独立或相对独立的生产经营决策权和收入，既对成本负责又对收入和利润负责的责任中心。利润中心往往处于企业内部的较高层次，是比成本中心更高层次的经营管理责任单位，如分厂、分店、分公司等。

1. 利润中心的类型

利润中心可以分为自然利润中心和人为利润中心两种。

(1) 自然利润中心。自然利润中心是指可以直接对外销售产品并取得收入的利润中心。这种利润中心直接面向市场，具有产品销售权、价格制定权、材料采购权和生产决策权。它是企业内部的一个部门，但其功能和独立企业类似，能够独立控制成本，取得收入。

(2) 人为利润中心。人为利润中心是指以内部结算为基础，只对内部责任单位提供产品或劳务而取得内部销售收入、实现内部利润的责任中心。这种利润中心一般不直接对外销售产品。工业企业中的大多数成本中心都可以转化为人为利润中心。人为利润中心与其他责任中心一起确定合理的内部转移价格，并为其他责任中心提供产品或劳务。

2. 利润中心的考核指标

利润中心是通过对一定时期实际实现利润与责任预算所确定的利润的比较，来评价利润中心的业绩。但由于利润中心成本核算方式不同，因此在具体比较上也有所区别。

(1) 只核算可控成本、不分担不可控成本的利润中心，其考核指标及计算公式为

利润中心边际贡献总额 = 该利润中心销售收入总额 − 该利润中心可控成本总额 (变动成本总额)　　　　　　(11-4)

边际贡献总额增长 (降低) 额 = 实际边际贡献总额 − 预算边际贡献总额

$$边际贡献总额变动率 = \frac{边际贡献总额增长(降低)额}{预算边际贡献总额} \times 100\% \qquad (11-5)$$

如果可控成本中包含可控固定成本，就不完全等于变动成本总额。但一般来说，利润中心的可控成本是变动成本。

(2) 当利润中心计算共同成本或不可控成本时，其考核指标及计算公式为

利润中心边际贡献总额 = 利润中心销售收入总额 − 利润中心变动成本总额　　(11-6)

利润中心负责人可控利润总额 = 利润中心边际贡献总额 − 利润中心负责人可控固定成本　　　　　　(11-7)

利润中心可控利润总额 = 利润中心负责人可控利润总额 − 利润中心负责人不可控固定成本　　　　　　(11-8)

公司利润总额 = 各利润中心可控利润总额之和 − 公司不可分摊的各种管理费用、财务费用等。　　　　　　(11-9)

为了考核利润中心负责人的经营业绩，应该对经理人员的可控成本费用进行评价和考核。这就需要将各利润中心的固定成本区分为可控成本和不可控成本，因为有些成本费用可以划归、分摊到有关利润中心，却不能为利润中心负责人所控制，如广告费、保险费等。在考核利润中心负责人业绩时，应将其不可控的固定成本从中剔除。

（四）投资中心

投资中心是指既要对成本和利润负责，又要对投资效果负责的责任中心。由于投资的目的是为了获得利润，因而投资中心同时也是利润中心，但也有不同。投资中心是企业内部最高层次的责任中心，它在企业内部具有最大的决策权，也承担最大的责任。投资中心的管理特征是较高程度的分权管理。

投资中心主要考核能集中反映利润与投资额之间关系的指标，包括投资利润率和剩余收益。

(1) 投资利润率。投资利润率又称投资收益率，是指投资中心所获得利润与投资额之间的比率，其计算公式为

$$投资利润率 = \frac{利润}{投资额} \times 100\% \tag{11-10}$$

用投资利润率来评价投资中心的业绩指标，能比较客观地根据现有会计资料计算得到有关数据，能综合反映投资中心的盈利能力；具有较强的可比性，可用于部门之间及不同行业之间的比较；有利于正确引导投资中心树立长远的经营目标和加强经营管理，促使管理者严格控制效益低的资产占用或投资活动。

(2) 剩余收益。剩余收益是指投资中心获得的实际利润与预算规定的预期利润的差额，其计算公式为

$$剩余收益 = 实际利润 - 预算规定的预期利润$$
$$= 实际利润 - 投资额 \times 预期最低投资利润率 \tag{11-11}$$

用剩余收益来评价投资中心的业绩可以克服投资利润率的缺陷，可以把业绩评价与企业的目标协调一致，只要投资利润率大于预期的最低投资利润率，该项目就是可行的。但该指标是绝对数指标，不便于不同部门之间的比较。

三、经典实训资料

实训资料一　W 公司的成本中心

W 公司将内部的第一生产车间划分为独立的成本中心，该成本中心只生产 A 产品，预算产量为 10 000 件，单位成本为 60 元，实际产量为 14 000 件，单位成本为 45 元。计算该成本中心的成本变动额和变动率分别是多少？

根据题意计算分析如下：

成本（费用）变动额 $= 45 \times 14\,000 - 60 \times 14\,000 = -210\,000$（元）；

$$成本（费用）变动率 = \frac{-210\,000}{60 \times 14\,000} \times 100\% = -25\%；$$

计算结果表明，该成本中心的实际成本比预算降低额为 210 000 元，降低率为 25%。

实训资料二　M 公司的人为利润中心

M 公司的一号车间是一个人为利润中心。本期实现内部销售收入 1900 万元，销售变动成本为 1300 万元，该中心负责人可控固定成本为 150 万元，中心负责人不可控成本但应由该中心负担的固定成本为 120 万元，试计算该利润中心各项指标。

根据题意计算分析如下：

M 公司的人为利润中心的实际考核指标分别为：

利润中心边际贡献总额 $= 1900 - 1300 = 600$（万元）；

利润中心负责人可控利润总额 $= 600 - 150 = 450$（万元）；

利润中心可控利润总额 $= 450 - 120 = 330$（万元）。

实训资料三　L 公司的投资中心实训

L 公司有 A 和 B 两个部门，有关数据如表 11-1 所示。

表 11-1　L 公司 A、B 两个部门的数据明细表　　　　　单位：元

项　　目	A 部门	B 部门
部门税前经营利润	280 000	180 000
所得税（税率 25%)	70 000	45 000
部门平均经营资产	1 200 000	900 000
部门平均经营负债	80 000	70 000

要求：(1) 计算两个部门的税后经营净利润；

(2) 计算两个部门的平均净经营资产；

(3) 计算 A 部门投资报酬率；

(4) 计算 B 部门投资报酬率；

(5) 简述：用部门投资报酬率评价投资中心业绩的优缺点。

根据题意计算分析如下：

(1) A 部门税后经营净利润 = 280 000 × (1 − 25%) = 210 000(元)；

　　B 部门税后经营净利润 = 180 000 × (1 − 25%) = 135 000(元)；

(2) A 部门平均净经营资产 = 1 200 000 − 80 000 = 1 120 000(元)；

　　B 部门平均净经营资产 = 900 000 − 70 000 = 830 000(元)；

L 公司 A、B 两个部门计算分析结果如表 11-2 所示。

表 11-2　L 公司 A、B 两个部门计算分析结果　　　　　单位：元

项　　目	A 部门	B 部门
部门税前经营利润	280 000	180 000
所得税（税率 25%)	70 000	45 000
部门税后经营净利润	210 000	135 000
部门平均经营资产	1 200 000	900 000
部门平均经营负债	80 000	70 000
部门平均净经营资产	1 120 000	830 000

(3) A部门投资报酬率 $= \dfrac{280\ 000}{1\ 120\ 000} = 25\%$ ；

(4) B部门投资报酬率 $= \dfrac{180\ 000}{830\ 000} = 21.69\%$ ；

(5) 优点：部门投资报酬率是根据现有的会计资料计算的，比较客观，可用于部门之间以及不同行业之间的比较；部门投资报酬率可以分解为投资周转率和部门经营利润率两者的乘积，并可进一步分解为资产的明细项目和收支的明细项目，从而对整个部门的经营状况作出评价。缺点：部门经理会产生次优化行为，即部门会放弃高于公司要求的报酬率而低于目前部门投资报酬率的机会，或者减少现有的投资报酬率较低但高于公司要求的报酬率的某些资产，使部门的业绩获得较好评价，但却损害了公司的整体利益。

习题与案例

一、单项选择题

1. H 公司每月固定制造费用为 20 000 元，固定销售费用为 5 000 元，固定管理费用为 50 000 元，单位变动制造成本为 50 元，单位变动销售费用为 9 元，单位变动管理费用为 1 元。H 公司只生产一种 A 产品，单价为 100 元，所得税税率为 25%，如果确保 H 公司本年不亏损，则至少应销售（　　）件 A 产品。

A. 22 500　　　　　　　　　　B. 1 875

C. 7 500　　　　　　　　　　D. 3 750

2. F 公司将内部的一车间作为成本中心用于生产 M 产品，预算产量为 2 000 件，单位成本为 300 元，实际产量为 2 450 件，实际单位成本为 270 元，则该成本中心的预算成本节约率为（　　）。

A. 10%　　　　　　　　　　B. 20%

C. 9.8%　　　　　　　　　　D. 10.2%

3. L 公司只生产一种 B 产品，每件 B 产品的单价为 5 元，单价的敏感系数为 5。假设其他条件不变，L 公司盈亏平衡时的 B 产品单价为（　　）元。

A. 3　　　　　　　　　　　B. 3.5

C. 4　　　　　　　　　　　D. 4.5

4. 企业在经营决策中应用本、量、利分析法时，两个备选方案预期成本相同情况下的业务量称为（　　）。

A. 成本分界点　　　　　　　　B. 盈亏平衡点

C. 最佳成本点　　　　　　　　D. 成本临界点

5. 下列关于作业成本的说法中，不正确的是（　　）。

A. 作业成本法是成本计算与成本管理的有机结合

B. 作业成本法以作业消耗资源、产出消耗作业为原则

C. 作业动因是引起作业成本变动的驱动因素

D. 一项作业可能指的是一类任务或活动

6. 下列项目中，属于作业动因中的交易动因的是（　　）。

A. 接受订单次数　　　　　　　B. 检查小时

C. 产品安装时间　　　　　　　D. 特别复杂产品的安装

7. 下列项目中，最适合评价利润中心部门经理的是（　　）。

A. 部门税后经营利润　　　　　B. 部门边际贡献

C. 部门税前经营利润　　　　　D. 部门可控边际贡献

8. M 公司投资中心的本期部门税前经营利润为 15 万元，部门平均资产为 100 万元（其

中平均非经营资产为20万元），部门平均经营负债为30万元，所要求的税前投资报酬率为10%，则该中心的剩余收益为（　　）万元。

A. 8

B. 10

C. 7

D. 5

9. K公司第二销售部的有关数据如下：营业收入为6万元，已销售产品的变动成本和变动销售费用为4万元，可控固定间接费用为2500元，不可控固定间接费用为3000元。该销售部经营业绩的利润额为（　　）元。

A. 20 000

B. 17 500

C. 14 500

D. 10 750

10. 需要利用有经验的专业人员对责任中心的工作质量和服务水平做出有根据的判断之后，才能对该中心的控制业绩做出客观评价，这样的责任中心称为（　　）。

A. 标准成本中心

B. 目标成本中心

C. 费用中心

D. 变动成本中心

11. 下列项目中，属于真正意义上的利润中心的是（　　）。

A. 可以计算其利润的组织单位

B. 有收入的中心

C. 对企业外部销售取得利润的中心

D. 管理人员有权对其供货源和市场的选择进行决策的单位

12. 三车间为成本中心，生产W产品，预算产量为5 000件，单位成本为200元，实际产量为6 000件，单位成本为195元，则W产品的预算成本节约率为（　　）。

A. 2.5%

B. −2.5%

C. 17%

D. 6%

13. 投资中心的部门平均净经营资产为100 000元，规定的必要税前投资报酬率为20%，剩余收益为10 000元，则该投资中心的部门投资报酬率为（　　）。

A. 10%

B. 20%

C. 30%

D. 60%

二、多项选择题

1. 下列项目中，属于可控成本通常应符合的条件有（　　）。

A. 可预知

B. 可控制

C. 可承受

D. 可计量

2. 下列项目中，属于部门投资报酬率优点的是（　　）。

A. 有利于从投资周转率以及部门经营利润率角度进行经营分析

B. 根据现有会计资料计算，比较方便

C. 可以使业绩评价与公司目标协调一致

D. 可用于比较不同规模部门的业绩

3. 下列项目中，属于判断某项成本是否是可控成本应当满足的条件有（　　）。

A. 成本中心是否使用了引起该项成本发生的资产或劳务

B. 成本中心有办法知道将发生什么样性质的耗费

C. 成本中心有办法计量其耗费

D. 成本中心有办法控制并调节其耗费

4. 下列项目中，属于适合建立标准成本中心的有（　　）。

A. 生产产品的车间　　　　　　　B. 餐厅快餐部

C. 财务部门　　　　　　　　　　D. 研究开发部门

5. 下列项目中，属于适合建立费用中心的部门有（　　）。

A. 行政管理部门　　　　　　　　B. 广告宣传部门

C. 销售部门　　　　　　　　　　D. 研究开发部门

6. 下列关于成本中心的说法中，正确的有（　　）。

A. 某一责任中心的不可控成本，对另一个责任中心来说可能是可控的

B. 低层次责任中心的不可控成本，对于较高层次责任中心来说，一定是可控的

C. 一般来说，在消耗或支付的当期成本是可控的，一旦消耗或支付就不再可控

D. 某些从短期看属于不可控的成本，从较长的期间看，可能又成为可控成本

7. 下列项目中，属于可以判断成本费用支出由 H 责任中心承担的情况有（　　）。

A. H 责任中心通过自己的行动能有效地影响该成本费用支出的数额

B. 该成本费用支出发生的地点是 H 责任中心

C. H 责任中心有权决定是否使用相应的资产或劳务

D. H 责任中心的管理人员对该项成本支出施加了重要影响

8. 下列项目中，属于企业利润中心类型的有（　　）。

A. 自然的利润中心　　　　　　　B. 分散的利润中心

C. 集中的利润中心　　　　　　　D. 人为的利润中心

9. M 公司下属的 P 部门有关数据如下：销售收入为 30 000 元，已销售产品的变动生产成本和变动销售费用为 20 000 元，可控固定成本为 1 800 元，不可控固定成本为 2 000元。则 P 部门的部门可控边际贡献和部门税前经营利润分别为（　　）元。

A. 10 000　　　　　　　　　　　B. 8 200

C. 6 200　　　　　　　　　　　　D. 3 700

10. 下列项目中，属于内部转移价格类型的有（　　）。

A. 价格型内部转移价格　　　　　B. 产品价格

C. 成本型内部转移价格　　　　　D. 协商型内部转移价格

11. 下列项目中，属于用部门投资报酬率来评价投资中心业绩优点的有（　　）。

A. 根据现有的会计资料计算，是比较客观的

B. 它是相对数指标，可用于部门之间以及不同行业之间的比较

C. 允许使用不同的风险调整资本成本

D. 可以使业绩评价与公司的目标协调一致，引导部门经理采纳高于公司资本成本的决策

12. 下列项目中，属于剩余收益指标优点的有（　　）。

A. 剩余收益可以使业绩评价与企业的目标协调一致

B. 剩余收益信赖于会计数据的质量

C. 剩余收益引导部门经理采纳高于企业资本成本的决策

D. 剩余收益允许使用不同的风险调整资本成本

三、判断题

1. 在制定标准成本时，一般要考虑价格标准、效率标准和用量标准。（　　）

2. 差异化战略中，成本管理的总体目标是在保证实现产品、服务等方面差异化的前提下，对产品全生命周期成本进行管理，实现成本的绝对降低。（　　）

3. 产品组合盈亏平衡分析顺序法是指按照事先确定的各品种产品销售顺序，依次用各种产品的边际贡献补偿整个企业的全部变动成本，直至全部由产品的边际贡献补偿完为止，从而完成盈亏平衡分析的一种方法。（　　）

4. 非增值成本是指非增值作业发生的成本。（　　）

5. 三大责任中心是指成本中心、利润中心、投资中心。（　　）

6. 在投资中心业绩评价中，剩余收益指标仅反映当期业绩，单纯使用这一指标会导致投资中心管理者的短视行为。（　　）

7. 对作业和流程的执行情况进行评价时，使用的考核指标可以是财务指标也可以是非财务指标，其中财务指标主要体现在时间、质量、效率三个方面。（　　）

8. 作业消除是指消除增值作业，降低增值成本。（　　）

9. 在不同规模的投资中心之间进行业绩比较时，使用剩余收益指标优于投资收益率指标。（　　）

10. 成本中心是指不形成收入（或不考核其收入）而只对成本或费用承担责任的责任单位，因而不对收入、利润或投资负责。（　　）

11. 采用协商价格的前提是中间产品存在完全竞争的外部市场，在该市场内双方有权决定是否买卖这种产品。（　　）

12. 成本中心的负责范围是其发生的全部成本。（　　）

四、计算分析题

R 公司有甲和乙两个部门，有关数据如表 11-3 所示。

表 11-3　R公司甲、乙两个部门的有关数据　　单位：元

项　目	甲部门	乙部门
部门税前经营利润	5 600	3 600
所得税（税率25%）	1 400	900
部门平均经营资产	24 000	18 000
部门平均经营负债	1 600	1 400

要求：

(1) 计算甲、乙部门税后经营净利润；

(2) 计算甲、乙部门平均净经营资产；

(3) 计算甲部门投资报酬率；

(4) 计算乙部门投资报酬率；

(5) 用部门投资报酬率评价投资中心业绩的优缺点。

五、综合训练

任务 责任中心实训

已知某集团公司下设多个责任中心，有关资料如下。

资料一 相关数据明细如表 11-4 所示。

表 11-4 A、B、C 三个部门相关数据明细 单位：元

项　目	A 部门	B 部门	C 部门
部门税前经营利润 / 万元	104 000	158 000	84 500
部门平均净经营资产 / 万元	945 000	1 450 000	755 000
要求的部门税前投资报酬率	10%	9%	11%

资料二 相关资料如下：D 利润中心营业收入为 620 000 元，变动成本总额为 250 000 元，利润中心负责人可控的固定成本为 150 000 元，利润中心负责人不可控但应由该中心负担的固定成本为 60 000 元。

资料三 相关资料如下：E 利润中心的部门边际贡献为 800 000 元，部门可控边际贡献为 600 000 元，部门税前经营利润为 450 000 元。

要求：

(1) 根据资料 1 计算各个投资中心的下列指标。

① 部门投资报酬率，并据此评价各投资中心的业绩；

② 部门剩余收益，并据此评价各投资中心的业绩。

(2) 根据资料 2 计算 D 利润中心部门边际贡献总额、部门可控边际贡献和部门税前经营利润。

(3) 根据资料 3 计算 E 利润中心负责人的可控固定成本以及不可控但应由该利润中心负担的固定成本。

项目十二　公司价值估值与公司并购

学习目标

1. 理解公司价值估值原理、方法，公司并购战略、支付手段与反并购的原理内容和方法；

2. 通过公司价值估值（相对估值、绝对估值、股权结构估值）实训，公司并购的战略思维实训，并购支付、反收购实训，掌握公司估值方法与衡量、公司并购动因与手段及其在工作中的应用。

思维导图

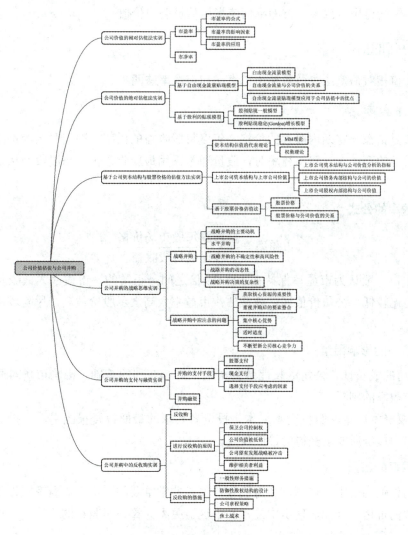

公司估值是结合公司所在的环境及外部条件，着眼于公司本身，对公司的内在价值进行评估的活动。一般公司的资产及其获利能力决定了其内在价值。公司估值是投资、融资、交易等资本运作的基础。在工作中，投资者将一笔资金注入公司，应该占有多少股权，取决于被投资公司的价值，而被投资公司的价值需要通过一定的程序和方法估算得来，没有准确的估值，就会影响到投资活动的利益。

公司并购是指企业之间的兼并与收购行为，即企业法人在平等自愿、等价有偿的基础上取得其他法人产权的行为。

任务一　公司价值的相对估值法实训

一、实训目的

通过公司价值的相对估值法实训项目训练，帮助同学们全面理解公司相对估值法的理论与方法，灵活运用市盈率、市净率估值指标估算公司价值。

二、实训基础知识

公司价值相对估值法主要包括市盈率法和市净率法两种。

（一）市盈率

市盈率是指在一定期内股票的价格与年度每股收益的比率，即用股票的每股市场价格除以每股收益的商。在计算市盈率时，股价通常采用最新收盘价，每股收益按上年度每股收益计算。

1. 市盈率的公式

$$市盈率 = \frac{普通股每股市场价格}{普通股每股收益} \tag{12-1}$$

实务中，一般认为市盈率保持在 10～20 倍之间是正常的，市盈率太低表示当前股价偏低，风险比较低，公司价值通常被低估；市盈率太高表示股价偏高，风险较高，公司价值被高估。

2. 市盈率的影响因素

(1) 公司的成长性。公司成长性是公司未来持续获利的基础，影响市场对股票内在价值和公司市盈率的判断。

(2) 股权资本成本。股权资本成本是投资者要求的最低投资报酬率，是投资者在一定的风险环境中投资所要求获得的最低收益。

3. 市盈率的应用

在公司价值估值中，市盈率和每股收益都是非常重要的，由于市盈率乘以每股收益就是公司股票的价格，因此，现实中经常利用这层关系计算公司股票的价格。公司股票的价格反映投资者对公司未来获利的预期，表示投资者愿意购买股票的价格。一般来说，市盈率越低，风险就越低，就越具有投资价值。

另外，公司股价还受市场供求的影响，即投资者对公司的最近表现和未来发展前景、行业前景的期望等。市盈率把股价和获利水平联系在一起，可以反映公司近期的价值。

（二）市净率

市净率 (P/B) 是指股票的每股市价与股票的账面价值的比率。由于股票的账面价值在财务指标上表现为每股的净资产，因此也称为市净率。

1. 市净率的公式

市净率的计算公式为

$$市净率 = \frac{每股市价}{每股净资产} \tag{12-2}$$

2. 市净率指标的作用

在公司价值估值中，通常认为较低市净率公司的股票是一种比较安全的投资，投资价值较高，因为可以将股票的账面价值即每股净资产看成是支撑公司价值的"地板"。

三、实训经典资料

实训资料　W 公司 2021 年度相关财务数据

W 公司 2021 年净利润为 476 万元，发放现金股利为 29 万元，公司适用的所得税税率为 25%。其他资料如下：

W 公司 2021 年年初股东权益合计为 1000 万元，其中普通股股本 400 万元（每股面值 1 元，全部发行在外）；

W 公司 2021 年 3 月 1 日新发行 240 万股普通股，发行价格为 5 元，不考虑发行费用；

W 公司 2021 年 12 月 1 日按照每股 4 元的价格回购 60 万股普通股；

W 公司 2021 年年初按面值的 110% 发行总额为 88 万元的可转换公司债券，票面利率为 4%，每 100 元面值债券可转换为 90 股普通股；

W 公司 2021 年年末按照基本每股收益计算的市盈率为 20。

要求：

(1) 计算 W 公司 2021 年的基本每股收益；

(2) 计算 W 公司 2021 年稀释每股收益；

(3) 计算 W 公司 2021 年的每股股利；

(4) 计算 W 公司 2021 年年末每股净资产；

(5) 计算 W 公司 2021 年年末的每股市价；

(6) 计算 W 公司 2021 年年末的市净率。

根据题意计算分析如下：

(1) W 公司 2021 年年初发行在外的普通股股数 $= \dfrac{400}{1} = 400$（万股），

W 公司 2021 年发行在外的普通股加权平均数 $= 400 + \dfrac{240 \times 10}{12} - \dfrac{60 \times 1}{12} = 595$（万股），

基本每股收益 $= \dfrac{476}{595} = 0.8$（元）；

(2) 可转换债券的总面值 $= \dfrac{88}{110\%} = 80$（万元），

增加的普通股股数 $= \dfrac{80}{100} \times 90 = 72$（万股），

净利润的增加 $= 80 \times 4\% \times (1 - 25\%) = 2.4$（万元），

普通股加权平均数 $= 595 + 72 = 667$（万股），

稀释的每股收益 $= \dfrac{476 + 2.4}{667} = 0.72$（元）；

(3) W 公司 2021 年年末的普通股股数 $= 400 + 240 - 60 = 580$（万股），

W 公司 2021 年每股股利 $= \dfrac{29}{580} = 0.05$（元）；

(4) W 公司 2021 年年末的股东权益 $= 1000 + 240 \times 5 - 4 \times 60 + (476 - 29) = 2407$（万元），

W 公司 2021 年年末的每股净资产 $= \dfrac{2407}{580} = 4.15$（元）；

(5) W 公司 2021 年年末的每股市价 $= 20 \times 0.8 = 16$（元）；

(6) W 公司 2021 年年末市净率 $= \dfrac{16}{4.15} = 3.86$。

任务二　公司价值的绝对估值法实训

一、实训目的

通过公司价值的绝对估值法实训项目训练，帮助同学们全面理解公司绝对估值的理论与方法，灵活运动自由现金流量贴现模型、股利贴现模型估算公司价值。

二、实训基础知识

（一）基于自由现金流量贴现模型

公司自由现金流量 (Free Cash Flow to Firm，FCFF)，是指公司所产生的在满足了再投资需要之后剩余的现金流量，这部分现金流量是在不影响公司持续发展的前提下可以自由分配给公司全部资本提供者 (包括债权人和股东) 的最大现金额。

1. 自由现金流量模型

在 FCFF 模型的一般形式中，公司价值可以表示为预期 FCFF 的现值，即

$$V = \sum_{t=1}^{\infty}\left[\mathrm{FCFF}_t \times \frac{1}{(1+\mathrm{WACC})^t} \right] \tag{12-3}$$

其中：FCFF_t 表示第 t 年的公司自由现金流量，WACC 表示资金的加权平均成本，V 表示公司价值

2. 自由现金流量与公司价值的关系

公司产生的自由现金流量的多少决定了该公司价值的大小，公司只有拥有足够多的自由现金流量，才能从市场上获取各种生产要素。自由现金流量为公司价值创造提供必要的条件。

3. 自由现金流量贴现模型应用于公司估值中的优点

(1) 无风险性；

(2) 反映了资本的时间价值；

(3) 减少了主观影响；

(4) 有利于企业的长远发展；

(5) 实用性；

(6) 信息综合性。

（二）基于股利的贴现模型

股票内在价值是指投资者投资股票所得到的全部净现金流量按照市场利率贴现后的价值。它主要包括持有期间获得的股利及出售股票获得的净现金流量现值。实务中，股票的内在价值高于市场价格，表明该股票的价值被低估了，值得买进并持有；股票的内在价值低于市场价格，表明该股票的价值被高估了，不值得持有。

1. 股利贴现一般模型

投资者投资股票，一般希望在持有股票期间获得的相应的股利，在出售股票时获得相应的投资收益。由于持有股票的预期价格是由股票未来获得的股利决定的，因此可以推导出股票价值应等于无限期获得股利的贴现值。其计算公式为

$$\text{股票的价值} = \sum_{t=1}^{\infty}\left[\mathrm{DPS}_t \times \frac{1}{(1+K)^t} \right] \tag{12-4}$$

其中：DPS_t 表示第 t 期每股预期股利，K 表示股票的贴现率（预期投资收益率）

股利贴现一般模型的理论依据是资金时间价值中的现值原理，即任何资产的价值等于其预计未来净现金流量的现值之和。模型中的贴现率的选择应当充分考虑获得净现金流量的风险程度。

2. 股利贴现稳定增长模型

股利贴现稳定增长模型用来估算业绩稳定的公司市场价值，这一类型公司的股利会在一段较长的时间内以稳定的速度增长。股利稳定增长模型把公司的价值与下一时期的预期股利、股票的投资收益率和预期股利增长率联系在一起。其计算公式为

$$股票的价值 = \frac{DPS_1}{K - g} \tag{12-5}$$

其中：DPS_1 为下一年的预期股利；K 为贴现率，即投资者要求的投资收益率；g 为永续的股利增长率。

三、经典实训资料

实训资料　自由现金流量贴现模型的优点和缺点

根据题意分析如下：

(1) 自由现金流量贴现模型的优点。现金流量贴现法作为评估企业内在价值的科学方法更适合并购评估的特点，它体现了企业价值的本质；与其他企业价值评估方法相比，现金流量贴现法最符合价值理论，它能通过各种假设，反映企业管理层的管理水平和经验。

(2) 自由现金流量贴现模型的缺点。从折现率的角度看，这种方法不能反映企业灵活性所带来的收益，这个缺陷也决定了它不能适用于企业的战略领域；这种方法没有考虑企业项目之间的相互依赖性，也没有考虑企业投资项目之间的时间依赖性；使用这种方法，结果的正确性完全取决于所使用的假设条件的正确性，如果遇到企业未来现金流量不稳定、企业亏损等情况，现金流量贴现法就显得无能为力了。

任务三　基于公司资本结构与股票价格的估值方法实训

一、实训目的

通过公司资本结构与股票价格的估值方法实训项目训练，帮助同学们全面理解资本结构估值法、股票价格估值法的基本原理与方法，结合公司的实际情况灵活运用资本结构估值法、股票价格估值法估算公司价值。

二、实训基础知识

资本结构是指公司权益资本与债务资本及其组成部分之间的比例关系，权益资本、债务资本是企业通过不同筹资渠道筹措到的资本。债务资本与权益资本的比率是公司借入资本与自有资本的比例，也称产权比例。一定结构和数量的产权比例可以使资本成本处于合理的状态，增加公司的价值。

（一）资本结构估值的代表理论

公司的资本结构与公司价值之间的关系，一直是专家们重点研究的内容和方向，有很多课题专门研究资本结构对公司价值的影响。资本结构的债务程度多高是合理的，如何优化公司资本结构，提升公司价值，也一直是专家们研究的力量源泉。目前，世界各国形成了多种资本结构理论，这些理论都是以实现公司价值最大化或股东财富最大化为目标的。

探索公司权益资本和债务资本比例变化对公司价值的影响，谋求合理的资本结构，以促进公司价值的良性循环和提升。资本结构估值的代表理论主要包括 MM 理论和权衡理论。

1. MM 理论

MM 理论是现代资本结构理论形成的重要标志，该理论认为当资本成本最低，公司的价值达到最大化。实务中，公司的债务资本过大、资产负债率过高、债务负担过重，容易增加公司的偿债压力，导致资金链紧张、财务风险加剧，甚至资金链断裂，引发公司破产，增大了公司的破产成本。

2. 权衡理论

权衡理论认为，MM 理论只考虑公司债务资本带来的抵扣所得税的利益，从而促进公司的价值增加，却没有考虑债务资本所带来的额外费用，如财务风险成本、代理成本等，这些费用也会影响公司的价值。实务中，随着公司债务资本的增加，财务风险也会随之增加，衍生出来的各种额外费用也会随之增加，导致公司的负担加重，引发公司的市场价值下降。因此，公司的最佳资本结构应当是在债务资本价值最大化和债务增加所带来的财务风险成本、代理成本之间的平衡。

（二）上市公司资本结构与上市公司价值

1. 上市公司资本结构与公司价值的分析指标

在对上市公司资本结构、债务结构与公司价值的分析中，通常选取资产负债率、净资产收益率作为分析指标。

(1) 资产负债率。资产负债率是指公司全部债务资本占公司总资产的比率。实务中，资产负债率是分析公司资本结构的一个重要指标。如果公司举债规模太大，超出了债权人的心理承受范围，公司就会借不到钱；如果公司不举债或债务比例太小，则公司太保守，公司发展的预期不被看好，公司利用债务资本经营的能力较差、利用财务杠杆的能力差。所以，公司在利用资产负债率进行决策的时候，需要衡量债务风险和收益水平，做出科学合理的筹资决策。

(2) 净资产收益率。净资产收益率是指公司的利润占公司净资产的比率，是对股东投入资本获利能力的一种反映，净资产收益率越大，公司对权益资本的回报率就越高。从杜邦分析法可以看出净资产收益率能总体反映公司的综合经营状况，因此，将净收益率作为衡量公司价值的指标是可行的。

2. 上市公司债务内部结构与公司的价值

资本结构除了债务资本与权益资本的比例关系外，还包括其内部各组成部分的比例关系。债务资本内部结构及其比例关系，对公司的价值影响也很大。从偿债压力看，流动负债增大了财务风险，公司偿债首先需要偿还的是流动负债，其次才是长期负债，流动负债一年内（含一年）到期，容易出现公司不能按时偿还的风险；从资本成本看，流动负债的资本成本容易受到环境变化而波动，因为流动负债偿还后，利用流动负债进行筹资时支付给债权人的利息可能改变，再次借款的利息成本不固定；从公司价值看，上市公司部分股东对公司的短期经营成果很关心，占有较大比例的流动负债会影响股东对公司的预期，可能会造成股价的下跌。在证券市场上，股价是判断公司价值的直观数据，会影响到公司价值，因此，上市公司应正确把握好流动负债的比例，一般维持在50%~60%，合理地对负债进行管理，加大其杠杆作用，对公司价值的提高有良好的作用。

3. 上市公司股权内部结构与公司价值

股权内部结构是一个公司的灵魂和基础，是公司生存、发展的内在驱动因素。股东的持股比例、股东的分布情况、股东相互之间的关系等，都会直接或间接地影响公司的价值估值。股权内部结构的设置关系到公司的治理和稳定，合理的股权内部结构可以减少股东之间的矛盾，有利于公司目标的实现；不合理的股权内部结构，容易产生股东利益冲突，引发公司的决策不统一、行动不统一，公司的稳定性下降，导致公司的价值估值下降。因此，设置合理的股权内部结构，有利于提高公司的价值估值。

（三）基于股票价格估值法

1. 股票价格

股票价格是指股票在发行和交易时的实际价格，包括发行价格和市场价格两部分。股票的发行价格是指股份公司在发行新股票时的价格。股票的发行价格一般是根据股票时价，股票行市的变化趋势，股票筹集资本的难易程度和发行新股票时原有股东利益的影响等因素来决定的。股票发行价格主要包括时价发行、面额发行、中间价发行、无偿发行。

$$发行价格 = 市盈率还原值 \times 40\% + 股息率还原值 \times 20\% + 每股净值 \times 20\% + 预计当年度股息与一年期存款利率还原值 \times 20\% \tag{12-6}$$

2. 影响股票价格的因素

公司的价值决定了股票的价格，股票的价格也可以反映公司的价值。然而在现实中，因为受到各种因素的影响，导致公司的股价偏离公司价值，出现了高估或者低估公司价值的情况。

(1) 股票市场内部因素。股票市场内部因素主要包括股票的供求关系和庄家操纵股票两个方面的内容。

一是股票的供求关系影响股价。股票的价格与市场供求状况有紧密的关系，如果市场上买入同样一只股票的人数不断增多，那么该股票就会供不应求，导致价格持续上涨，可能出现股价高于公司的实际价值；如果市场上卖出同样一只股票的人不断增多，那么该股票供大于求，导致价格持续下跌，可能出现股价低于公司实际价值。

二是庄家操纵股票影响股价。在证券市场上，因为制度不够完善、监管不到位等情况，存在着庄家利用各种不正当的手段来操纵市场上股票的价格，使股票价格剧烈变化。如果庄家哄抬某股票的价格，会导致股价严重偏离公司的实际价值，形成高估公司价值的情况；如果庄家打压某股票的价格，也会导致股价严重偏离公司的实际价值，形成低估公司价值的情况。

(2) 公司内部因素。公司内部因素主要包括公司的经营状况和盈利能力，也包括经营特征、公司在行业中的地位、产品性质、内销还是外销、技术密集型还是劳动密集型、批量生产还是个别生产、产品的生命周期等因素，还有在市场上有无替代产品，产品的竞争力、销售力，员工的构成以及管理结构、管理水平等因素。这些因素会直接影响公司的财务状况，影响股价的变化。当公司的经营状况好，盈利能力强，股票上涨的机会多，反之，股票价格难以提高，下跌的机会多。

(3) 宏观经济因素。宏观经济因素影响股价主要包括经济周期和物价的变动两个方面。

一是经济周期影响股价。一般来说，股价总是伴随着经济周期的变化而变化的。在经济复苏时期，经济逐步回暖，资本周转开始加速，利润逐渐增加，股价稳步上升。在繁荣时期，生产继续增加，设备的扩充、更新加速，就业机会不断增多，工资持续上升并引起消费上涨；同时企业盈利不断上升，投资活动趋于活跃，股价进入大幅度上升。在危机阶段，由于有支付能力的需求减少，造成整个社会的生产过剩，企业经营规模缩小，产量下降，失业人数迅速增加，企业盈利能力急剧下降，股价随之下跌；同时，由于危机到来，企业倒闭增加，投资者纷纷抛售股票，股价亦急剧下跌。在萧条阶段，生产严重过剩并处于停滞状态，商品价格低落且销售困难，而在危机阶段中残存的资本流入股票市场，股价不再继续下跌并渐趋于稳定状态。

二是物价的变动影响股价。货币购买力是商品的价格的体现，物价水平被视为通货膨胀或通货紧缩的重要指标。一般而言，商品价格上升时，公司的产品能够以较高的价格水平售出，盈利相应增加，股价会上升。物价上升时，那些拥有较大库存产品的公司，因为其生产成本是按原来的物价计算的，所以可能导致直接的盈利上升；而对于需大量依赖新购原材料的企业，则可能产生不利影响。此外，由于物价上涨，股票也有一定的保值作用，也由于物价上涨，货币供应量增加，社会游资进入股票市场，增大需求，从而导致股价上升。需要说明的是，物价与股价的关系并非完全是正相关的，即物价上涨股价亦上升。当物价上涨到一定程度，由于经济过热又会推动利率上升，则股价亦可能下降；此外，如物价上涨所导致的上升成本无法通过销售转嫁出去，物价上涨的程度引起投资者对股票价值所用折现率的估计提高而造成股票价值降低，物价上涨的程度使股票的保值作用降低，投资者把资金从股市抽出，投到其他保值物品方面时，股价亦会相应下降。

(4) 政策因素。政策因素影响股价主要包括政治因素、国家的经济政策、利率、财政开支、税收制度和信用政策六个方面。

一是政治因素。政治因素是指能对经济因素发生直接或间接影响的政治方面的原因，政治因素包括社会经济发展规划、经济政策等，这些都会影响股票价格。

二是国家的经济政策。政府执行的财政政策、税收政策、产业政策、货币政策、外贸政策等方面的变化，都会影响股价变动。就财政收支政策看，国家对某行业的公司实行税收优惠，这些公司的利润将相应增加，这些公司发行的股票亦会受到重视，其价格容易上升。从财政支出政策看，国家对某些行业或某类公司增加投入，就意味着这些行业、公司的生产经营将得到发展，这些公司发行的股票引起投资者的重视。此外，如产业政策的执行，政府对产品和劳务的限价会导致相应股票价格下跌；税收制度的改变，如调高个人所得税，则会影响社会消费水平下降，引起商品滞销，乃至于影响公司利润及股价下跌。

三是利率。利率与股票价格成反比，当利率上升时，会引起几方面的变化，公司借款成本增加，相应使利润减少；资金从股市流入银行，需求减少；投资者评估价值所用的折现率上升，股票价值因此会下降。这些变化会导致股价下降，反之则股价会上升。

四是财政开支。股票价格与财政开支同方向变化。

五是税收制度。当税率和课税种类变更对公司和投资者有利时，股价将上升，反之则下降。

六是信用政策。当信用政策比较宽松时，股票价格上升可能性较大，反之则较小。

3. 股票价格与公司价值的关系

从理论而言，公司的价值决定了股票的市场价格，但是，因为受到很多因素的综合影响，如投资心理、宏观环境、内幕操作等，公司的实际价值往往与股票的价格背道而驰。很多时候，投资者会主观地认为只要公司每年的利润都上升，股价必然会上涨，公司的利润下降，股价必然下跌；但现实中很多案例却证明，即使公司利润增加，也有可能出现股价下跌，形成公司价值低估，即使公司亏损，也有可能出现股价上涨，形成公司价值高估。总之，影响公司股价的因素并不单单停留于每股盈利的多少，反而较市场预期的多或少，才是决定公司股价升跌的重要因素。

因此，通过股价评估公司的价值，具有一定的可行性，但是，因为股价受到很多因素的综合影响，估计容易背离公司价值，所以评估公司的价值不能仅仅依赖股票的价格来判断，还需要通过其他手段综合分析。

三、经典实训资料

实训资料　股票价格一定能反映公司的价值吗？

根据题意分析如下：

从理论而言，公司的价值决定了股票的市场价格，但是，因为受到很多因素的综合影响，公司的实际价值往往与股票的价格背道而驰，如投资心理、宏观环境、内幕操作等。很多时候，投资者会主观地认为只要公司每年的利润都上升，股价定必然会上涨，公司的利润下降，股价必然下跌；但现实中很多案例证明，即使公司利润增加，也有可能出现股价下跌，形成公司价值低估，即使公司亏损，也有可能出现股价上涨，形成公司价值高估。总之，影响公司股价的因素并不单单停留于每股盈利的多少，反而较市场预期的多或少，方才是决定公司股价升跌的重要因素。

因此，通过股价评估公司的价值，具有一定的可行性，但是，因为股价受到很多因素的综合影响，估计容易背离公司价值，所以评估公司的价值不能仅仅依赖股票的价格来判断，还需要通过其他手段综合分析。

任务四　公司并购的战略思维实训

一、实训目的

以公司战略并购业务为基础，通过公司并购的战略思维实训项目训练，帮助同学们系统理解公司战略并购的目标与方法、战略并购的动因与影响因素。

二、实训基础知识

关于公司并购的说法，具体包括合并、兼并、收购等，实务中，兼并、合并与收购的概念是交织在一起的，很难进行明确的区分，所以我们统一称其为并购。并购按出资方式分为现金支付、股票支付和混合支付；并购按双方是否友好协商的态度分为善意收购和敌意收购；并购按行业间的相互关系分为横向并购、纵向并购和混合并购；并购按资产的转移方式分为购买资产的兼并和购买股票的兼并；并购按照法律形式和运行程序可以分为新设合并和吸收合并。

公司并购的主要动因包括经济动因（如增强市场竞争力、实现多元化经营、实现节税目的）、效率动因和其他动因。

（一）战略并购

战略并购是指并购双方以各自核心竞争优势为基础，立足于双方的优势产业，通过优化资源配置的方式，在适度范围内强化主营业务，从而达到产业一体化协同效应和资源互补效应，创造资源整合后实现新增价值的目的。战略并购实质上是以公司发展战略为依据和目标、以增强公司核心竞争力为基础、以产生协同效应为目标的兼并收购活动。公司战略并购具有以下五个方面的特征。

1.战略并购的主要动机

战略并购是完全由公司战略驱动的并购行为，其根本目的在于追求竞争上的长期战略优势，使公司适应不断变化的环境，而并非单纯追求规模扩大的财务上短期盈利。战略并购的主要目的是获得战略性资源，包括研发能力、关键技术与工艺、商标、特许权、供应及分销渠道等，通过获得这些战略性资源来提升公司的核心竞争力。

2.水平并购愈发重要

在并购方式中主要包括水平并购、垂直并购和混合并购，水平并购是占比最高的一种并购方式。

3.战略并购的不确定性和高风险性

战略并购的风险比一般的财务并购的风险要高，战略并购不仅要考虑并购的财务负担，还要考虑资源调整后竞争能力的提高、资源互补的效率提高和产业结构的改善等风险。在并购决策过程中必须充分考虑这些不确定性的存在，不仅要有对各方面未来变化的预测，还要有具体的风险规避与风险控制决策。

4. 战略并购的动态性

从时间上看，战略并购是一个具有一定时间跨度的动态过程，不能把并购仅看作是在某个时间点上发生的交易事件。完整的战略并购决策，既包括并购前的战略分析、并购中的一系列选择决策，也包括并购后的整合规划，因此它是一个多阶段的动态决策。

5. 战略并购决策的复杂性

选择并购方式，不仅要考虑并购企业的发展战略与自身条件，还要考虑目标公司的状态，以及考虑国家产业政策、金融政策、法律环境、制度环境与市场竞争结构等外部环境的变化。并购选择决策本质上是一个具有多个决策主体的复杂决策问题。

（二）战略并购中应注意的问题

以培养公司核心竞争力为目标的战略并购需要注意以下五个方面的问题。

1. 获取核心资源的重要性

公司的战略并购的目的是提升公司的核心竞争力，战略并购过程中需要明确获取核心资源的重要性。以公司需要的某种核心资源为导向，以公司的能力和资源为依托，在拥有一定优势的领域内经营，尽量避免为追求规模或增长速度而盲目进入其他不擅长的领域，特别是那些与核心优势缺乏战略关联的产业领域。

2. 重视并购后的要素整合

公司并购后的要素整合是一项具有系统性、综合性的工作，同时也对并购活动是否成功起到很重要的作用。公司的核心竞争力是由影响公司竞争地位的多种要素或资源经过整合后形成的有机整体。公司通过并购获取的资源只有沿着构建核心能力的方向，经过整合、优化，才能形成最终的核心竞争力。因此，公司的并购活动必须重视内部竞争要素的有机整合。

3. 集中核心优势

集中优势资源、提升核心竞争力是公司进行并购活动的目的之一。自 20 世纪 90 年代并购活动大规模化以来，公司进行并购的原因在于看中了目标公司的某些竞争力要素，但通过并购获得的资源并不是公司都需要的，因此还要在并购后考虑公司的核心优势，及时对不相关的业务进行剥离，突出主营业务和核心竞争力。

4. 适时适度

一项成功的并购活动首先应该能够满足公司对某种关键竞争要素的需求，同时还必须兼顾公司的资金实力和管理能力。在并购活动中公司必须适时适度、量力而行，防止通过并购使得扩张过快而造成欲速不达的局面。

5. 不断更新公司核心竞争力

公司的核心竞争力是使公司保持长期稳定发展的核心资源和关键性知识。世界上没有一劳永逸的竞争策略，更没有永远领先的知识和技术。商业竞争更是如此，技术、产品、管理都日新月异，逆水行舟，不进则退。

三、经典实训资料

实训资料　公司战略并购

结合实际，谈谈公司战略并购及其特征。

根据题意分析如下：

战略并购是指并购双方以各自核心竞争优势为基础，立足于双方的优势产业，通过优化资源配置的方式，在适度范围内强化主营业务，从而达到产业一体化协同效应和资源互补效应，创造资源整合后实现新增价值的目的。

战略并购实质上是以公司发展战略为依据和目标、以增强公司核心竞争力为基础、以产生协同效应为目标的兼并收购活动。

公司战略并购具有以下五个方面的特征：

(1) 战略并购的主要动机；

(2) 水平并购愈发重要；

(3) 战略并购的不确定性和高风险性；

(4) 战略并购的动态性；

(5) 战略并购决策的复杂性。

任务五　公司并购的支付与融资实训

一、实训目的

通过公司并购的支付与融资实训项目训练，帮助同学们系统理解公司并购支付方式、优缺点及其适用范围，融资的手段与方法。

二、实训基础知识

（一）并购的支付手段

并购是一项复杂的经济活动，同时也是一种金融交易。和任何交易一样，并购也有支付，在并购过程中较为常见的支付方式有两种：一种是股票支付，另一种是现金支付。除了股票支付和现金支付方式外，有些并购也会采用股票和现金相结合的支付方式。

1. 股票支付

股票支付就是我们通常说的换股，换股是指并购公司将目标公司的股权按一定比例换成本公司的股权。股票支付一般采用定向增发的方式进行，收购完成后目标公司的股票不再流通，而并购公司总股本则会相应增加。

2. 现金支付

现金支付是更加直接的并购支付方式，也就是用现金收购目标公司的股份或资产。现金支付是由并购公司向目标公司支付一定数量的现金，从而取得目标公司的所有权，目标公司的股东一旦收到了对其所拥有的股权的现金支付，就失去了任何选举权或所有权。现金支付的特点是即使形成纳税义务，现有的股权结构也不会受到影响，现有股东控制权不会被稀释，可以迅速完成并购，但是会增加并购公司的现金负担。

3. 选择支付手段应考虑的因素

在并购过程中收购方的支付决策会受到其股票价格、举债能力、杠杆率等财务指标的影响，选择何种支付手段，公司应当考虑各个方面的因素。许多并购交易规模较大，支付手段的选择对股权分布、公司的财务杠杆、公司的未来管理与运营，以及公司未来的融资安排都会产生重大影响。

并购支付方式的选择对公司股权分布及公司治理的影响非常突出。原因是如果并购公司通过股票置换来收购目标公司，必然会稀释并购公司原有股东的控制权，这种控制权的稀释有时对控股股东来说是至关重要的。现金收购不会引起增发，也不会产生股权稀释的问题。如果并购公司的大股东和管理层非常在意保持对公司的控制权，则他们可能更倾向于选择现金支付。

综上所述，并购公司在并购交易中考虑支付方式时，主要需要考虑公司的举债能力、公司的控制权、收购方的股价水平、目标公司对支付方式的偏好、收购规模、融资成本和税收方面的因素。

（二）并购融资

并购作为现代公司资本运作的基本方式，无论是涉及公司的并购数量还是涉及公司的并购金额，其规模都在急剧地膨胀。

通过并购，公司将筹集的资金投入新的投资项目中，从而可以使失败的公司重获生机，使有活力的企业持续繁荣。并购融资有内部融资和外部融资两大渠道。其中：内部融资是指从公司内部开辟资金来源，筹措所需资金，内部融资包括自有资金融资、未使用或未分配的专项资金、应付税款和利息；外部融资是指公司从外部开辟资金来源，向本公司以外的经济主体筹措并购所需资金，外部融资主要有银行或其他投资者提供的贷款资金、发行债券、增发股票、股票债券混合运用。由于收购通常需要大量的资金，因此收购方更多的时候不得不依靠外部融资。

由于现代公司并购所涉及的金额大，对公司财务状况的影响复杂，因此公司会通过再融资来解决资金问题。再融资包含的内容比较丰富，是一个较为综合的概念，狭义的再融资是指公司通过再次发行股票或其他金融工具获取新的资金。再融资的重要性体现在两个方面：一方面体现在公司因并购而引起的财务状况的变化，有可能导致对债务进行调整的必要，当这种变化和更改发生时，就会发生再融资；另一方面体现在公司并购后通常会有变化和成长，需要有后续资金的支持，从而面临再融资这个重要问题。

三、经典实训资料

实训资料　公司并购融资

结合实际，谈谈公司并购融资活动。

根据题意分析如下：

并购融资有内部融资和外部融资两大渠道。其中：内部融资是指从公司内部开辟资金来源，筹措所需资金，内部融资包括自有资金融资、未使用或未分配的专项资金、应付税款和利息；外部融资是指公司从外部开辟资金来源，向本公司以外的经济主体筹措并购所需资金，外部融资主要有银行或其他投资者提供的贷款资金、发行债券、增发股票、股票债券混合运用。

由于现代公司并购所涉及的金额大，对公司财务状况的影响复杂，因此公司会通过再融资来解决资金问题。

任务六　公司并购中的反收购实训

一、实训目的

以公司并购与反并购博弈为基础，通过公司并购中的反收购实训项目训练，帮助同学们系统掌握公司并购与反并购的手段与方法，对现实的并购与反并购状况及其存在的问题做出科学合理的分析与判断，并提出解决问题的创新思路和方法。

二、实训基础知识

（一）反收购

公司的并购虽然可以改善资源配置，产生协同效应，但是也会产生许多负面的影响，如使得并购公司的控制权遭到稀释，并购引起的市场垄断、股市泡沫、金融欺诈等。因此，在并购活动中许多公司实施了反收购措施。

反收购是指目标公司管理层为了防止公司控制权转移而采取的旨在预防或挫败收购方收购本公司的行为。反收购的主体是目标公司，反收购的核心在于防止公司控制权的转移，反收购的目的是挫败收购行为或迫使收购方提出更有利的收购条件。

通常情况下，反收购发生于敌意并购的情况之下。敌意收购并购是相对于友好或善意出价收购而言的，它是指遭受到目标公司管理层反对的收购活动。

（二）进行反收购的原因

目标公司股东（特别是控股股东）和管理层进行反收购的主要原因有以下几个方面。

1. 保卫公司控制权

现任管理层因自身利益需要不希望丧失其对目标公司的控制。一旦被收购，目标公司的管理层将有较大变动，这将危及现任管理者的位置、权利、威望以及待遇。控制权是稀有且有价的，能为持有者创造经济价值，持有者因此不愿让渡此项权利而进行反收购。

2. 公司价值被低估

资本市场有时并未对目标公司做出正确、适当的评价。管理层相信公司具有较高的潜在价值，认为以收购方提出的条件出售公司不符合股东利益，因而不愿意轻易出售公司的权益。

管理层或股东认为收购方出价偏低，希望通过抵制收购来迫使收购方为了收购成功而提高股票的溢价，从而为目标公司股东创造尽可能多的价值。目标公司抵制收购的行为会延缓收购方的收购步伐，从而让其他有兴趣的公司加入收购竞争的行列，最终提高收购价格。

3. 公司原有发展战略被冲击

收购方收购目标公司后，可能通过各种方式将目标公司分离，并大幅改变目标公司的企业文化和发展战略，对公司原来的战略进行冲击，这将给目标公司的经营业务、企业文化、社会责任、公众形象和组织结构带来巨大影响。为了减少这种行为带来的不利影响，也就引出了规避此行为的反收购措施。

4. 维护相关者利益

目标公司的利益相关者，不仅仅是其股东，还有目标公司的职员、供应商、客户、债权人、战略合作伙伴等，他们都与公司有着重要的利益关联。在一定程度上，为了维护利益相关者的利益，或迫于利益相关者的压力，目标公司管理层会做出反收购的决策。

（三）反收购的措施

目标公司会使用不同的措施来实施反收购，常见的反收购措施有以下几种。

1. 一般性财务措施

为了降低公司成为敌意收购对象的可能性，最常用的反收购措施就是采取一般性财务重组措施来降低公司对于敌意收购者的吸引力。这些措施与公司成为被收购对象的财务特征相对应，其对应关系如表 12-1 所示。

表 12-1　反收购措施与公司财务的对应关系

被收购公司的典型财务特征	相应的反收购措施
公司股票价值被市场低估	多发利利，回购股份，或采取其他措施刺激公司的股价
低的财务杠杆比率，大量未使用的负债能力	提高公司的负债率和财务杠杆比率，充分发挥债务的避税作用
公司有大量剩余现金流和高流通性的有价证券	出售公司的有价证券，向股东发放额外的红利
能够被出售的不影响公司经营的分支附属机构	通过分拆、剥离、出售等方式全面收回现金流，提高公司主业竞争力
内部管理层相对较小的持股比率	通过管理层收购或员工持股计划，提高内部人的持股比率
目标公司有一种吸引收购对象的资产	卖掉公司吸引敌意收购者的优良资产

2. 防御性股权结构的设计

为了降低公司被收购的可能性，公司还可以设计防御性股权结构，以持股结构为重点的反收购措施着眼于降低甚至消除敌意收购的可能性。这是因为敌意收购者要想获得成功，必须掌握目标公司的绝对或者相对控股权，所以目标公司要想从根本上杜绝被收购的命运，就必须在收购的事前、事中和事后让公司的内部人及相关的利益主体尽可能多的持股。

3. 公司章程策略

反收购活动中这类措施着眼点在于当敌意收购者成功收购公司多数股票、取得控股权后，设置重重障碍以增加外部收购者入主董事会和管理层的难度，从而使敌意收购者真正的收购目的难以实现。其主要手段有超级多数条款、分类董事会制度等。

4. "焦土"战术

"焦土"战术就是当目标公司面临被收购的威胁时，采用各种方式有意恶化公司的资产和经营业绩，如低价出售优质资产、购买不良资产、增加负债，以此降低目标公司在收购者眼中的价值，使收购者却步。这是公司在遇到收购袭击而无力反击时，所采取的一种两败俱伤的做法。

三、经典实训资料

实训资料　反并购

结合实际，谈谈反并购的手段。

根据题意分析如下：

目标公司会使用不同的措施来实施反收购，常见的反并购措施有以下几种：

(1) 一般性财务措施；

(2) 防御性股权结构的设计；

(3) 公司章程策略；

(4) "焦土"战术。

 习题与案例

一、单项选择题

1. 并购公司增加发行本公司股票，并以这些新发行的股票替换目标公司股票的并购方式是 (　　)。

    A. 现金支付　　　　　　　　　　B. 股票支付

    C. 混合支付　　　　　　　　　　D. 债券支付

2. 下列项目中，属于公司战略并购目的的是 (　　)。

    A. 提升核心竞争力　　　　　　　B. 减少竞争对手

C. 整合资源　　　　　　　　　　D. 获取资源

3. 由于收购通常需要大量的资金，所以更多的时候，收购方不得不依靠 (　　)。

A. 内部融资　　　　　　　　　　B. 再融资

C. 外部融资　　　　　　　　　　D. 混合融资

4. 下列项目中，属于当被收购公司的股票价值被市场低估时的反收购措施的是 (　　)。

A. 提高公司主业竞争力　　　　　B. 提高公司财务杠杆比率

C. 提高内部人持股比率　　　　　D. 多发股利、回购股份

5. 下列项目中，属于目标公司管理层为了防止公司控制权转移而采取的旨在预防或挫败收购方收购本公司行为的是 (　　)。

A. 纵向收购　　　　　　　　　　B. 反收购

C. 横向收购　　　　　　　　　　D. 战略收购

6. R 公司上年净利润为 250 万元，流通在外的普通股的加权平均股数为 100 万股，优先股为 50 万股，优先股股息为每股 1 元。如果上年末普通股的每股市价为 30 元，R 公司的市盈率为 (　　)。

A. 12　　　　　　　　　　　　　B. 15

C. 18　　　　　　　　　　　　　D. 22.5

7. W 公司 2021 年的利润留存率为 60%，净利润和股利的增长率均为 3%。该公司股票的 β 值为 1.8，国库券利率为 2%，市场平均股票收益率为 5%，则 W 公司 2021 年的本期市盈率为 (　　)。

A. 9.36　　　　　　　　　　　　B. 8.69

C. 4.39　　　　　　　　　　　　D. 9.43

8. 下列关于相对价值估值法适用性的说法中，错误的是 (　　)。

A. 市净率估值模型不适用于资不抵债的企业

B. 市净率估值模型不适用于固定资产较少的企业

C. 市销率估值模型不适用于销售成本率较低的企业

D. 市盈率估值模型不适用于亏损的企业

9. 下列项目中，属于公司未来股利按固定数量支付的股票定价模型的是 (　　)。

A. 不变增长模型　　　　　　　　B. 零增长模型

C. 多元增长模型　　　　　　　　D. 可变增长模型

10. 下列项目中，属于与股票账面价值等同的是 (　　)。

A. 每股净收益　　　　　　　　　B. 每股价格

C. 每股净资产　　　　　　　　　D. 每股票面价值

11. 下列项目中，属于股东无偿取得新股权方式的是 (　　)。

A. 公司送红股　　　　　　　　　B. 增资配股

C. 送股同时又进行现金配股　　　D. 增发新股

12. 在其他条件不变的情况下，拥有高市盈率 (P/E) 的公司将会 (　　)。

A. 快速增长　　　　　　　　　　B. 以公司的平均水平增长

C. 慢速增长　　　　　　　　　D. 不增长

13. 下列关于绝对估值法描述，最完整的一项是 (　　)。

A. 资产的价值等于资产未来的收益

B. 资产的价值等于其预期的未来收益

C. 资产的价值等于其预期的未来收益之和

D. 资产的价值等于其预期未来收益的现值之和

14. 实务中，将一个公司分割成两个新的公司的做法称为 (　　)。

A. 派生分立　　　　B. 新设分立　　　　C. 资产剥离　　　　D. 股权出售

15. A 公司与 B 公司合并，合并后 A、B 两家公司解散，成立一家新的公司 C，这种合并称为 (　　)。

A. 吸收合并　　　　B. 新设合并　　　　C. 横向并购　　　　D. 混合并购

16. 收购公司仅利用少量的自有资本，主要以被收购公司的资产和将来的收益被抵押筹集大量资本用于收购，这种收购称为 (　　)。

A. 善意并购　　　　B. 杠杆并购　　　　C. 敌意并购　　　　D. 混合并购

17. 财务协同效应理论对 (　　) 提供了较现实的解释。

A. 横向并购　　　　B. 杠杆并购　　　　C. 纵向并购　　　　D. 混合并购

18. 下列项目中，(　　) 是并购活动给企业带来的财务方面的收益。

A. 债务重组　　　　B. 协同效应　　　　C. 财务好处　　　　D. 债务和解

二、多项选择题

1. 下列项目中，属于按并购双方态度划分的有 (　　)。

A. 善意并购　　　　　　　　　B. 反向并购

C. 敌意并购　　　　　　　　　D. 混合并购

2. 下列项目中，属于公司并购主要动因的有 (　　)。

A. 增强市场竞争力　　　　　　B. 实现节税目的

C. 实现多元化经营　　　　　　D. 消除竞争

3. 下列项目中，属于公司战略并购的主要动机中获取战略性资源的有 (　　)。

A. 研发能力　　　　　　　　　B. 分销渠道

C. 特许权　　　　　　　　　　D. 商标

4. 下列项目中，属于公司进行反收购原因的有 (　　)。

A. 保卫公司控制权　　　　　　B. 公司原有发展战略被冲击

C. 公司价值被低估　　　　　　D. 维护相关者利益

5. 下列项目中，属于公司在反并购中采用"焦土"战术内容的有 (　　)。

A. 购买优质资产　　　　　　　B. 低价出售优质资产

C. 增加负债　　　　　　　　　D. 购买不良资产

6. 下列项目中，属于公司估值受到所处的内部与外部环境影响内容的有 (　　)。

A. 公司基本面　　　　　　　　B. 行业因素

C. 宏观经济因素　　　　　　　　D. 评估人的态度

7. 下列项目中，属于公司估值中绝对估值法的有（　　）。

A. P/E (市盈率) 倍数估值法　　B. P/B (市净率) 倍数估值法

C. DCF 模型 (折现现金流模型)　　D. DDM 模型 (股利折算模型)

8. 下列项目中，属于公司市盈率法估值缺陷的有（　　）。

A. 当企业的预期收益为负值，市盈率指标无法使用

B. 会计收益容易受到上市公司的控制

C. 无法反映公司的长期增长前景

D. 不能区分经营性资产创造的盈利和非经营性资产创造的盈利，降低了企业之间的可比性

9. 相对估值法与现金流贴现法相比，表现出的特征有（　　）。

A. 使用的假设较少，更快捷，更浅显易懂，也更容易被客户所接受和理解

B. 更能反映市场目前的状况

C. 容易忽略目标公司与可比公司在风险、成长性和潜在的现金流等关键因素的差异

D. 根本假设缺乏一定的透明度，受人为的影响较为明显

10. 下列关于贴现率说法中，正确的有（　　）。

A. 反映贴现现金流的风险　　　　B. 反映资本的预期收益水平

C. 反映对应资本的机会成本　　　D. 可根据需要任意调整

三、判断题

1. 广义的并购既包括公司的扩张、收缩，又包括公司中的资产重组以及所有权人结构的变动等。（　　）

2. 新设合并是指接纳一个或一个以上的企业加入本公司，加入方解散并取消原法人资格的一种并购形式。（　　）

3. 在所有权和经营权分离的现代公司制度下，公司管理层可能会为了自身利益，做出损害股东利益的决策和行为。（　　）

4. 如果一家公司投入要素供应商的转换成本提高，这种情况下公司可以通过纵向兼并来控制关键要素的供应渠道。（　　）

5. 举债能力较弱的公司比举债能力强的公司更有可能在并购交易中采用现金支付方式进行收购。（　　）

6. 不管采用绝对估值还是相对估值手段，同一行业的股票通常具有相似的水平。（　　）

7. 在公司价值估值中，市盈率属于相对估值方法。（　　）

8. 在公司价值估值中，市净率属于绝对估值方法。（　　）

9. 净利润不是投资评估的终点，它只是一个中间状态，是影响自由现金流的核心因素。（　　）

10. 利用公司自由现金流和股权自由现金流贴现得出的估值结果是一样的。（　　）

11. 运用会计手段调节公司利润并不会影响公司自由现金流。（　　）

12. 并购既是一种经济行为，又是一种法律行为。（　　）

13. 现金支付是指并购公司支付一定数量的现金以取得目标公司所有权的并购方式。（　　）

14. 股票支付是并购中并购公司增加发行本公司股票，并以这些新发行的股票和极少量现金替换目标公司股票的一种并购方式。（　　）

15. 当并购方与被并购方处于同一行业、生产或经营同一产品，并购使资本在同一市场领域或部门集中时，称为纵向并购。（　　）

四、计算分析题

H 上市公司 2020 年度归属于普通股股东的净利润为 4840 万元。2019 年年末的股本为 9000 万股，2020 年 2 月 18 日，经公司 2019 年度股东大会决议，以截止 2019 年年末公司总股本为基础，向全体股东每 10 股送红股 5 股，工商注册登记变更后公司总股本变为 13 500 万股。2020 年 6 月 1 日经批准回购本公司股票 2400 万股。假设上市公司 2020 年年末股东权益总额为 22 200 万元，每股市价为 10 元。

要求：

(1) 计算该上市公司 2020 年年末的基本每股收益和每股净资产；

(2) 计算该上市公司 2020 年年末的市盈率和市净率。

五、综合训练

任务　并购实训

资料：1998 年 4 月 6 日美国花旗公司与旅行者公司宣布合并，兼并金额高达 820 亿美元，为迄今世界最大的金融兼并行动。

此次兼并将使新成立的花旗集团公司成为全美仅次于大通曼哈顿银行的第二大金融集团，资产总额将达 7000 亿美元，年营业收入为 500 亿美元，银行业务将遍及全球 100 多个国家的一亿多客户，在世界信用卡市场上继续名列前茅。更加引人注目的是，花旗集团将花旗银行的业务和旅行者公司的投资、保险业务集于一身，开创了美国金融界"一条龙服务"的先河。

花旗集团的兼并新闻一出现，银行、证券和保险界的巨头就似乎听到了警钟，有人认为这项兼并是对全球金融界同行的严重挑战。他们如果不去努力扩大规模，而墨守单项作业的成规，将难以维持往日的地位。

合并后的花旗集团的总资产为 7100 多亿美元，年净收入为 500 亿美元，年营业收入为 750 亿美元，股东权益为 440 多亿美元，股票市值超过 1400 亿美元。其业务遍及全球 100 多个国家和地区，客户达到 10 000 个以上，全公司的雇员为 162 000 多名，成为全球规模最大、服务领域最广的全能金融集团。这一决定宣布不久，美国国会一名议员要求决策者阻止花旗集团与旅行者集团的合并计划，因为有人通过花旗银行的户口洗黑钱。不过，花旗银行集团的发言人称，他们已对花旗银行进行了全面内部调查，并未发现任何证据显示其曾从事过非法活动。

要求：

(1) 从并购双方行业相关性角度分析，上述并购分别属于哪种并购类型？

(2) 简述这种并购类型的目的和优势。

(3) 分析并购之后企业可能采取的筹资方式，并简述各种方式的优缺点。

年金现值系数表（PVIFA表）

期数	1%	2%	3%	4%	5%	6%	8%	10%	12%	14%	15%	16%	18%	20%	22%	24%	25%	30%	35%	40%	45%	50%
1	0.99	0.98	0.97	0.961	0.952	0.943	0.925	0.909	0.892	0.877	0.869	0.862	0.847	0.833	0.819	0.806	0.799	0.769	0.74	0.714	0.689	0.666
2	1.97	1.941	1.913	1.886	1.859	1.833	1.783	1.735	1.69	1.646	1.625	1.605	1.565	1.527	1.491	1.456	1.44	1.36	1.289	1.224	1.165	1.111
3	2.94	2.883	2.828	2.775	2.723	2.673	2.577	2.486	2.401	2.321	2.283	2.245	2.174	2.106	2.042	1.981	1.952	1.816	1.695	1.588	1.493	1.407
4	3.901	3.807	3.717	3.629	3.545	3.465	3.312	3.169	3.037	2.913	2.854	2.798	2.69	2.588	2.493	2.404	2.361	2.166	1.996	1.849	1.719	1.604
5	4.853	4.713	4.579	4.451	4.329	4.212	3.992	3.79	3.604	3.433	3.352	3.274	3.127	2.99	2.863	2.745	2.689	2.435	2.219	2.035	1.875	1.736
6	5.795	5.601	5.417	5.242	5.075	4.917	4.622	4.355	4.111	3.888	3.784	3.684	3.497	3.325	3.166	3.02	2.951	2.642	2.385	2.167	1.983	1.824
7	6.728	6.471	6.23	6.002	5.786	5.582	5.206	4.868	4.563	4.288	4.16	4.038	3.811	3.604	3.415	3.242	3.161	2.802	2.507	2.262	2.057	1.882
8	7.651	7.325	7.019	6.732	6.463	6.209	5.746	5.334	4.967	4.638	4.487	4.343	4.077	3.837	3.619	3.421	3.328	2.924	2.598	2.33	2.108	1.921
9	8.566	8.162	7.786	7.435	7.107	6.801	6.246	5.759	5.328	4.946	4.771	4.606	4.303	4.03	3.786	3.565	3.463	3.019	2.665	2.378	2.143	1.947
10	9.471	8.982	8.53	8.11	7.721	7.36	6.71	6.144	5.65	5.216	5.018	4.833	4.494	4.192	3.923	3.681	3.57	3.091	2.715	2.413	2.168	1.965
11	10.367	9.786	9.252	8.76	8.306	7.886	7.138	6.495	5.937	5.452	5.233	5.028	4.656	4.327	4.035	3.775	3.656	3.147	2.751	2.438	2.184	1.976
12	11.255	10.575	9.954	9.385	8.863	8.383	7.536	6.813	6.194	5.66	5.42	5.197	4.793	4.439	4.127	3.851	3.725	3.19	2.779	2.455	2.196	1.984
13	12.133	11.348	10.634	9.985	9.393	8.852	7.903	7.103	6.423	5.842	5.583	5.342	4.909	4.532	4.202	3.912	3.78	3.223	2.799	2.468	2.204	1.989
14	13.003	12.106	11.296	10.563	9.898	9.294	8.244	7.366	6.628	6.002	5.724	5.467	5.008	4.61	4.264	3.961	3.824	3.248	2.814	2.477	2.209	1.993
15	13.865	12.849	11.937	11.118	10.379	9.712	8.559	7.606	6.81	6.142	5.847	5.575	5.091	4.675	4.315	4.001	3.859	3.268	2.825	2.483	2.213	1.995
16	14.717	13.577	12.561	11.652	10.837	10.105	8.851	7.823	6.973	6.265	5.954	5.668	5.162	4.729	4.356	4.033	3.887	3.283	2.833	2.488	2.216	1.996
17	15.562	14.291	13.166	12.165	11.274	10.477	9.121	8.021	7.119	6.372	6.047	5.748	5.222	4.774	4.39	4.059	3.909	3.294	2.839	2.491	2.218	1.997
18	16.398	14.992	13.753	12.659	11.689	10.827	9.371	8.201	7.249	6.467	6.127	5.817	5.273	4.812	4.418	4.079	3.927	3.303	2.844	2.494	2.219	1.998
19	17.226	15.678	14.323	13.133	12.085	11.158	9.603	8.364	7.365	6.55	6.198	5.877	5.316	4.843	4.441	4.096	3.942	3.31	2.847	2.495	2.22	1.999
20	18.045	16.351	14.877	13.59	12.462	11.469	9.818	8.513	7.469	6.623	6.259	5.928	5.352	4.869	4.46	4.11	3.953	3.315	2.85	2.497	2.22	1.999
21	18.856	17.011	15.415	14.029	12.821	11.764	10.016	8.648	7.562	6.686	6.312	5.973	5.383	4.891	4.475	4.121	3.963	3.319	2.851	2.497	2.221	1.999
22	19.66	17.658	15.936	14.451	13.163	12.041	10.2	8.771	7.644	6.742	6.358	6.011	5.409	4.909	4.488	4.129	3.97	3.322	2.853	2.498	2.221	1.999
23	20.455	18.292	16.443	14.856	13.488	12.303	10.371	8.883	7.718	6.792	6.398	6.044	5.432	4.924	4.498	4.137	3.976	3.325	2.854	2.498	2.221	1.999
24	21.243	18.913	16.935	15.246	13.798	12.55	10.528	8.984	7.784	6.835	6.433	6.072	5.45	4.937	4.507	4.142	3.981	3.327	2.855	2.499	2.221	1.999
25	22.023	19.523	17.413	15.622	14.093	12.783	10.674	9.077	7.843	6.872	6.464	6.097	5.466	4.947	4.513	4.147	3.984	3.328	2.855	2.499	2.222	1.999
26	22.795	20.121	17.876	15.982	14.375	13.003	10.809	9.16	7.895	6.906	6.49	6.118	5.48	4.956	4.519	4.151	3.987	3.329	2.855	2.499	2.222	1.999
27	23.559	20.706	18.327	16.329	14.643	13.21	10.935	9.237	7.942	6.935	6.513	6.136	5.491	4.963	4.524	4.154	3.99	3.33	2.856	2.499	2.222	1.999
28	24.316	21.281	18.764	16.663	14.898	13.406	11.051	9.306	7.984	6.96	6.533	6.152	5.501	4.969	4.528	4.156	3.992	3.331	2.856	2.499	2.222	1.999
29	25.065	21.844	19.188	16.983	15.141	13.59	11.158	9.369	8.021	6.983	6.55	6.165	5.509	4.974	4.531	4.158	3.993	3.331	2.856	2.499	2.222	1.999
30	25.807	22.396	19.6	17.292	15.372	13.764	11.257	9.426	8.055	7.002	6.565	6.177	5.516	4.978	4.533	4.16	3.995	3.332	2.856	2.499	2.222	1.999
40	32.834	27.355	23.114	19.792	17.159	15.046	11.924	9.779	8.243	7.105	6.641	6.233	5.548	4.996	4.543	4.165	3.999	3.333	2.857	2.499	2.222	1.999
50	39.196	31.423	25.729	21.482	18.255	15.761	12.233	9.914	8.304	7.132	6.66	6.246	5.554	4.999	4.545	4.166	3.999	3.333	2.857	2.499	2.222	1.999

复利现值系数表（PVIF表）

期数	1%	2%	3%	4%	5%	6%	8%	10%	12%	14%	15%	16%	18%	20%	25%	30%	35%	40%	50%
1	0.99	0.98	0.97	0.961	0.952	0.943	0.925	0.909	0.892	0.877	0.869	0.862	0.847	0.833	0.8	0.769	0.74	0.714	0.666
2	0.98	0.961	0.942	0.924	0.907	0.889	0.857	0.826	0.797	0.769	0.756	0.743	0.718	0.694	0.64	0.591	0.548	0.51	0.444
3	0.97	0.942	0.915	0.888	0.863	0.839	0.793	0.751	0.711	0.674	0.657	0.64	0.608	0.578	0.512	0.455	0.406	0.364	0.296
4	0.96	0.923	0.888	0.854	0.822	0.792	0.735	0.683	0.635	0.592	0.571	0.552	0.515	0.482	0.409	0.35	0.301	0.26	0.197
5	0.951	0.905	0.862	0.821	0.783	0.747	0.68	0.62	0.567	0.519	0.497	0.476	0.437	0.401	0.327	0.269	0.223	0.185	0.131
6	0.942	0.887	0.837	0.79	0.746	0.704	0.63	0.564	0.506	0.455	0.432	0.41	0.37	0.334	0.262	0.207	0.165	0.132	0.087
7	0.932	0.87	0.813	0.759	0.71	0.665	0.583	0.513	0.452	0.399	0.375	0.353	0.313	0.279	0.209	0.159	0.122	0.094	0.058
8	0.923	0.853	0.789	0.73	0.676	0.627	0.54	0.466	0.403	0.35	0.326	0.305	0.266	0.232	0.167	0.122	0.09	0.067	0.039
9	0.914	0.836	0.766	0.702	0.644	0.591	0.5	0.424	0.36	0.307	0.284	0.262	0.225	0.193	0.134	0.094	0.067	0.048	0.026
10	0.905	0.82	0.744	0.675	0.613	0.558	0.463	0.385	0.321	0.269	0.247	0.226	0.191	0.161	0.107	0.072	0.049	0.034	0.017
11	0.896	0.804	0.722	0.649	0.584	0.526	0.428	0.35	0.287	0.236	0.214	0.195	0.161	0.134	0.085	0.055	0.036	0.024	0.011
12	0.887	0.788	0.701	0.624	0.556	0.496	0.397	0.318	0.256	0.207	0.186	0.168	0.137	0.112	0.068	0.042	0.027	0.017	0.007
13	0.878	0.773	0.68	0.6	0.53	0.468	0.367	0.289	0.229	0.182	0.162	0.145	0.116	0.093	0.054	0.033	0.02	0.012	0.005
14	0.869	0.757	0.661	0.577	0.505	0.442	0.34	0.263	0.204	0.159	0.141	0.125	0.098	0.077	0.043	0.025	0.014	0.008	0.003
15	0.861	0.743	0.641	0.555	0.481	0.417	0.315	0.239	0.182	0.14	0.122	0.107	0.083	0.064	0.035	0.019	0.011	0.006	0.002
16	0.852	0.728	0.623	0.533	0.458	0.393	0.291	0.217	0.163	0.122	0.106	0.093	0.07	0.054	0.028	0.015	0.008	0.004	0.001
17	0.844	0.714	0.605	0.513	0.436	0.371	0.27	0.197	0.145	0.107	0.092	0.08	0.059	0.045	0.022	0.011	0.006	0.003	0.001
18	0.836	0.7	0.587	0.493	0.415	0.35	0.25	0.179	0.13	0.094	0.08	0.069	0.05	0.037	0.018	0.008	0.004	0.002	0
19	0.827	0.686	0.57	0.474	0.395	0.33	0.231	0.163	0.116	0.082	0.07	0.059	0.043	0.031	0.014	0.006	0.003	0.001	0
20	0.819	0.672	0.553	0.456	0.376	0.311	0.214	0.148	0.103	0.072	0.061	0.051	0.036	0.026	0.011	0.005	0.002	0.001	0
21	0.811	0.659	0.537	0.438	0.358	0.294	0.198	0.135	0.092	0.063	0.053	0.044	0.03	0.021	0.009	0.004	0.001	0	0
22	0.803	0.646	0.521	0.421	0.341	0.277	0.183	0.122	0.082	0.055	0.046	0.038	0.026	0.018	0.007	0.003	0.001	0	0
23	0.795	0.634	0.506	0.405	0.325	0.261	0.17	0.111	0.073	0.049	0.04	0.032	0.022	0.015	0.005	0.002	0.001	0	0
24	0.787	0.621	0.491	0.39	0.31	0.246	0.157	0.101	0.065	0.043	0.034	0.028	0.018	0.012	0.004	0.001	0	0	0
25	0.779	0.609	0.477	0.375	0.295	0.232	0.146	0.092	0.058	0.037	0.03	0.024	0.015	0.01	0.003	0.001	0	0	0

续表一

期数	1%	2%	3%	4%	5%	6%	8%	10%	12%	14%	15%	16%	18%	20%	25%	30%	35%	40%	50%
26	0.772	0.597	0.463	0.36	0.281	0.219	0.135	0.083	0.052	0.033	0.026	0.021	0.013	0.008	0.003	0.001	0	0	0
27	0.764	0.585	0.45	0.346	0.267	0.207	0.125	0.076	0.046	0.029	0.022	0.018	0.011	0.007	0.002	0	0	0	0
28	0.756	0.574	0.437	0.333	0.255	0.195	0.115	0.069	0.041	0.025	0.019	0.015	0.009	0.006	0.001	0	0	0	0
29	0.749	0.563	0.424	0.32	0.242	0.184	0.107	0.063	0.037	0.022	0.017	0.013	0.008	0.005	0.001	0	0	0	0
30	0.741	0.552	0.411	0.308	0.231	0.174	0.099	0.057	0.033	0.019	0.015	0.011	0.006	0.004	0.001	0	0	0	0
31	0.734	0.541	0.399	0.296	0.22	0.164	0.092	0.052	0.029	0.017	0.013	0.01	0.005	0.003	0	0	0	0	0
32	0.727	0.53	0.388	0.285	0.209	0.154	0.085	0.047	0.026	0.015	0.011	0.008	0.005	0.002	0	0	0	0	0
33	0.72	0.52	0.377	0.274	0.199	0.146	0.078	0.043	0.023	0.013	0.009	0.007	0.004	0.002	0	0	0	0	0
34	0.712	0.51	0.366	0.263	0.19	0.137	0.073	0.039	0.021	0.011	0.008	0.006	0.003	0.002	0	0	0	0	0
35	0.705	0.5	0.355	0.253	0.181	0.13	0.067	0.035	0.018	0.01	0.007	0.005	0.003	0.001	0	0	0	0	0
36	0.698	0.49	0.345	0.243	0.172	0.122	0.062	0.032	0.016	0.008	0.006	0.004	0.002	0.001	0	0	0	0	0
37	0.692	0.48	0.334	0.234	0.164	0.115	0.057	0.029	0.015	0.007	0.005	0.004	0.002	0.001	0	0	0	0	0
38	0.685	0.471	0.325	0.225	0.156	0.109	0.053	0.026	0.013	0.006	0.004	0.003	0.001	0	0	0	0	0	0
39	0.678	0.461	0.315	0.216	0.149	0.103	0.049	0.024	0.012	0.006	0.004	0.003	0.001	0	0	0	0	0	0
40	0.671	0.452	0.306	0.208	0.142	0.097	0.046	0.022	0.01	0.005	0.003	0.002	0.001	0	0	0	0	0	0
41	0.665	0.444	0.297	0.2	0.135	0.091	0.042	0.02	0.009	0.004	0.003	0.002	0.001	0	0	0	0	0	0
42	0.658	0.435	0.288	0.192	0.128	0.086	0.039	0.018	0.008	0.004	0.002	0.001	0	0	0	0	0	0	0
43	0.651	0.426	0.28	0.185	0.122	0.081	0.036	0.016	0.007	0.003	0.002	0.001	0	0	0	0	0	0	0
44	0.645	0.418	0.272	0.178	0.116	0.077	0.033	0.015	0.006	0.003	0.002	0.001	0	0	0	0	0	0	0
45	0.639	0.41	0.264	0.171	0.111	0.072	0.031	0.013	0.006	0.002	0.002	0.001	0	0	0	0	0	0	0
46	0.632	0.402	0.256	0.164	0.105	0.068	0.029	0.012	0.005	0.002	0.001	0.001	0	0	0	0	0	0	0
47	0.626	0.394	0.249	0.158	0.1	0.064	0.026	0.011	0.004	0.002	0.001	0.001	0	0	0	0	0	0	0
48	0.62	0.386	0.241	0.152	0.096	0.06	0.024	0.01	0.004	0.001	0.001	0.001	0	0	0	0	0	0	0
49	0.614	0.378	0.234	0.146	0.091	0.057	0.023	0.009	0.003	0.001	0.001	0.001	0	0	0	0	0	0	0
50	0.608	0.371	0.228	0.14	0.087	0.054	0.021	0.008	0.003	0.001	0	0	0	0	0	0	0	0	0

年金终值系数表（FVIFA 表）

期数	1%	2%	3%	4%	5%	6%	7%	8%	9%	10%	11%	12%	13%	14%	15%	16%	17%	18%	19%	20%	25%	30%
1	1.000	1.000	1.000	1.000	1.000	1.000	1.000	1.000	1.000	1.000	1.000	1.000	1.000	1.000	1.000	1.000	1.000	1.000	1.000	1.000	1.000	1.000
2	2.010	2.020	2.030	2.040	2.050	2.060	2.070	2.080	2.090	2.100	2.110	2.120	2.130	2.140	2.150	2.160	2.170	2.180	2.190	2.200	2.250	2.300
3	3.030	3.060	3.091	3.122	3.153	3.184	3.215	3.246	3.278	3.310	3.342	3.374	3.407	3.440	3.473	3.506	3.539	3.572	3.606	3.640	3.813	3.990
4	4.060	4.122	4.184	4.246	4.310	4.375	4.440	4.506	4.573	4.641	4.710	4.779	4.850	4.921	4.993	5.066	5.141	5.215	5.291	5.368	5.766	6.187
5	5.101	5.204	5.309	5.416	5.526	5.637	5.751	5.867	5.985	6.105	6.228	6.353	6.480	6.610	6.742	6.877	7.014	7.154	7.297	7.442	8.207	9.043
6	6.152	6.308	6.468	6.633	6.802	6.975	7.153	7.336	7.523	7.716	7.913	8.115	8.323	8.536	8.754	8.977	9.207	9.442	9.683	9.930	11.259	12.756
7	7.214	7.434	7.662	7.898	8.142	8.394	8.654	8.923	9.200	9.487	9.783	10.089	10.405	10.730	11.067	11.414	11.772	12.142	12.523	12.916	15.073	17.583
8	8.286	8.583	8.892	9.214	9.549	9.879	10.260	10.637	11.028	11.436	11.859	12.300	12.757	13.233	13.727	14.240	14.773	15.327	15.902	16.499	19.842	23.858
9	9.369	9.755	10.159	10.583	11.027	11.491	11.978	12.488	13.021	13.579	14.164	14.776	15.416	16.085	16.786	17.519	18.285	19.086	19.923	20.799	25.802	32.015
10	10.462	10.950	11.464	12.006	12.578	13.181	13.816	14.487	15.913	15.937	16.722	17.549	18.420	19.337	20.304	21.321	22.393	23.521	24.701	25.959	33.253	42.619
11	11.567	12.169	12.808	13.486	14.207	14.972	15.784	16.645	17.560	18.531	19.561	20.655	21.814	23.045	24.349	25.733	27.200	28.755	30.404	32.150	42.566	56.405
12	12.683	13.412	14.192	15.026	16.917	16.870	17.888	18.977	20.141	21.384	22.713	24.133	25.650	27.271	29.002	30.850	32.824	34.931	37.180	39.581	54.208	74.327
13	13.809	14.680	15.618	16.627	17.713	18.882	20.141	21.495	22.953	24.523	26.212	28.029	29.985	32.089	34.352	36.786	39.404	42.219	45.244	48.497	68.760	97.625
14	14.947	15.974	17.086	18.292	19.599	21.015	22.550	24.215	26.019	27.975	30.095	32.393	34.883	37.581	40.505	43.672	47.103	50.818	54.841	54.196	86.949	127.910
15	16.097	17.293	18.599	20.024	21.579	23.276	25.129	27.152	29.361	31.772	34.405	37.280	40.417	43.842	47.580	51.660	56.110	60.965	66.261	72.035	109.690	167.290
16	17.258	18.639	20.157	21.825	23.657	25.673	27.888	30.324	33.003	35.950	39.190	42.753	46.672	50.980	55.717	60.925	66.649	72.939	79.850	87.442	138.110	218.470
17	18.430	20.012	21.762	23.698	25.840	28.213	30.840	33.750	36.974	40.545	44.501	48.884	53.739	59.118	65.075	71.673	78.979	87.068	96.022	105.930	173.640	285.010
18	19.615	21.412	23.414	25.645	28.132	30.906	33.999	37.450	41.301	45.599	50.396	55.750	61.725	68.394	75.836	84.141	93.406	103.740	115.270	128.120	218.050	371.520
19	20.811	22.841	25.117	27.671	30.539	33.760	37.379	41.446	46.018	51.159	56.939	63.440	70.749	79.969	88.212	98.603	110.290	123.410	138.170	154.740	273.560	483.970
20	22.019	24.297	26.870	29.778	33.066	36.786	40.995	45.762	51.160	57.275	64.203	72.052	80.947	91.025	120.440	115.380	130.030	146.630	165.420	186.690	342.950	630.170
25	28.243	32.030	36.459	41.646	47.727	54.865	63.249	73.106	84.701	98.347	114.410	133.330	155.620	181.870	212.790	249.210	292.110	342.600	402.040	471.980	1054.800	2348.800
30	34.785	40.588	47.575	56.085	66.439	79.058	94.461	113.280	136.310	164.490	199.020	241.330	293.200	356.790	434.750	530.310	647.440	790.950	966.700	1181.900	3227.200	8730
40	48.886	60.402	75.401	95.026	120.800	154.760	199.640	259.060	337.890	442.590	581.830	767.090	1013.700	1342.000	1779.100	2360.800	3134.500	4163.210	5519.800	7343.900	30089.000	120393
50	64.463	84.579	112.800	152.670	209.350	290.340	406.530	573.770	815.080	1163.900	1668.800	24000	3459.500	4991.500	7217.700	10436	15090	21813	31515	45497	280256	165976

复利终值系数表（FVIF表）

期数	1%	2%	3%	4%	5%	6%	7%	8%	9%	10%	11%	12%	13%	14%	15%	16%	17%	18%	19%	20%	25%	30%
1	1.010	1.020	1.030	1.040	1.050	1.060	1.070	1.080	1.090	1.100	1.110	1.120	1.130	1.140	1.150	1.160	1.170	1.180	1.190	1.200	1.250	1.300
2	1.020	1.040	1.061	1.082	1.103	1.124	1.145	1.166	1.188	1.210	1.232	1.254	1.277	1.300	1.323	1.346	1.369	1.392	1.416	1.440	1.563	1.690
3	1.030	1.061	1.093	1.125	1.158	1.191	1.225	1.260	1.295	1.331	1.368	1.405	1.443	1.482	1.521	1.561	1.602	1.643	1.685	1.728	1.953	2.197
4	1.041	1.082	1.126	1.170	1.216	1.262	1.311	1.360	1.412	1.464	1.518	1.574	1.630	1.689	1.749	1.811	1.874	1.939	2.005	2.074	2.441	2.856
5	1.051	1.104	1.159	1.217	1.276	1.338	1.403	1.469	1.539	1.611	1.685	1.762	1.842	1.925	2.011	2.100	2.192	2.288	2.386	2.488	3.052	3.713
6	1.062	1.126	1.194	1.265	1.340	1.419	1.501	1.587	1.677	1.772	1.870	1.974	2.082	2.195	2.313	2.436	2.565	2.700	2.840	2.986	3.815	4.827
7	1.072	1.149	1.230	1.316	1.407	1.504	1.606	1.714	1.828	1.949	2.076	2.211	2.353	2.502	2.660	2.826	3.001	3.185	3.379	3.583	4.768	6.275
8	1.083	1.172	1.267	1.369	1.477	1.594	1.718	1.851	1.993	2.144	2.305	2.476	2.658	2.853	3.059	3.278	3.511	3.759	4.021	4.300	5.960	8.157
9	1.094	1.195	1.305	1.423	1.551	1.689	1.838	1.999	2.172	2.358	2.558	2.773	3.004	3.252	3.518	3.803	4.108	4.435	4.785	5.160	7.451	10.604
10	1.105	1.219	1.344	1.480	1.629	1.791	1.967	2.159	2.367	2.594	2.839	3.106	3.395	3.707	4.046	4.411	4.807	5.234	5.695	6.192	9.313	13.786
11	1.116	1.243	1.384	1.539	1.710	1.898	2.105	2.332	2.580	2.853	3.152	3.479	3.836	4.226	4.652	5.117	5.624	6.176	6.777	7.430	11.642	17.922
12	1.127	1.268	1.426	1.601	1.796	2.012	2.252	2.518	2.813	3.138	3.498	3.896	4.335	4.818	5.350	5.936	6.580	7.288	8.064	8.916	14.552	23.298
13	1.138	1.294	1.469	1.665	1.886	2.133	2.410	2.720	3.066	3.452	3.883	4.363	4.898	5.492	6.153	6.886	7.699	8.599	9.596	10.699	18.190	30.288
14	1.149	1.319	1.513	1.732	1.980	2.261	2.579	2.937	3.342	3.797	4.310	4.887	5.535	6.261	7.076	7.988	9.007	10.147	11.420	12.839	22.737	39.374
15	1.161	1.346	1.558	1.801	2.079	2.397	2.759	3.172	3.642	4.177	4.785	5.474	6.254	7.138	8.137	9.266	10.539	11.974	13.590	15.407	28.422	51.186
16	1.173	1.373	1.605	1.873	2.183	2.540	2.952	3.426	3.970	4.595	5.311	6.130	7.067	8.137	9.358	10.748	12.330	14.129	16.172	18.488	35.527	66.542
17	1.184	1.400	1.653	1.948	2.292	2.693	3.159	3.700	4.328	5.054	5.895	6.866	7.986	9.276	10.761	12.468	14.426	16.672	19.244	22.186	44.409	86.504
18	1.196	1.428	1.702	2.026	2.407	2.854	3.380	3.996	4.717	5.560	6.544	7.690	9.024	10.575	12.375	14.463	16.879	19.673	22.901	26.623	55.511	112.455
19	1.208	1.457	1.754	2.107	2.527	3.026	3.617	4.316	5.142	6.116	7.263	8.613	10.197	12.056	14.232	16.777	19.748	23.214	27.252	31.948	69.389	146.192
20	1.220	1.486	1.806	2.191	2.653	3.207	3.870	4.661	5.604	6.727	8.062	9.646	11.523	13.743	16.367	19.461	23.106	27.393	32.429	38.338	86.736	190.050
21	1.232	1.516	1.860	2.279	2.786	3.400	4.141	5.034	6.109	7.400	8.949	10.804	13.021	15.668	18.822	22.574	27.034	32.324	38.591	46.005	108.420	247.065
22	1.245	1.546	1.916	2.370	2.925	3.604	4.430	5.437	6.659	8.140	9.934	12.100	14.714	17.861	21.645	26.186	31.629	38.142	45.923	55.206	135.525	321.184

续表

期数	1%	2%	3%	4%	5%	6%	7%	8%	9%	10%	11%	12%	13%	14%	15%	16%	17%	18%	19%	20%	25%	30%
23	1.257	1.577	1.974	2.465	3.072	3.820	4.741	5.871	7.258	8.954	11.026	13.552	16.627	20.362	24.891	30.376	37.006	45.008	54.649	66.247	169.407	417.539
24	1.270	1.608	2.033	2.563	3.225	4.049	5.072	6.341	7.911	9.850	12.239	15.179	18.788	23.212	28.625	35.236	43.297	53.109	65.032	79.497	211.758	542.801
25	1.282	1.641	2.094	2.666	3.386	4.292	5.427	6.848	8.623	10.835	13.585	17.000	21.231	26.462	32.919	40.874	50.658	62.669	77.388	95.396	264.698	705.641
26	1.295	1.673	2.157	2.772	3.556	4.549	5.807	7.396	9.399	11.918	15.080	19.040	23.991	30.167	37.857	47.414	59.270	73.949	92.092	114.475	330.872	917.333
27	1.308	1.707	2.221	2.883	3.733	4.822	6.214	7.988	10.245	13.110	16.739	21.325	27.109	34.390	43.535	55.000	69.345	87.260	109.589	137.371	413.590	1192.533
28	1.321	1.741	2.288	2.999	3.920	5.112	6.649	8.627	11.167	14.421	18.580	23.884	30.633	39.204	50.066	63.800	81.134	102.967	130.411	164.845	516.988	1550.293
29	1.335	1.776	2.357	3.119	4.116	5.418	7.114	9.317	12.172	15.863	20.624	26.750	34.616	44.693	57.575	74.009	94.927	121.501	155.189	197.814	646.235	2015.381
30	1.348	1.811	2.427	3.243	4.322	5.743	7.612	10.063	13.268	17.449	22.892	29.960	39.116	50.950	66.212	85.850	111.065	143.371	184.675	237.376	807.794	2619.996
40	1.489	2.208	3.262	4.801	7.04	10.286	14.974	21.725	31.409	45.259	65.001	93.051	132.78	188.88	267.86	378.72	533.87	750.38	1051.7	1469.8	7523.2	36119
50	1.654	2.692	4.384	7.107	11.467	18.42	29.457	46.902	74.358	117.39	184.57	289	450.74	700.23	1083.7	1670.7	2566.2	3927.4	5988.9	9100.4	70065	497929

参 考 文 献

[1]   赵德武. 财务管理[M]. 北京：高等教育出版社，2012.

[2]   金贞姬，雷启振. 财务管理[M]. 成都：西南交通大学出版社，2014.

[3]   杨明，王菲. 财务管理[M]. 北京：中国财政经济出版社，2014.

[4]   张小红. 财务管理综合练习与实训[M]. 上海：复旦大学出版社，2014.

[5]   刘后平，王丽英. 财务管理专业综合实训[M]. 成都：西南财经大学出版社，2014.

[6]   麻淑秋. 财务管理实训教程[M]. 北京：中国人民大学出版社，2015.

[7]   王振华. 财务管理实训[M]. 北京：经济科学出版社，2018.

[8]   财政部会计资格评价中心. 财务管理[M]. 北京：经济科学出版社，2020.

[9]   中国注册会计师协会. 财务成本管理[M]. 北京：中国财政经济出版社，2020.

[10]   中国注册会计师协会. 财务成本管理[M]. 北京：中国财政经济出版社，2021.

[11]   财政部会计资格评价中心. 财务管理[M]. 北京：经济科学出版社，2021.

[12]   韦绪任，周珍，卫梦竹. 财务管理[M]. 天津：天津科学技术出版社，2021.